NCS

항공기 음료서비스 이론과 실무

수정판

Cengage

NCS In-flight Beverage Service: Theory & Practice,
Revised Edition

Yoo Moon Ju
Kim Ji Young

ISBN-13: 978-89-6218-590-4

Cengage Learning Korea Ltd.
14F YTN Newsquare 76 Sangamsan-ro
Mapo-gu Seoul 03926 Korea

Printed in Korea
Print Number: 01 Print Year: 2025

Cengage

Australia • Brazil • Canada • Mexico • Singapore • United Kingdom • United States

유문주 한국항공대학교 경영대학원 박사
한국항공대학교 항공경영대학원 석사
인하대학교 불어불문학과 졸업
대한항공 항공객실승무원 23년 근무(수석사무장으로 퇴임)

현) 인하공업전문대학 항공운항과 교수
한국항공경영학회 이사
한국항공전략연구원 연구위원

전) 대한항공 객실훈련원 강사
상위클래스 식음료 교육 담당
관리자 양성 훈련 중 식음료 서비스 교육 담당
공공기관 와인 교육 및 바리스타 교육 등 수료

김지영 한국항공대학교 항공법 박사 수료
한국항공대학교 항공법 법학 석사
인하공업전문대학 항공운항과 졸업

현) 인하공업전문대학 항공운항과 교수

전) 인하공업전문대학 항공운항과 겸임교수
대한항공 객실사무장
대한항공 객실훈련원 전임강사(신입 및 기성 승무원 교육 담당)
상위클래스 식음료 서비스 전문 교육 담당
대한항공 안전 교육과정 실습 및 운항 경험 평가 심사관
대한항공 A380 Celestial Bar 바텐더 1기
(스웨덴 ABSOLUT AKADEMI 바텐더 현지 과정 수료)
국제 와인 전문 교육 및 전문가 과정(WSET), 바리스타 교육 등 수료

NCS
항공기 음료서비스 이론과 실무 수정판

초판 1쇄 발행	2020년 9월 16일
수정판 1쇄 발행	2025년 8월 27일
지은이	유문주, 김지영
발행인	탄록민(TAN LOCK MIN), 마이클 조셉 케이힐(MICHAEL JOSEPH CAHILL)
편집기획	김민정
발행처	센게이지러닝코리아(주)
등록번호	제313-2007-000074호(2007.3.19)
주소	서울시 마포구 상암산로 76 YTN 뉴스퀘어 14층
이메일	asia.infokorea@cengage.com
홈페이지	www.cengage.co.kr
ISBN-13	978-89-6218-590-4

정가 25,000원

머리말

항공기 서비스 중 음료 서비스는 여러 가지 중요한 의미를 지닌다. 수분을 공급하여 탈수 증상을 막아 주는 일반적이고 보편적인 서비스인 동시에 알코올 음료, 기호 음료, 영양 음료 등 각 개인의 취향과 기호에 따라 서비스하는 개별화된 맞춤 서비스이기 때문이다. 서비스하는 음료의 종류에 따라 항공사의 이미지가 달라지기도 하는데, 예를 들어 항공사별로 서비스되는 와인 목록은 상위 클래스 고객이 항공사를 선택하는 기준이 된다. 한편 같은 종류의 음료라고 하더라도 객실 승무원의 서비스에 따라 음료 서비스의 품격과 항공사의 이미지가 결정되므로 항공사는 식음료 서비스와 관련된 인적 서비스를 강화하기 위해 끊임없이 연구하며 교육을 강화하고 있다.

교육 현장에서는 이러한 산업 현장의 요구에 발맞추어 국가 차원에서 표준화한 NCS(National Competency Standard)의 모듈을 적용하고, 기내 음료 서비스를 별도 능력 단위로 구분하여 기내에서 서비스되는 음료를 파악하고 제공할 수 있는 능력 단위요소를 학습하도록 하고 있다. 그러나 지금까지 항공 객실 서비스와 관련하여 출간한 책들을 보면, 음료 서비스를 식사 서비스의 하나로 설명한 교재가 대부분이고 기내 음료 서비스를 본 주제로 깊이 있게 다룬 책을 찾기 힘들어 늘 아쉬웠다.

이 책은 그러한 아쉬움을 해소하여 미래의 항공 객실 승무원인 학생들이 음료의 종류와 특성을 정확하게 이해하고 기내 음료를 바르게 제공할 수 있도록 기내 음료 서비스에 내한 내용을 집중적으로 구성하여 집필하게 되었다. 갈수록 음료에 대한 사회적 관심과 일반인들의 지식 수준이 높아지고 있는 만큼 1장부터 4장에 걸쳐 음료에 대해 전반적으로 이해할 수 있도록 음료를 종류별로 구분하여 특성과 서비스 방법을 상세하게 설명하였다.

또한 저자들이 직접 바리스타 교육, 국제와인 전문가 교육, 스웨덴 ABSOLUT AKADEMI 바텐더 교육과정 등에 참여하며 쌓은 각 음료에 대한 체계적인 지식을 대학 교육과정에 맞게 적용하여 전문성 있는 이론 및 실습 수업이 이루어지도록 구성하였다. 더 깊은 관심이 있는 학생은 분야별 전문가가 될 수 있도록 심화 학습 내용도 함께 수록하였다.

특히 5장은 기내 식음료 서비스와 교육을 담당했던 두 교수의 현장 실무 경험을 토대로 한다. 우선 항공사의 최신 음료 서비스 규정과 절차를 설명하여 기내 음료를 바르게 서비스하도록 안내하였다. 그리고 실습 방법을 자세하게 설명하여 기본적인 음료 서비스 자세와 태도를 익히고 노선과 클래스별로 각각의 서비스 절차에 따라 직접 수행해 보도록 함으로써 본 과목에 대한 교수법에도 도움을 주고자 하였다.

또한 소단원마다 음료 서비스의 실무 지식을 요약해 정리하였다. 사례 연구를 수록하여 자신만의 독자적인 서비스 철학을 정립하며 항공사 입사 전과 입사 후에도 고객 만족을 높이는 식음료 서비스 수행이 가능하도록 하였다. 또한 음료가 가진 독특한 특징, 음료의 역사, 탄생과 관련된 배경지식을 재미있는 이야기로 알려 주는 특집 코너 'Beverage Story'를 기획하여 읽는 즐거움을 더하였다.

마지막으로 온라인 교육과 오프라인 교육을 병행하여 수업해야 하는 최근 교육 환경의 변화에 발맞추고자 상세한 사진 자료를 활용한 자기 주도적 선행 학습이 가능하도록 집필하였다. 또한 오프라인 수업에서 교수자와 다른 학습자들과 함께 수행할 수 있는 다채로운 실습 및 토론 수업을 진행할 수 있는 구체적인 방법과 그 성과물을 기록으로 남겨 놓을 수 있는 실습 일지 등도 함께 수록하여 플립 러닝(Flipped Learning)의 효과가 극대화될 수 있도록 책을 구성하였다.

인적 서비스가 강화될수록 항공사는 입사 전형을 엄격하게 다각화하여 체계적이고 전문화된 인재를 선발하고자 한다. 이 책을 통해 항공사 입사를 희망하는 학생들이 항공 객실 서비스에 대한 전문 지식을 쌓아 좁은 관문을 통과할 뿐만 아니라 입사 후 음료 서비스 시에도 수준 높은 고품격 서비스를 제공할 수 있기를 바란다. 이 책이 여러분의 여정에 함께하는 좋은 멘토가 되어 줄 것이다.

끝으로, 음료에 대한 이론과 실무의 집대성을 포기하지 않도록 끊임없이 지혜와 용기를 불어넣어 주신 하나님께 모든 영광을 올려 드린다. 또한 이 책이 출판되기까지 멋진 예비 승무원의 모습으로 촬영에 임해 준 인하공업전문대학 항공운항과의 자랑스러운 학생들과 많은 응원과 격려를 보내 주신 존경하는 교수님들께 지면을 통해 감사의 마음을 전한다. 보람 있는 작업을 같이 해 주신 센게이지 직원분들께도 깊은 감사를 표하며, 늘 우리 학생들의 미래의 꿈을 싣고 우리나라를 넘어 전 세계를 누비는 대한항공에 큰 감사와 애정을 담아 모든 임직원의 건승을 진심으로 기원하는 바이다.

저자 일동

차례

CHAPTER 01 기내 음료 서비스의 개관

CHAPTER 02 알코올성 음료의 이해

CHAPTER

03 와인과 샴페인의 이해

CHAPTER 04 비알코올성 음료의 이해

CHAPTER

01

기내 음료 서비스의 개관

1. 음료의 기원과 정의
2. 음료의 역사
3. 각 나라의 음료 문화
4. 기내 음료 서비스
5. 음료 서비스 전문인으로서의 객실 승무원
6. 알코올성 음료
7. 비알코올성 음료

01 음료의 기원과 정의

음료란 사전적 의미로 사람이 마실 수 있도록 만든 액체를 통틀어 이르는 말이다. 한 글자를 덧붙여 음료수(飮料水)라고 하면 갈증을 해소하거나 맛과 향을 즐길 수 있도록 만든 마실 거리를 뜻하는 더욱 구체적인 말이 된다.

우리나라에서는 보통 음료라고 하면 알코올 성분이 포함되지 않은 액체를 떠올리는 경우가 많으나 서양에서는 알코올 음료와 비알코올 음료를 구분하지 않고 모두 음료(Drink, Beverage)라는 말로 두루 통칭한다.

음료는 인간의 생명 연장을 위해 꼭 섭취해야 하는 필수 요소이다. 우리 몸을 구성하는 요소의 약 70%가 물이기 때문이다. 따라서 음료의 섭취는 인간의 건강 활동과도 연결되는 중요한 행위라고 할 수 있으며, 인간이 살아가는 환경에는 늘 음료의 기본 재료가 되는 물이 함께 존재해 왔다.

마시는 물에는 다양한 화학물질이 함께 들어 있는데, 구리나 철, 칼슘과 같은 금속이온이 염이나 산화물 형태로 녹아 있다. 또한 대기와 지각에 포함된 여러 종류의 기체와 원소들까지 자연스럽게 물에 들어 있을 수 있다. 그러므로 자연 환경에서 바로 얻게 된 물과 음용할 수 있는 물은 구분해야 하며, 중금속과 유해 유기물질이 정수 과정에서 걸러지게 되면서 '비로소' 우리가 마실 수 있는 음료가 된다.

02 음료의 역사

1. 음료의 발견

우리는 앞서 이야기한 음료의 정의를 통해 인간의 생명 활동 유지를 위해서는 음료를 꼭 섭취해야 함을 알 수 있었다. 그러므로 음료의 역사는 인간의 역사와 함께 시작되었고 지금까지 유지되어 왔음을 유추해 볼 수 있다. 한편 음료는 강과 산의 계곡 등 자연환경이 제공하는 물에서 시작하여 유구한 역사를 통해 발달해 온 인간의 환경 적응능력과 새로운 것에 대한 호기심을 기반으로 지속하여 발전하고 있다.

역사적으로 보았을 때 새로운 음료를 찾게 된 계기는 마실 수 있는 물이 오염된 것에서 비롯되었다. 환경 오염이 대체 음료를 개발하게 만드는 필연적 원인이 된 것이다. 음용할 수 있는 물의 오염이나 가뭄으로 물의 공급이 중단되는 경우, 인간은 생명 활동의 연장을 위해 주변 환경에서 새로운 대체 음료를 찾는 행위를 통해 새로운 음료를 발견하게 된다.

벌꿀이나 열매의 과즙 등 그 자체로 음료의 형태를 띠는 경우도 있고 레몬 등 수질이 좋지 않은 물에 넣어 살균 효과와 악취를 제거함으로써 액체를 마실 수 있는 상태로 만들어 주는 물질의 형태를 보이기도 한다.

수질 개선을 위해 대체 음료를 제조하던 방법이 지금까지 전해져 오는 경우도 많다. 에스프레소 커피를 마실 때 레몬즙을 잔에 뿌리고 레몬을 넣어 마시는 에스프레소 로마노도 그 한 가지 예라고 볼 수 있다. 고대 로마에서는 수질이 좋지 않아 물을 마실 때 레몬을 넣어 살균하여 마시던 풍습이 있었다. 이는 커피에도 레몬을 넣어 살균과 향을 좋게 한 후 마시는 방법으로 활용되어 지금은 커피의 한 종류로 여겨지고 있다.

2. 음료의 발달

인간은 대체 음료를 통해 새로운 음료를 경험하게 된 후 더욱 자신에게 맞는 음료를 찾아내어 즐기고자 하는 욕구를 갖게 된다. 이러한 인간 기호의 변화에 따라 자연환경에서 찾던 음료를 인간이 직접 제조하고 만들어 즐기는 형태로 변화하게 되어 새로운 음료가 탄생하게 되었다.

한편 과학의 발달은 음료를 오랜 시간 저장할 수 있게 해 주고 적정 온도로 마실 수 있게 하여 더욱 적극적인 활동으로 다양한 음료를 개발하는 일을 가능하게 해 주었다.

지금까지 살펴본 것처럼, 음료의 근원은 자연환경에서 얻게 된 물이라고 볼 수 있다. 환경적인 물의 오염은 대체 음료의 발견을 불러왔고, 인간의 기호 변화에 따른 새로운 음료에 대한 욕구는 다양한 음료의 발전으로 이어져 왔음을

알 수 있다. 현재까지도 각각 선호하는 향과 맛, 색을 갖는 다채로운 음료를 개발하고자 새로운 시도가 끊임없이 이어지면서 이색적이고 다양한 음료가 지금 이순간에도 등장하고 있다.

한눈에 정리

음료의 정의와 역사

인간의 생존에 필수적인 물

❶ 인간의 신체 중 약 70%가 물로 구성되어 있다.

❷ 인간은 끊임없이 수분을 보충해야 생명을 유지할 수 있다.

새로운 음료의 발달

❶ 환경오염으로 자연수를 마실 수 없는 지역에서 대체 음료를 발견했다.

❷ 인간의 기호 변화로 새로운 음료를 개발하게 되었다.

음료의 변천

❶ 물(자연수)

❷ 천연 대체 음료(벌꿀, 레몬, 과일 과즙 등)

❸ 발전된 형태의 대체 음료(과일과 곡물의 발효주)

❹ 기호 음료(지역에 따라 커피, 차 등 선호하는 음료 개발)

❺ 특수 용도의 음료(인공 탄산음료, 이온음료, 에너지 음료 등)

03 각 나라의 음료 문화

1. 음료 문화

서양에서는 알코올 음료를 식사 순서에 따라 구분하여 식사와 어울리는 특성대로 분류하는 특징이 있다.

첫째, 식사 전에 마셔 주어 위산을 촉진하고 입맛을 돋워 주는 음료를 식전주(aperitif)라 하며 그 예로 샴페인, 드라이 셰리 등이 있다.

둘째, 식사 중 음료로 식사와 함께 즐길 수 있고 음식의 맛을 극대화해 주는 역할을 하는 식중주가 있으며, 대표적인 서양의 식중주로는 우리가 잘 알고 있는 와인과 맥주 등이 있다.

마지막으로, 식사 후 소화를 돕는 역할을 하기 위해 마시는 식후 음료로 식후주가 있다. 식후주로는 당도가 높아 감미로운 포트와인 등의 디저트 와인을 마시거나 도수가 높으며 약초 등의 성분이 들어 있어 소화를 돕고 색이나 향이 독특한 혼성주를 소량 마시는 문화가 있다.

1. 식중주 와인과 프랑스 정찬
2. 샴페인과 캐비어
3. 포트와인과 디저트
4. 셰리와인과 스페인 타파스

따라서 서양의 식사 예절을 제대로 이해하기 위해서는 서양의 식사 순서에 따른 음료 문화도 이해해야 한다.

2. 한국의 음료 문화

한국에서는 전통적으로 식사 전이나 식사 중에는 물을 비롯한 음료를 마시지 않는 것이 건강에 좋다는 인식이 강하며, 음식에만 집중하여 즐기는 것이 예의를 갖추는 모습으로 비추어지기도 한다. 한편 알코올 음료는 식사와 함께 즐기기보다는 식사가 다 끝난 후 가볍게 마시는 풍습이 있다. 술과 함께 술에 어울리는 소량의 음식, 즉 안주를 곁들인 술상을 따로 준비해 알코올 음료를 즐기는 문화를 엿볼 수 있다.

따라서 한국에서는 술의 특성에 따라 그에 어울리는 음식 문화가 발달해 왔음을 알 수 있다. 이러한 문화가 지금까지 이어져 내려와 맥주와 닭튀김 요리를 함께 즐기는 것을 '치맥 문화'로 마케팅하여 대중화에 성공한 사례도 있다.

한국의 비알코올 음료의 경우에는 식혜와 수정과, 오미자차처럼 맛도 있지만, 소화와 건강에도 도움이 되어 식후 음료로 즐기는 경우가 많다. 이는 인간의 건강 활동에 도움이 되는 약용 형태의 음료가 기호 음료로 발전해 온 것으로도 볼 수 있다.

© Getty Images Bank

© Getty Images Bank

1. 호박 식혜와 경단
2. 한국의 전통 술상 차림
3. 오미자차
4. 맥주와 치킨

한눈에 정리

각 나라의 음료 문화

서양의 음료 문화

식사의 순서에 따라 어울리는 음료를 함께 즐긴다.

■ 식전 음료(식전주/Aperitif)

식사 전에 소량의 음료를 섭취하여 위산 분비를 촉진하고 식욕을 돋우는 음료로, 알코올 음료의 경우 식전주라고 한다.

☞ 셰리와인, 드라이한 샴페인 등

■ 식중 음료(식중주)

식사와 함께 즐기는 음료로 도수가 높지 않고 음식과 맛의 조화를 이루어야 한다.

☞ 와인, 맥주 등

■ 식후 음료(식후주)

디저트와 함께 잘 어울리는 단맛이 가미된 와인이나 소화를 촉진하는 약초 성분이 들어간 도수가 높은 혼성주 등의 식후주나 커피와 차 등의 기호 음료가 있다.

☞ 디저트 와인(Dessert Wine): Port Wine, Sweet Sherry 등

☞ 혼성주(Liqueur): Cointreau, Crème de Menthe 등

한국의 음료 문화

식사 후에 술과 어울리는 안주를 함께 즐긴다.

■ 식사 후 안주와 함께 즐기는 주류 문화

식사가 다 끝난 후 술과 어울리는 소량의 음식인 안주와 함께 알코올 음료를 즐김

☞ 막걸리, 동동주, 소주 등의 한국 전통 음료뿐 아니라 맥주와 와인 등 다양한 서양의 알코올 음료도 대중적으로 즐긴다.

■ 건강과 전통의 멋을 갖춘 기호 음료

건강한 식재료를 사용하여 소화를 돕고 입안을 개운하게 해 주는 전통 음료이다.

☞ 식혜, 수정과, 오미자차 등

04 기내 음료 서비스

기내 음료 서비스란 항공기 안에서 이루어지는 음료 제공과 관련된 모든 서비스 행위를 뜻한다. 현재 기내식 서비스는 항공사의 자율적인 정책에 따라 일부 노선에서만 시행하거나 유상으로 제공하기도 한다.

반면에 음료 서비스는 비행 시간이 짧은 국내선 구간에서도 이루어지며, 기내식 제공이 무상으로 이루어지지 않는 LCC 항공사에서도 이륙 후 제공하는 물 서비스와 같이 음료 서비스는 이루어지는 경우가 많다. 이는 음료 서비스가 단순한 기내 서비스의 차원을 넘어 수분 공급을 통해 기내에서 승객이 건강 활동을 유지할 수 있도록 도와주기 때문이다.

한편 기내 환경은 고도가 높고 습도가 낮아 공기가 건조하기 때문에 항공기에 탑승한 승객과 승무원은 평소보다 수분 보충이 더 필요한 환경에 노출된다. 따라서 객실 승무원은 음료 서비스와 관련하여 그 중요성을 인지하고 중장거리 비행의 경우에는 주기적으로 물이나 기타 음료 서비스 등을 통해 승객이 수분을 충분히 보충할 수 있도록 해야 한다. 마찬가지로 객실 승무원 또한 중장거리 비행 시 지속적인 수분 보충을 통해 신체 건강을 유지해야 한다.

기내에서 여러 종류의 음료는 승객들에게 다양한 즐거움을 경험할 수 있도록 제공하는 서비스의 한 종류이다. 승객은 어떠한 음료가 제공되는지 충분한 안내를 받고 자신이 원하는 음료를 선택하여 서비스를 받을 권리가 있다. 그러므로 서비스하는 음료에 관심이 없고 음료에 대한 사전 지식을 충분히 습득하지 않았을 때 고객 불만을 유발할 수 있으므로 주의해야 한다.

승무원은 기내에서 서비스하는 음료의 종류와 특성을 잘 파악하고 서비스 방법을 정확하게 익힘으로써 이러한 고객 불만을 방지하고 항공사 식음료 서비스에 대한 만족도를 높임으로써 상용 고객 유치도 도모할 수 있다.

특히 상위클래스에서는 와인 리스트(Wine List)를 활용하여 서비스되는 알코올 음료에 대해 상세하게 안내한 후 각 승객에게서 원하는 음료를 주문받는다.

일등석 와인 리스트 서비스 방법

- 와인 리스트 겉면을 보여 드리며 해당 노선에서 서비스되는 알코올 음료에 대한 안내지임을 소개한다.
- 해당 노선에서 서비스 중인 와인 소개가 나와 있는 페이지를 펼쳐서 서비스해 드린다.
- 승객이 살펴보시는 동안 와인의 생산지와 품종, 어울리는 음식 등 특징에 대해 간단하게 안내해 드린다.
- 천천히 살펴보신 후 선택하실 수 있도록 잠시 시간을 드린 후에 일등석 전용 주문서(Order Chart)를 이용하여 주문을 받는다.

05 음료 서비스 전문인으로서의 객실 승무원

1. 서비스와 객실 승무원의 역할

항공 객실 승무원은 기내에서 음료 서비스를 전문적으로 담당하는 사람으로서 아래의 사항을 적절하게 수행해야 한다.

- 항공사에서 서비스하는 음료의 종류를 정확하게 숙지하고 있어야 하며, 특징별로 분류하여 승객이 이해하기 쉽도록 설명하고 주문받을 수 있다.
- 음료의 제조 방법과 재료 등 기본적인 사전 지식을 습득하고 있어야 하며, 승객의 질문에 정확하고 신속하게 답변할 수 있다.
- 음료에 따른 제공 방법을 알고 있어야 하며, 바른 방법으로 신속하고 정중하게 제공할 수 있다.
- 항공사의 음료 서비스 절차와 방법에 따른 규정을 잘 숙지하고 있으며, 바르게 수행하여 고객 만족을 이끌 수 있다.

2. 음료 서비스 시 유의사항

항공 객실 승무원은 기내에서 승객에게 음료를 서비스할 때 아래의 사항을 주의해야 한다.

- 음료 서비스 시에는 청결한 위생을 더욱 신경 써야 한다.
- 식사와 함께 음료를 서비스할 때에는 앞치마(Apron)를 착용한다.
- 음료가 쏟아지지 않도록 서비스 적정량을 준수하며, 승객에게 서비스할 때에도 안정감 있는 자세로 전달한다.
- 음료별 특성에 따른 주의사항을 준수하며, 특히 뜨거운 음료 제공 시 화상의 위험이 있으므로 서비스 전 뜨거운 상태임을 꼭 안내한 후 서비스한다.
- 알코올 음료의 경우 미성년자에게 서비스되지 않도록 유의한다.

06 알코올성 음료

알코올성 음료(Alcoholic Beverage)란 음용이 가능한 에틸 알코올(Ethyl Alcohol)이 1% 이상 함유된 음료를 뜻한다.

1. 알코올성 음료의 효과

이러한 알코올성 음료는 긍정적 효과와 부정적 효과를 동시에 지닌다. 또한 기내라는 특수한 환경에서는 알코올성 음료의 효과도 지상과 다르므로 각 효과를 잘 숙지해야 한다.

1) 긍정적 효과

자신의 주량에 맞는 적절한 알코올 음료의 섭취는 신진대사를 활발하게 해 주고 심리적인 긴장 상태를 해소해 주어 식사 분위기를 더욱 유쾌하게 만들어 줄 수 있다. 또한 사회적인 관계를 부드럽게 만들어 주는 역할을 하여 모임이나 행사 등에서 빠져서는 안 되는 중요한 음료의 하나로 인식되기도 한다.

그리고 알코올 음료는 음식의 맛을 극대화해 줄 수 있으므로 고급 레스토랑

에서는 음식과 어울리는 알코올 음료를 함께 서비스하여 고객의 만족을 높이는 마케팅 효과로 활용하기도 한다.

특별한 날의 경우 그날을 기념하기 위한 의례로 선용되는 등 결과적으로 알코올 음료는 적당히 조절하여 마시는 경우 긍정적인 효과를 주며, 지금까지 공동체의 특별한 음료 문화로 자리매김해 왔음을 알 수 있다.

2) 부정적 효과

알코올 음료를 지나치게 많이 섭취하는 경우 알코올 남용, 알코올 의존, 알코올 금단 증후군과 같은 정신적인 중독 증상을 불러일으킬 수 있으며, 알코올성 간염, 간 경화, 췌장염, 위장관 출혈 같은 신체적 질병의 원인이 될 수도 있다. 간암이나 위암, 식도암 등 암에 걸릴 위험성이 커진다는 연구 결과도 있으므로 알코올 음료의 과다 섭취는 지양해야 한다.

알코올은 가볍게 섭취한 상태라 할지라도 인지 능력의 반응 속도를 떨어뜨리기 때문에 차량 운행과 같은 잠재적인 위험을 안고 있는 작업의 수행 능력을 저해할 수 있어 음주 후 운전은 법률적으로 금지되어 있다. 또한 임신 중 안전한 알코올 소비 기준은 사람마다 다를 수 있고 연구 결과로 확립된 바 없으므로 임신부나 임신을 계획하고 있는 여성의 경우 알코올을 섭취하지 않도록 권고된다.

취했다고 느끼지 못하거나 잦은 음주로 인한 부작용을 즉각적으로 경험하지 못한다고 하더라도 장기적으로 문제가 발전할 수 있으므로 과도한 음주를 정기적으로 하는 것은 피해야 한다. 한편 잘못된 음주 문화는 오히려 인간관계를 악화시켜 사회 활동에 지장을 주기도 하므로 알코올 음료는 적정량 섭취를 준수하며 긍정적인 효과만을 활용할 수 있도록 조절하는 것이 필요하다.

3) 기내의 경우

기내에서 알코올 음료를 즐기는 승객들은 여행의 특별한 감정을 극대화하거나 장시간 비행하는 동안 숙면을 하기 위한 목적으로 알코올 음료를 찾는 경우가 많다. 상위클래스 승객은 항공사마다 준비된 와인 리스트 등을 보고 최고급 환대 서비스를 고급 알코올 음료를 통해 만끽하며 기내 서비스의 수준을 평가하기도 한다.

한편 기내에서는 상대적으로 기압이 낮아 공기 중의 산소 농도가 옅어지면서 지상에 있을 때보다 20% 정도 산소 섭취량이 줄게 된다. 체내의 산소가 줄게 되면 신진대사가 나빠지고 알코올 분해 속도가 느려지게 되므로 기내에서는 평소와 같은 알코올 음료의 양을 같은 속도로 마셔도 더 빨리 취하는 효과가 생기는 것이다.

© Getty Images Bank

비행기 안에서 알코올을 다량 섭취하는 것은 기내 난동을 일으키는 주요한 원인이 될 수 있다. 그러므로 항공사에서는 객실 승무원에 의한 기내 알코올 음료 서비스 시 승객의 상태를 늘 확인한 후 제공하도록 하며, 미성년자에게는 제공할 수 없도록 규정하고 있다. 또한 만취한 상태로 다른 승객에게 불쾌감을 주거나 승객이나 승무원, 그리고 항공기에 위협을 끼칠 수 있는 승객에게는 알코올 음료 서비스를 중단하도록 하고 있다.

2. 알코올성 음료의 제조 방법에 따른 분류

한편 알코올성 음료는 제조 방법에 따라 과일이나 곡물을 발효하여 만든 양조주와 이런 양조주를 증류하여 더 높은 도수를 갖게 되는 증류주, 그리고 증류주와 여러 재료 혹은 또 다른 증류주를 혼합하여 만든 혼성주로 나눌 수 있다.

1) 양조주

양조주(Fermented Liquor)는 가장 오래전부터 인간이 마셔 온 술로 과일이나 곡물 등의 당분을 효모균으로 발효하여 얻는 음료이다. 알코올 함유량은 보편적으로 낮은 것이 특징이며, 포도를 발효하여 만든 와인과 보리를 발효하여 만든 맥주 등이 대표적이다.

© Getty Images Bank

2) 증류주

증류주(Distilled Liquor/Spirits)는 과일이나 곡물의 당분을 발효하여 만든 양조주를 다시 증류기에 넣어 증류 과정을 거친 술을 말하며, 이때 증류 과정은 알

© Getty Images Bank

© Getty Images Bank

코올 함량과 순도 높은 주정을 얻기 위한 것이다. 알코올 함유량이 40~80% 정도로 매우 높은 특징이 있으며 종류로는 위스키와 보드카, 브랜디 등이 있다.

3) 혼성주

혼성주(Compounded Liquor)는 증류주에 다른 종류의 술을 혼합하거나 약초 식물 뿌리, 열매 과즙, 색소, 향, 꿀, 설탕 등을 첨가하여 만든 술로 리큐르(Liqueur) 혹은 코디얼(Cordial)이라고도 한다. 색채와 알코올의 조화가 잡혀 있는 특징이 있으며 소화 촉진 효과가 있어 식후주로 즐겨 마시며 브랜디에 오렌지 껍질 추출물을 넣어 만든 쿠앵트로(Cointreau), 블랙 커런트가 들어가 색상이 검붉은 크렘 드 카시스(Crème de Cassis) 등이 있다.

Cointreau

Crème de Cassis

3. 알코올성 음료의 식사 순서에 따른 분류

알코올성 음료를 식사 순서에 따라 분류하면 식사 전에 마시는 식전주, 식사에 곁들이는 식중주, 식사 후에 마시는 식후주로 나눌 수 있다.

1) 식전주

식전주는 식사 전에 마시는 소량의 알코올 음료를 말하며, 위산 분비를 촉진하여 식욕을 북돋아 주는 효과가 있다. 신맛이나 쓴맛이 나는 음료가 많으며 종류로는 각종 칵테일(Cocktail), 캄파리(Campari), 샴페인(Champagne), 셰리와인(Sherry) 등이 있다.

Campari

© Getty Images Bank

2) 식중주

식중주는 식사 중에 마시는 알코올 음료로, 알코올 농도가 낮고 혀나 위에 강한 자극을 주지 않아 음식 본래의 맛을 방해하지 않는 특징을 지닌다. 음식과의 조화를 이루는 것이 좋으며 종류로는 와인과 맥주 등이 있다.

© Getty Images Bank

© Getty Images Bank

3) 식후주

식후주는 식사 후 소화를 돕기 위해 마시는 알코올 음료로, 알코올 함량이 높으나 과일, 약초, 뿌리, 박하 등이 첨가되어 부드러운 맛을 내는 것이 특징이다. 대부분 알코올 농도가 짙고 단맛이 함유된 경우가 많고 도수가 높아 소량으로 서비스한다. 식후주의 종류로는 브랜디(Brandy), 베일리스(Bailey's), 크렘 드 망트(Crème de Menthe) 등이 있다.

Bailey's

© Getty Images Bank

알코올성 음료의 분류

<table>
<tr><th colspan="4">알코올성 음료(Alcoholic Beverage)</th></tr>
<tr><th colspan="3">제조 방법에 따른 분류</th><th rowspan="2">식사 순서에 따른 분류</th></tr>
<tr><th>양조주</th><th>증류주</th><th>혼성주</th></tr>
<tr><td>• 포도주(Wine)
• 맥주(Beer)
• 과실주(Fruit Wine)</td><td>• 위스키(Whisky)
• 브랜디(Brandy)
• 보드카(Vodka)
• 럼(Rum)
• 진(Gin)</td><td>• 쿠앵트로(Cointreau)
• 크렘 드 망트 (Crème de Menthe)
• 크렘 드 카시스 (Crème de Cassis)
• 베일리스(Bailey's)
• 캄파리(Campari)</td><td>• 식전주
• 식중주
• 식후주</td></tr>
</table>

07 비알코올성 음료

비알코올성 음료(Non Alcoholic Beverage)는 알코올 성분이 들어 있지 않은 음료를 의미하며 그 특징에 따라 크게 청량음료, 영양 음료, 기호 음료로 나누어 설명할 수 있다.

1) 청량음료

청량음료(Carbonated Drink, Soft Drink)는 이산화탄소를 함유하는 발포성 음료수를 말하며, 주로 청량감을 극대화하기 위해 온도를 차갑게 하여 마신다. 콜라, 사이다, 진저 에일, 레모네이드 등 그 종류가 다양하며, 천연 광천수(Mineral Water)도 청량음료에 포함할 수 있다.

© Getty Images Bank

2) 영양 음료

영양 음료(Nutritious Drink)는 건강에 도움을 줄 수 있는 영양 성분이 함유된 음료를 말하며, 각종 과일과 채소를 재료로 하여 만드는 주스류와 우유류가 이에 포함된다.

3) 기호 음료

기호 음료(Favorite Beverage, Fancy Drink)는 영양성분을 얻거나 수분 보충을 위해 섭취하는 목적보다는 심리적인 선호도가 반영되어 마시게 되는 음료를 말한다. 종류로는 커피와 차류 등이 있으며 현대 사회에서는 삶의 여유를 누리기 위한 용도로 활용되기도 한다.

비알코올성 음료의 분류

비알코올성 음료(Non Alcoholic Beverage)		
청량음료	영양 음료	기호 음료
탄산음료(Carbonated) • 콜라, 사이다, 진저 에일, 토닉 워터, 소다 워터, 페리에 등 **무탄산음료(Non Carbonated)** • 제주 퓨어 워터, 에비앙 워터, 셀처 워터, 비키 워터 등	**주스류** • 과일 주스(Fruit Juice): 오렌지, 파인애플, 구아바, 사과 주스 등 • 야채 주스(Vegetable Juice): 토마토, 당근 주스 등 **우유** • 일반, 저지방, 무지방 우유 • 일반, 멸균 우유	**커피** • 일반 커피(Regular Coffee) • 카페인이 없는 커피 (Decaffeinated Coffee) **차류(Tea)** • 홍차, 녹차, 카모마일, 페퍼민트 등

고객 VOC 사례로 살펴본 기내 음료 서비스의 이해

아래 가상의 고객 VOC 사례를 살펴보고 기내 음료 서비스의 중요성과 원칙 등에 대해 다시 한번 생각해 보자.

식사 서비스가 제공되기 전 승무원들은 매우 바빠 보였습니다. 우리 아들이 계속 목이 마르다고 하여 승무원 호출 버튼을 누르고 기다렸습니다. 그러나 한참을 기다려도 답이 없고 아이가 매우 괴로워하여(목감기에 걸려 물을 자주 마셔야 한다고 했음) 직접 승무원이 일하는 곳으로 찾아갔습니다.

그때 마침 비행기가 흔들리기 시작했으며, 승무원이 서 있는 저를 보고 자리에 돌아가서 좌석 벨트를 매고 앉으라는 지시를 내렸습니다. 저는 우선 안전 수칙을 지키기 위해 좌석으로 돌아가 앉은 후 다시 승무원 호출 버튼을 눌렀습니다. 그러나 승무원은 우리에게 오자마자 아이가 잘못 눌렀다고 생각하여 물어보지도 않고 호출 버튼을 끄고는 귀찮다는 듯이 서둘러 가 버렸습니다.

결국 우리 아이가 울며 보채자 그때서야 직급이 더 높아 보이는 승무원이 와서 필요한 것을 물었고 그 덕에 겨우 물 한 잔을 마실 수 있었습니다. 그러나 이미 아이의 목 상태는 매우 나빠진 상태였으며, 심한 탈수증상까지 생겨 5시간 남짓한 비행 시간 동안 괴로움을 지속적으로 호소했습니다. 이에 몇 가지 질문을 드립니다.

첫째, 승객의 탈수증상 방지를 위해 물은 바로 제공해야 되는 것 아닌가요?

둘째, 이제 공항 검색대를 통과할 때 액체류를 소지할 수 없도록 규정이 되어 있다면 승객이 물을 마실 수 있도록 개별적인 생수 서비스는 해 줘야 하는 것 아닌가요? (지난번 미국 비행 때에는 좌석에 생수가 한 병씩 비치되어 있었음)

마지막으로, 비행시간 5시간 내내 승무원들은 바쁘다는 이유로 식사 서비스 외에는 별도로 음료 서비스를 하지 않았는데 회사 규정상 이렇게 하는 것이 맞는 것인지도 확인해 주시기 바랍니다.

사례 연구 노트

○ 사례 연구를 읽고 다음 세 가지 질문에 대한 답을 써 보자.

1. 이 사례에서 불만이 발생한 원인이 무엇인지 생각해 보자.

2. 이 불만 사례에서 승객이 질문한 세 가지 사항에 대해 항공사의 음료 서비스 규정을 활용하여 답해 보자.

3. 이와 같은 불만 사례가 재발하지 않도록 방법을 생각해 보자.

학습 정리 & Quiz

○ 수업 목표: 음료의 정의를 이해하고 종류를 구분할 수 있다.

날짜	년 월 일	과목명	
반/학번/이름	/ /	담당 교수	

1. 음료의 정의와 발전에 대해 빈칸을 채워 보세요.

음료의 정의	• 사람이 마실 수 있는 액체를 총칭하는 말이다. • 인간의 신체를 구성하는 물질 중 수분이 ( )% 이상을 차지한다.
음료의 발전	인간이 생존하기 위해서는 반드시 물이 필요하며 아래와 같은 이유로 새로운 음료가 탄생하기도 한다. 1. 환경 오염으로 인해 자연적인 물의 공급이 불가한 지역에서 ( ) 음료가 발견된다. 2. 인간의 ( ) 변화에 따라 새로운 음료가 개발된다.

2. 빈칸을 채우며 알코올 음료를 구분하는 방법을 정리해 보세요.

알코올성 음료(Alcoholic Beverage)			
제조 방법에 따른 분류			식사 순서에 따른 분류
1.	2.	3.	
• 포도주(Wine) • 맥주(Beer) • 과실주(Fruit Wine)	• 위스키(Whisky) • 브랜디(Brandy) • 보드카(Vodka) • 럼(Rum) • 진(Gin)	• 쿠앵트로(Cointreau) • 크렘 드 망트 (Crème de Menthe) • 크렘 드 카시스 (Crème de Cassis) • 베일리스(Bailey's) • 캄파리(Campari)	

3. 비알코올성 음료를 구분하는 기준을 생각해 보며 아래 빈칸을 채워 보세요.

비알코올성 음료(Non Alcoholic Beverage)		
1.	2.	3.
탄산음료(Carbonated) • 콜라, 사이다, 진저 에일, 토닉 워터, 소다 워터, 페리에 등 **무탄산음료(Non Carbonated)** • 제주 퓨어 워터, 에비앙 워터, 셀처 워터, 비키 워터 등	**주스류** • 과일 주스(Fruit Juice): 오렌지, 파인애플, 구아바, 사과 주스 등 • 야채 주스(Vegetable Juice): 토마토, 당근 주스 등 **우유** • 일반, 저지방, 무지방 우유 • 일반, 멸균 우유	**커피** • 일반 커피(Regular Coffee) • 카페인이 없는 커피 (Decaffeinated Coffee) **차류(Tea)** • 홍차, 녹차, 카모마일, 페퍼민트 등

Beverage Story

음료와 관련된 재미있는 이야기

기능성 음료의 탄생이 승부를 새롭게 하다!*

우리에게 이온 음료로 잘 알려진 게토레이처럼 특별한 필요에 의해 탄생한 음료도 있다. 1965년 플로리다의 대학 미식축구팀은 신입생이 일주일에 25명이나 쓰러져 병원에 입원했는데, 그 원인은 탈수증이었다. 이 소식을 듣고 특별한 음료를 생각해낸 사람이 있었는데 바로 의과대학의 로버트 케이드(Robert Cade) 박사였다. 박사는 경기 중 물을 자주 마실 수 없는 선수들에게 배출되는 땀과 성분이 비슷한 음료를 만들어 마시게 해서 탈수증을 막고자 했다.

오스트리아 클라겐푸르트(Klagenfurt)에서 게토레이 샤워 중인 선수들

2019 매디슨(Madison) 마라톤에서 선수들을 위해 준비된 음료

케이드 박사는 땀에 있는 각종 염류가 몸에 필요한 수분을 공급하고 몸의 균형을 맞춰 준다는 사실을 연구하고 마시는 음료에 염류를 넣어 물보다 더 빠르게 흡수되는 음료를 개발했다. 이렇게 하여 최초의 스포츠 선수들을 위한 기능성 음료인 게토레이가 탄생했으나 색깔과 맛이 형편없어 첫 반응은 그다지 좋지 않았고 초창기에 검증되지 않은 이 인기 없는 음료의 실험 대상은 팀의 신입생들이었다.

견디기 힘든 무더위와 싸우며 훈련을 한 신입생들은 그 무더위보다 끔찍한 음료의 맛이 견디기 힘들었다고 토로했다. 그러나 듣지도 보지도 못한 끔찍한 새 음료의 효과는 탁월했다. 이를 마신 신입생들이 선배들과의 시합에서 전반전은 13 대 0으로 압도적인 패배를 당하지만, 후반전에서는 1점도 내주지 않고 역전을 하게 된 것이다.

그제서야 미식축구팀 케이터스의 감독은 이 음료의 진가를 알게 되고 케이드 박사에게 본격적으로 음료를 제조하도록 요청했다. 악어를 뜻하는 'Gator'와 음료 'Ade'를 합쳐 '게이터레이드(Gatorade)'라고 이름 지어진 이 음료는 선수들에게 우승을 안겨 주는 행운의 음료가 되었다. 선수들은 우승 후 기념으로 게토레이로 샤워를 하는 의식을 선보이기도 했다.

* 『마시는 즐거움』(마시즘 저, 인물과 사상사 78~79쪽) 재구성.

CHAPTER

02

알코올성 음료의 이해

1. 양조주
2. 증류주
3. 브랜디와 기타 증류주
4. 혼성주
5. 칵테일

01 양조주

1. 양조주의 일반적인 특징

양조주(Fermented Liquor)는 인간이 즐길 수 있는 알코올 음료 중에서 가장 역사가 오래되었다. 자연환경에서 과일이나 곡물의 당 성분이 효모와 만나 자연적인 반응으로 만들어지는 결과물이며, 이러한 반응을 발효라고 한다. 발효의 방법으로 만들어지는 양조주를 대표하는 알코올 음료로는 발아된 보리인 맥아를 원료로 하여 만드는 맥주와 포도 등의 과일을 원료로 하는 와인이 있다.

자연적인 발효를 통해 만들어지는 양조주는 도수가 낮은 편으로 식중주로 활용되며 여러 항공사에서 기내식과 어울리는 양조주를 선택하여 함께 기내 음료로 서비스하고 있다. 이 장에서는 양조주의 특징과 종류를 간략하게 살펴본 후 대표적인 양조주인 맥주를 통해 양조주의 제조법과 특징을 자세히 알아보고자 한다.

선사시대 와인 연구의 세계적 권위자인 미국인 패트릭 맥거번(Patrick McGovern)은 도기 파편에 남아 있는 붉은 침전물을 분석하여 최초의 와인 양조 흔적을 찾게 되는데, 가장 오래된 와인 양조 흔적은 중동과 캅카스 전역에서 발견되었다. 양조주는 발효가 가능하도록 과일의 과즙을 담을 수 있는 용기의 발달과 함께 발달하기 시작했다.

한눈에 정리

양조주의 특징과 종류

양조주의 특징

❶ 자연환경에서 과일이나 곡물의 당 성분이 효모와 자연적인 반응을 하여, 즉 발효하여 만들어지는 음료로 알코올 음료 중 역사가 가장 오래되었다.

❷ 알코올 함유량: 보편적으로 알코올 도수가 3~18도로 낮은 특징이 있다. (디저트 와인 중에는 21%까지 강화된 것도 있음)

양조주의 제조 방법

❶ 과일의 당분이 효모에 의해 발효되어 얻어지는 음료

❷ 곡물을 원료로 하는 경우 당화의 과정을 거친 후 다시 발효 공정을 통해 제조

❸ 당분 + 효모(yeast) 발효→ 알코올 + 이산화탄소(CO_2)

양조주의 종류

❶ 맥주: 발아된 보리인 맥아를 원료로 하여 제조

❷ 와인: 포도나 사과 등 과일의 당분을 원료로 하여 제조

❸ 청주: 누룩과 쌀을 이용하여 고운 천으로 술지게미를 걸러낸 맑은 술

❹ 막걸리: 쌀로 밑술을 담가 청주를 걸러내고 남은 술지게미를 재료로 하여 만든 술

2. 맥주의 기원

맥주는 '음료수'라는 뜻을 가진 라틴어의 'Biber'에서 그 이름이 유래했으며 기원전 4,000년경부터 메소포타미아 문명의 수메르인에 의해 처음 만들어진 것으로 알려졌다. 양조주의 특성상 최초의 생산자를 정확하게 밝혀낼 수는 없지만, 맥주의 기원과 관련하여 전해 내려오는 여러 가지 흥미로운 이야기를 통해 맥주라는 음료의 특성을 파악할 수 있다.

농경사회가 정착한 기원전 4000년경의 메소포타미아에는 보리와 밀이 풍부했고 곡식을 발효해서 빵을 만들어 먹는 문화까지 발달했다. 최초의 맥주는 빵으로 만들다가 굳지 못해서 실패한 액체에서 기원했다는 설이 있다. 이때의 맥주는 술의 개념이 아닌 영양분이 풍부한 액체 빵으로, 어린아이부터 노인에 이르기까지 모든 이들이 즐겨 먹었다는 이야기도 전해져 내려온다.

그리스와 로마 문명에서 전해 내려온 맥주는 당시 상류층이 즐겨 마시던 포도주에 비해 하층민까지 모두가 즐길 수 있는 상대적으로 저급한 술로 인식되기도 했다. 그러나 중세시대 수도원에서 맥주 양조법과 저장법이 발달하고 유럽 마을에 상공업이 성행하면서 맥주는 전 세계적으로 만인에게 사랑받는 술로 퍼져 나가게 되었다. 세월이 흘러 나라별로 맥주 양조 기술과 특징을 갖게 되며 개개인의 취향을 반영한 특색 있는 맥주의 탄생이 지금까지도 이어지고 있다.

3. 맥주의 제조 원료

1) 물

물은 맥주의 90% 이상을 차지하기 때문에 맥주를 생산하는 데 가장 필요한 기본 재료이자 맛과 품질을 결정하는 재료라고 할 수 있다. 따라서 맥주로 유명한 도시는 그 수질의 화학적 구성부터 다른 도시와 차별화되는 특징을 띠기도 한다. 라거 스타일의 맥주를 최초로 만든 체코의 필젠에서는 석고층 지질의 영향으로 물이 황산칼슘을 함유하게 되면서 이러한 물의 특성이 맥주의 풍미를 더 좋게 해 주어 특별한 맥주 브랜드인 필스너라는 세계적인 맥주가 탄생하게 되었다.

맥주의 주재료인 물의 역할

- 맥주의 90% 이상을 차지한다.
- 물은 맑고, 무색, 무취여야 하며 알칼리 농도가 50% 이하인 조건이 필요하므로 보통 산성의 양조용수를 사용한다.
- 물은 무기염의 구성 비율에 따라 맥주 양조의 질을 좌우한다.
- 맥주로 유명한 지역의 경우 맥주 제조에 특별히 알맞은 물을 재료로 한다.
  ☞ 체코의 필젠(Pilsen), 독일의 뮌헨(Munchen)

2) 맥아

맥아(Malt)는 보리에 싹이 튼 것을 말하며 이를 보리의 발아 과정이라고도 한다. 싹이 튼 보리는 왕성한 당화 효소가 많이 들어 있기 때문에 다른 녹말질 원료를 쉽게 분해하여 당분으로 바꿀 수 있다. 여기서 당화란 알코올 음료의 원료가 되는 곡물의 녹말을 분해하여 당분을 만드는 과정을 말한다. 우리가 쌀밥을 꼭꼭 씹어 먹을 때 씹을수록 단맛을 느끼게 되는데, 이는 우리 침 속의 아밀라아제라는 효소가 곡물을 당화하기 때문이다.

맥주의 주재료인 맥아의 역할

- 몰트(Malt)라고도 하며, 보리를 싹이 트게 하는 과정, 즉 발아한 보리를 말한다.
- 곡물을 이루는 주요 성분인 전분은 복합당으로서 당화 과정을 거쳐 단순 당으로 변화한 후 발효 과정을 거치게 된다.
- 싹이 튼 보리는 왕성한 당화 효소를 많이 함유하여 녹말질 원료를 쉽게 분해하여 당분으로 변화시킨다.
- 보리는 구하기 쉽고 비싸지 않으며 양조 과정에서 사용하기 쉬워 맥주 재료로 널리 사용된다.
- 보리 대신 밀, 호밀, 귀리, 옥수수 등을 사용하기도 한다.

3) 홉

홉(Hope)은 뽕나뭇과의 암수가 다른 덩굴성 식물의 꽃을 말하며, 맥주에 넣어 맥주 특유의 향기와 쓴맛을 내는 데 사용된다. 홉이 발견되기 전까지 맥주는 잘 상하는 특징 때문에 저장하여 마실 수 없는 음료였다. 그러나 수도원의 수도사에 의해 홉이 발견된 후 잡균의 번식을 방지하여 맥주의 저장성을 높이게 되었을 뿐 아니라 맥아즙의 단백질을 제거하여 담백한 맛과 맥주 특유의 쓴맛까지 얻게 되었다. 결과적으로 홉은 맥주의 저장성을 높이는 동시에 고유한 풍미까지 풍부하게 해 주며 맥주에 없어서는 안 될 필수 재료 중 하나가 되었다.

맥주의 주재료인 홉의 역할

- 뽕나뭇과의 암수가 다른 덩굴성 식물의 꽃이다.
- 맥주 특유의 향기와 쓴맛을 낸다.
- 맥아즙의 단백질을 제거하여 맥주의 맛을 풍부하게 해 준다.
- 잡균의 번식을 방지하여 맥주의 저장성을 높여 준다. (방부제 역할을 하여 장기간 보관이 가능하게 해 준다.)

PLUS 맥주에 홉이 들어가게 된 사연

4) 효모

효모는 양조주의 제조 방법인 발효 과정을 위해 꼭 필요한 요소 중 하나이다. 효모는 맥아즙 속의 당분을 분해하는 발효 과정을 가능하게 하여 알코올과 탄산가스(CO_2)를 만드는 작용을 하는 미생물로, 맥주 양조 시 어떤 종류의 효모를 사용하는지에 따라 맥주의 특성이 달라진다.

맥주 제조에 사용되는 효모는 특성에 따라 상면 발효 효모와 하면 발효 효모로 나누어진다.

하면 발효(Saccharomyces Uvarum)

- 저온 발효, 가라앉는 효모
- 발효가 끝나면서 밑으로 가라앉는 효모를 사용하는 기법
- 5~15℃ 저온에서 발효 후 숙성
- 전 세계 70% 생산량을 차지
- 부드러운 맛, 산뜻한 향기
- 라거 맥주 제조 방법

상면 발효(Saccharomyces Cerevisiae)

- 고온 발효, 떠오르는 효모
- 실온 혹은 그 이상의 온도에서 발효하는 기법
- 높은 알코올 도수
- 진한 호프 맛
- 라거보다 무거운 바디감, 진한 색상
- 에일 맥주 제조 방법

맥주의 주재료인 효모의 역할

- 맥아즙 속의 당분을 분해하여 알코올 성분을 만들어 내는 역할을 한다.
- 맥주를 양조할 때 어떤 효모를 사용하는지에 따라 맥주의 질이 달라진다.
- 특성에 따라 상면 발효 효모와 하면 발효 효모로 나누어진다.
- 상면 발효 효모는 발효 후기에 표면에 떠오르는 효모이다.
- 하면 발효 효모는 일정 기간을 경과하고 밑으로 가라앉는 성질이 있는 효모이다.

4. 맥주의 제조 방법

맥주의 제조 방법은 다음과 같다.

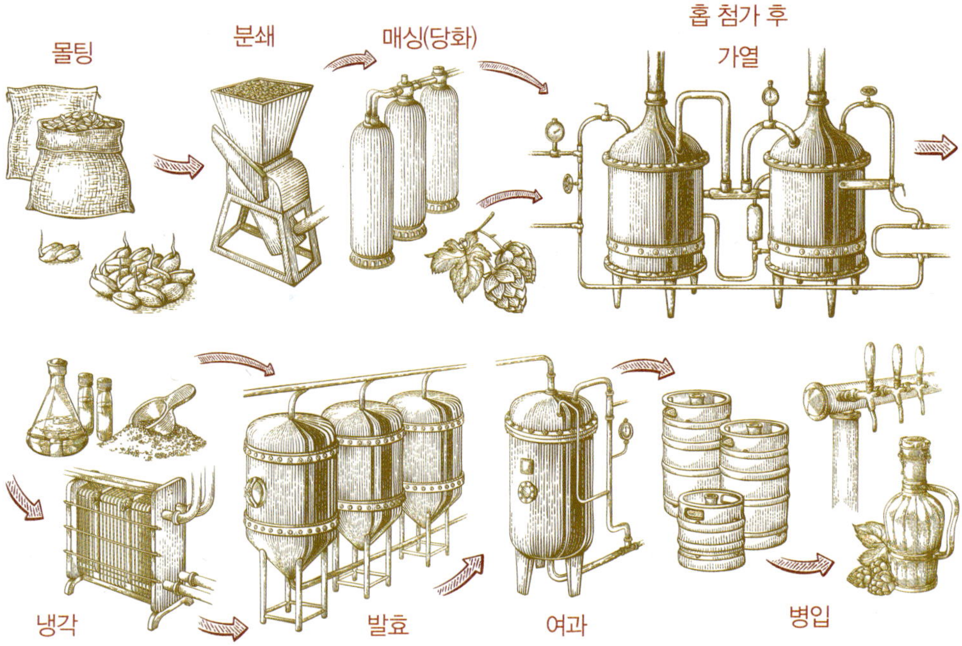

1) 제조 과정

몰팅 작업

보리 알맹이를 고른 후 수분을 흡수시켜 통기와 온도를 조절하여 발아시킨다(싹을 틔움).

분쇄

몰트(발아된 보리)를 기계식 롤러에 통과시켜 굵은 조각으로 빻는다.

매싱(맥즙 제조) 및 당화

잘게 부순 싹이 튼 보리를 통에 담고 온수를 넣어 죽과 같은 상태로 만든다. 분쇄한 몰트와 물의 혼합물을 맥아즙, 영어로는 매시(Mash)라고 한다. 맥아즙을 64~67도로 1시간 정도 가열하면 몰트에 있는 효소가 전분과 복합 당을 단순 당으로 변환시켜 당분이 추출되는데 이를 당화라고 한다.

홉 첨가 후 가열

맥아즙을 새로운 탱크로 옮겨 홉을 첨가한 후 1시간 정도 더 끓인다.

냉각

맥아즙이 변질되는 것을 막기 위해 25도 이하로 식힌다.

발효

맥아즙에 첨가한 효모가 당분을 소비하여 알코올과 이산화탄소를 만들어 낸다.

숙성과 여과

맥주가 맑아지도록 숙성 시간을 갖는다.

병입

홉의 향 분자 가운데 일부가 발효 도중 사라질 수 있으므로 홉의 향을 더욱 섬세하게 추출하기 위해 발효가 끝난 후 홉을 다시 첨가하고 몇 주 후 맥주를 병입한다.

2) 몰팅의 효과와 방법

보리를 싹 트게 하여 곡물이 가진 에너지를 최대한 활용할 수 있도록 하는 일을 몰팅(Malting)이라고 하며, 싹이 튼 보리를 맥아라고 하므로, 몰팅 작업을 우리말로 하면 맥아 제조라고 할 수 있다. 앞서 설명한 것과 같이 곡물은 과일 등과 달라서 효모와 반응을 일으킬 수 있는 당 성분을 추출하기 위해서는 당화라는 단계를 거쳐야 한다.

보리가 싹을 틔우기 시작하면 전분을 저장하고 있는 세포벽이 분해되어 싹이 나는 것을 돕는다. 이렇게 발아 과정에서 효소(알파아밀라아제와 베타아밀라아제)가 생성되는데 이들 성분이 전분의 당화를 가능하게 한다.

○ 당화

곡물의 다당류가 효소나 산의 작용으로 분해되어 단당류로 바뀌는 현상을 뜻한다. 막걸리 등의 술을 만들 때, 곡식을 익혀 누룩과 섞는 이유도 당화되어야 발효가 가능하기 때문이다.

몰팅 작업

미지근한 물에 담가서 불린다.

싹을 틔우면 그린 몰트가 된다.

빛과 뜨거운 바람에 노출시켜
건조한다.

뿌리를 자르면
드라이 몰트가 된다.

5. 맥주의 발효 형태에 따른 분류

맥주는 발효 시 사용되는 효모의 종류에 따라 분류할 수 있다. 맥주의 주재료인 효모는 앞에서 살펴본 것과 같이 주로 저온에서 발효하며 발효 중 밑으로 가라앉는 하면 발효 효모와 반대로 비교적 고온에서 발효하며 발효 중 표면에 떠오르는 상면 발효 효모로 나눌 수 있다.

상면 발효 효모를 사용한 맥주를 상면 발효 맥주, 하면 발효 효모를 사용한 맥주를 하면 발효 맥주로 나누어 분류할 수 있다. 맥주 브랜드별로 세부적인 특징이 다를 수 있으나 사용된 효모의 종류에 따른 일반적인 특성이 동일하게 형성되므로 발효 방법에 따라 함께 묶어 살펴보도록 하겠다.

1) 상면 발효 맥주

상면 발효 맥주(Top Fermentation Beer)는 발효 중에 표면으로 떠오르는 성질을 지닌 효모를 사용하여 비교적 고온에서 발효하여 만든 맥주이다. 보통 맥주보다 더 높은 온도에서 발효하기 때문에 홉의 향과 특유의 쓴맛이 강한 특징이 있는 맥주로 제조된다. 알코올 도수는 하면 발효 맥주와 비교하여 더 높으며, 홉의 사용량이 많고 후숙 기간이 짧아 탄산가스와 거품이 적고 쓴맛이 강한 특징을 지니지만 이 특징은 맥주의 종류에 따라 달라질 수 있다.

상면 발효 방식으로 만든 맥주로 에일(Ale) 맥주가 있으며, 에일은 19세기에 하면 발효 맥주의 대표 주자인 라거(Lager)가 탄생하기 전까지 여러 세기 동안 일반적으로 맥주의 동의어처럼 사용되었다. 특히 영국, 미국의 일부, 캐나다, 벨기에 등지에서 상면 발효 맥주가 널리 생산되고 있다.

상면 발효 맥주의 특징

- 상면 발효 효모를 사용하여 발효를 진행한다.
- 상면 발효 효모는 발효 중 표면으로 떠오르는 성질이 있는 효모이다.
- 상온과 가까운 비교적 고온(18~25℃)에서 발효하는 공법으로 만든 맥주이다.
- 강한 홉 향이 나는 특징이 있다.
- 알코올 도수가 높다.
- 상면 발효 맥주의 대표적 종류로 에일(Ale)이 있다.
- 영국, 벨기에, 일부 미국과 캐나다에서 주로 생산된다.

2) 대표 맥주 에일

상온에 가까운 고온에서 상면 발효 효모를 사용하여 만들어지는 맥주로, 에일은 스칸디나비아어로 '곡물로 만든 발효 음료'를 뜻하는 말이다. 19세기 라거가 등장하기 전까지 에일은 일반적으로 맥주를 일컫는 말로 사용되었다. 지금은 하면 발효 기법을 통해 만들어지는 라거와 반대되는 개념으로 사용된다.

에일은 과일 향과 단맛이 나고 바디감이 무겁게 느껴지는 맥주이다. 색이 진하고 이산화탄소가 적어 청량감이 낮다. IPA(인디아 페일 에일; India Pale Ales)처럼 홉의 쓴맛이 강한 맥주도 있고 포터나 스타우트처럼 상대적으로 홉의 쓴맛보다 볶은 보리의 향과 맛이 더 강한 경우도 있다.

에일은 대체로 라거보다 색이 짙고 쓴 냄새가 강한 것이 특징이며 영국, 아일랜드, 벨기에, 일부 미국과 캐나다에서 주로 생산된다.

3) 에일 계열 맥주의 종류

페일 에일(Pale Ale)

페일은 '밝은 색'이라는 뜻으로 기존의 에일 맥주가 모두 어두운 색이었으나 18세기에 황산염의 발달로 색이 밝은 맥주를 만들게 되면서 이를 페일 에일이라고 부르게 되었다. 페일 에일은 에일 중에서 향과 맛이 가장 대중적이라고 볼 수 있으며 쓴맛과 함께 끝맛이 깔끔하고 도수가 높으며 풍부한 향이 특징이 있다.

인디아 페일 에일(India Pale Ales; IPA)

홉의 쓴맛과 과일 향이 특징이며 19세기 영국 런던에서 인도로 맥주를 운반하는 동안 변질되지 않도록 홉을 많이 넣어 제조하며 탄생하게 되었다. 특유의 홉 향과 맛이 강하고 새롭게 개발된 홉을 사용하여 감귤류 향이 진한 특징이 있다.

포터(Porter)와 스타우트(Stout)

포터는 18세기 초 런던에서 만들어진 맥주로 150℃ 이상 고온에서 로스팅한 몰트를 사용하여 특유의 짙은 색과 커피와 초콜릿에 가까운 구운 향을 낸다. 짙은 어두운 색을 지녀 흔히 흑맥주라고 부르며, 적절한 쓴맛과 풍부한 향을 지닌다. 포터에 비해 스타우트는 커피의 맛과 구운 향이 더 강하고, 색은 더 어두우며 타닌이 두드러진다. 도수가 6~8도 정도로 높아서 맛도 더 진하다. 쓴맛도 강하지만 향도 더욱 풍부한 맥주이다.

4) 하면 발효 맥주

하면 발효 맥주(Bottom Fermentation Beer)는 발효 중에 밑으로 가라앉는 효모를 사용하여 저온에서 발효하여 만든 맥주이다. 하면 발효 효모는 저온에서 장기간 발효가 가능하며, 이 경우 상면 발효 방법으로 만들어지는 맥주보다 더욱 섬세한 향을 지닐 수 있다.

알코올 도수는 비교적 낮으며, 라거만의 독특한 청량감과 단맛의 특징이 있어 전 세계적으로 인기 있는 맥주의 종류로 자리 잡고 있다. 전 세계 맥주 생산량의 약 70%를 차지하며 특히 대한민국, 독일, 덴마크, 체코에서 하면 발효 방식으로 만든 라거 타입의 맥주가 많이 생산되고 있다.

하면 발효 맥주의 특징

- 하면 발효 효모를 사용하여 발효를 진행한다.
- 하면 발효 효모는 일정 기간을 경과하고 밑으로 가라앉는 성질이 있는 효모이다.
- 저온(10~15℃)에서 발효하는 공법으로 만든 맥주이다.
- 알코올 도수는 비교적 낮은 편(3~4도)이다.
- 세계 맥주 생산량의 대부분을 차지한다.
- 하면 발효 방식으로 만든 대표 맥주로 라거(Lager)가 있다.
- 독일, 덴마크, 체코, 한국 맥주의 대부분이 하면 발효 맥주인 라거에 속한다.

5) 대표 맥주 라거

낮은 온도에서 장시간 '저장'하여 만들어지는 맥주로, 라거(Lager)는 독일어로 '보존하다'라는 뜻이다. 라거는 살균 처리하여 저장성을 높인 하면 발효 맥주와 같은 개념으로 사용된다. 알코올 도수는 약 4도이며 에일과 달리 과일 향이나 깊은 맛이 없는 대신 부산물이 적어 맑고 깔끔하며 시원한 청량감을 지닌다.

후숙 기간이 길어 맛과 향이 좋은 맥주로 전 세계적으로 널리 생산된다. 60℃

에서 30분 정도 살균 처리한 후 병입 과정을 거쳐 판매되며, 하면 발효 맥주의 특징인 청량감과 산뜻한 향의 특징을 갖는다. 라거 맥주 계열에는 필스너, 둥켈, 슈파르츠, 엑스포트 등이 있다.

6) 라거 계열 맥주의 종류

필스너(Pilsener)

라거 맥주의 여왕이라고도 불리며 체코의 플젠에서 처음 제조된 맥주이다. 맥주 제조 시 연수를 사용하기 때문에 맥아 향기가 약한 황금 빛깔의 알코올 도수 4.5~5.5도 정도로 제조된다. 담백하고 쓴맛이 강하며 상큼한 특징이 있다. 우리가 평소 시원하게 마시는 맥주는 대부분 필스너 계열의 맥주이다.

둥켈(Dunkel)

독일어로 '어둡다'는 뜻의 둥켈 맥주는 볶아서 검게 된 보리를 사용하여 독일 스타일의 흑맥주처럼 보이나, 에일의 일종인 스타우트 같은 흑맥주와 달리 라거 계열의 맥주로 쓴맛이 상대적으로 적고 향이 부드러우며 고소하고 은은한 맛을 낸다.

페일 라거(Pale Lager)와 헬레스 라거(Helles Lager)

페일 라거는 일반적인 라거 형태로 연한 황금 빛깔을 띠며 적당한 쓴맛과 청량감을 갖는 맥주이다. 유럽 각지에서 발달한 페일 라거를 유러피안 페일 라거라고 하며 대표적으로 하이네켄과 칼스버그가 있다. 헬레스 라거는 페일 라거의 독일식 맥주이며, 필스너에 비해 몰트가 더 많이 들어간 라거로 홉의 맛이 상대적으로 덜하다.

PLUS 벨기에 전통 맥주 앞에서 절대 논하지 말아야 하는 사항

첫째, 에일이냐 라거냐 물어보지 말자!
둘째, 상한 것 아니냐고 따지지 말자!

신맛이 나는 벨기에 맥주는 상면 발효도 하면 발효도 아닌 방법으로 만들어졌다? 벨기에의 람빅(Lambic) 맥주는 자연 발효식 맥주로 하면 발효도 상면 발효도 아닌 독특한 방식으로 만들어지는 맥주이다. 자연 발효식이란 인공적으로 배양한 효모를 사용하지 않고 대기 중에 떠도는 여러 균을 이용하여 순수 자연적인 환경에만 의존하여 발효시키는 방법을 말한다. 이로 인해 라거나 에일과 달리 특유의 시큼하고 텁텁한 맛을 내게 된다.

이런 특유의 맛과 향 때문에 상했다고 생각하는 경우도 많은데 사실 람빅은 유통 기한이 없다. 발효 과정에서는 매우 세심한 주의가 필요하지만 일단 완성되고 나면 산패되기 어렵다는 아이러니한 특징을 지니는 신비로운 맥주이기 때문이다.

특유의 상한 향과 식초 같은 신맛이 강해 원액을 마시기보다는 발효 중 과일을 첨가하여 과일 람빅으로 마시거나 숙성 후 숙성 기한이 서로 다른 람빅을 혼합한 괴즈(Gueuze) 형태로 마신다. 벨기에의 전통 요리 맛술로 이용되며 홍합 요리 등에는 필수로 들어간다고 하니, 벨기에 여행 중에 나도 모르게 람빅을 맛보고 있을지도 모를 일이다.

6. 맥주의 특징과 즐기는 방법

1) 맥주의 특징

- 맥주는 탄수화물과 단백질을 비롯한 많은 영양분을 함유하고 있는 음료로 서양에서는 초기에 '액체빵'이라 불리며 식량의 개념으로 생각되기도 했다.
- 와인이나 위스키처럼 품질의 차이가 크지 않으며 발효 방법에 따라 계열이 같으면 제조 방법도 비슷하고 맛과 특성도 큰 차이가 나지 않는 특징이 있다.
- 알코올 농도는 대부분 4~6도로 낮은 편이며 탄산가스의 청량감과 부드러운 거품, 신선한 맛 등으로 대중적 인기를 얻고 있다.

2) 맥주를 즐기는 방법

차갑게(Chilling) 해서 마신다.

- 맥주는 탄산가스의 청량감을 즐길 수 있어야 하므로 차갑게 마시는 것이 상식이다.
- 너무 차가운 경우 맛을 제대로 알 수 없고, 온도가 너무 높으면 맥주의 탄산가스가 증발하고 거품이 과다 생성될 수 있기 때문에 마시기 전 적절한 온도로 시원하게 하는 칠링(Chilling)이 필요하다.
- 여름에는 7도, 겨울에는 10도 정도가 적당하며 기내에서는 6~8도로 차갑게 준비하여 서비스한다.
- 영하의 온도에 노출될 때에는 얼게 되며 너무 차갑거나 오래된 맥주의 경우 오픈했을 때 맥주가 넘쳐흘러 나올 수 있으므로 주의한다.
- 직사광선이나 고온에 노출될 경우 맛이 변질될 수 있으므로 보관 시 유의해야 한다.

거품과 함께 즐긴다.

- 맥주가 다른 알코올 음료와 다른 특별한 즐거움을 주는 것은 거품이라고 할 수 있다.
- 거품은 탄산가스의 유출을 방지하며 계속 신선한 맛을 유지해 주는 역할을 한다.

- 거품이 없이 따를 경우 이산화탄소가 맥주와 함께 넘어가기 때문에 배가 빨리 불러올 수 있다.

7. 맥주의 서비스 방법

1) 서비스 시 유의사항

- 맥주를 잔에 준비할 때에는 병이나 캔을 맥주잔에서 4~5cm 정도 들고 잔의 7부 정도 오도록 따르고 2~3cm 거품이 올라오도록 한다.
- 처음 따른 맥주의 맛이 가장 좋고 시간이 지날수록 산화되며 풍미가 감소한다. 새 맥주를 따를 때 공기가 스며들어 산화를 촉진하므로 남은 맥주에 새 맥주를 따르지 않도록 한다.
- 탄산가스로 인해 오픈할 경우 거품이 넘칠 수 있으므로 맥주를 서비스하기 전 거꾸로 뒤집거나 흔들지 않도록 유의한다.
- 단맛이 나는 음식보다는 짠맛이 나거나 적절한 기름기가 있는 음식과 함께 마시면 맥주 맛을 더욱 즐길 수 있다.

2) 기내 서비스 방법

- 맥주는 기본적으로 차갑게 준비하되 얼지 않도록 유의한다. 서비스 적정 온도는 6~8도 정도다.
- 다양한 종류의 맥주를 서비스하는 경우 맥주의 종류를 설명하고 주문을 받아 승객의 기호에 맞는 맥주를 제공한다.
- 맥주 제공 시 거품이 튀지 않도록 유의하며 Open하여 제공한다.
- 일반석에서는 잔(Cup) 사용 의향을 문의하여 요청 승객에게 제공하고, 상위 클래스에서는 잔의 절반 정도를 따라서 잔과 Can을 함께 제공한다.
- 기내에서 제공하는 알코올 음료는 보세 물품이기 때문에 기내에서 서비스로 제공한 캔 맥주를 마시지 않고 항공기 밖으로 반출할 수 없다.
- 미성년자에게는 제공할 수 없다.

PLUS 사진으로 정리하는 기내 맥주 서비스 방법

1. 맥주의 종류를 설명하고 주문을 받는다.
2. 주문하신 맥주가 맞는지 확인한다.
3. 거품이 튀지 않도록 유의하며 맥주 캔을 조심스럽게 Open한다.
4. 일반석에서는 잔(Cup) 사용 의향을 문의하여 요청 승객에게 제공한다.
5. 상위클래스에서는 맥주를 잔의 절반 정도 따라서 제공하며, 일반석은 빈 잔과 캔을 함께 제공한다.
6. 맥주 캔의 로고가 승객 쪽을 향하도록 놓고 잔(Cup)은 캔의 오른편에 놓는다.
7. Cocktail Napkin을 함께 서비스한다.

고객 VOC 사례로 살펴본 기내 맥주 서비스의 이해

- **아래 가상의 고객 VOC 사례를 살펴보고 기내에서 맥주 서비스 시 주의해야 할 사항을 다시 한번 생각해 보자.**

부모님과 함께 중국 여행을 하기 위해 00항공을 이용하게 되었습니다. 평상시에는 맥주를 좋아하지 않지만, 부모님과 함께하는 첫 해외여행을 기념하기 위해 부모님과 함께 마실 맥주를 주문했습니다.

분명히 눈에 보이는 맥주 종류만 해도 2~3가지는 되어 보여 승무원에게 물어보고 원하는 맥주를 마시기 위해 기다리고 있었습니다. 그런데 승무원은 식사를 휙 던지듯이 주고 사라졌습니다.

무슨 일인지 살펴보던 중 한 명의 승무원이 먼저 식사를 주고 뒤를 따라오는 승무원이 음료를 서비스한다는 것을 알게 되었습니다. 기다리던 중 제 차례가 되어 맥주를 요청했는데 승무원은 귀찮다는 듯 아무거나 손에 잡히는 대로 맥주를 집어서 던지듯 주었습니다. 그리고 맥주 캔을 따는 순간 맥주가 폭발하여 저와 옆에 앉아 계시던 어머니의 옷이 맥주로 흠뻑 젖어 버렸습니다.

정말 화가 났던 것은 옆의 다른 열을 서비스했던 승무원들은 맥주를 직접 오픈하여 승객에게 서비스하고 있었다는 것입니다. 귀찮다는 듯이 쳐다보지도 않았던 담당 승무원은 그제서야 유난스럽게 부산을 떨며 맥주를 닦아 주고 미안하다는 가식적인 사과를 했습니다. 하지만 이미 옷이 다 젖었고 여벌 옷은 짐칸에 있어 옷도 갈아입지 못한 채 매우 불편한 상태로 중국에 도착했습니다.

맥주는 오픈해서 서비스해 주는 것이 맞는 것 아닌가요? 그리고 맥주 종류가 여럿일 경우에는 다 설명해 주어 승객이 선택할 수 있도록 해 주어야 하는 것이 아닌지 궁금합니다.

답변 기다리겠습니다.

사례 연구 노트

사례 연구를 읽고 다음 질문에 대한 답을 써 보자.

1. 이 사례에서 불만이 발생한 원인이 무엇인지 기내 맥주 서비스 규정을 활용하여 생각해 보자.

2. 이와 같은 불만 사례가 재발하지 않도록 방법을 생각해 보자.

학습 정리 & Quiz

○ 수업 목표: 양조주인 맥주에 대해 이론적 지식과 서비스 방법을 알 수 있다.

날짜	년 월 일	과목명	
반/학번/이름	/ /	담당 교수	

1. 빈칸을 채우며 양조주의 특성을 정리해 보세요.

양조주의 특징	• 알코올 음료 중 가장 오랜 역사를 지녔다. • 과일의 당분이 효모에 의해 ( )되어 얻어지는 음료이다. • 곡물을 원료로 하는 경우 ( )의 과정을 거쳐야 한다. • 당분 + ( ) = 알코올 + 탄산가스
양조주의 종류	• 맥주: 발아된 보리인 ( )를 원료로 하여 제조하는 양조주이다. • ( ): 포도나 사과 등 과일의 당분을 원료로 발효하여 제조한다.

2. 맥주 제조 시 필요한 재료에 대해 정리해 보세요.

<table>
<tr><th colspan="3">맥주(Beer)</th></tr>
<tr><th>물</th><th colspan="2">홉</th></tr>
<tr><td>• 맥주의 약 90% 비중을 차지함
• 무색, 무취
• 알칼리의 농도 50% 이하가 좋음</td><td colspan="2"></td></tr>
<tr><th rowspan="2">맥아</th><th colspan="2">효모</th></tr>
<tr><th>상면 발효 효모</th><th>하면 발효 효모</th></tr>
<tr><td>• 몰트(Malt)라고도 하며, 보리를 싹이 트게 하는 과정 즉 발아한 보리를 말한다.
• 싹이 튼 보리는 왕성한 당화 효소를 많이 포함하여 녹말질 원료를 쉽게 분해하여 당분으로 변화시킨다.</td><td></td><td></td></tr>
</table>

3. 빈칸을 채우며 맥주의 제조 방법을 정리해 보세요.

① 몰팅 작업 → ② 분쇄 → ③ ( ) → ④ ( ) → ⑤ 냉각 → ⑥ ( )
→ ⑦ 숙성과 여과 → ⑧ 병입

Beverage Story

맥주와 관련된 특별한 이야기

와인보다 고급스러운 맥주,
이네딧 담(Inedit Damm)

2008년 에스텔라 담이라는 스페인 맥주 생산자는 특별한 날에 어울리는 맥주를 만들어 보자고 다짐했다. 고급스러운 음식에 꼭 와인만 어울려야 한다는 법이 있겠는가 생각하면서 와인을 대적할 만한 품격 있는 맥주를 만들기 위한 대대적인 목표를 세우고 연구하며 미슐랭 3스타를 받은 스페인 레스토랑 엘불리의 셰프를 만나게 된다.

그렇게 해서 엘불리의 셰프 페란 아드리아와 에스텔라 담은 공동으로 이네딧이란 이름의 특별한 맥주를 만들기로 했는데, 결과는 성공적이었다. 여태껏 존재한 적이 없었던 맥주, 와인처럼 정찬에 어울리는 맥주를 생산하게 된 것이다.

'전대미문'(예전에 시도된 적 없는)이라는 뜻을 지닌 이네딧(inedit)이란 이름은 가장 특별한 맥주의 탄생 스토리 자체였다. 라거 맥주와 밀 맥주를 섞어 만든 맥주로, 고수와 오렌지 껍질을 넣어 탁한 오렌지색을 근사하게 띠며 고수 향과 오렌지 향, 밀 특유의 향을 맡을 수 있다. 입안에서 새콤한 오렌지와 고수, 밀 풍미와 상쾌함을 음미하며 마시기 좋은 맥주이다.

근사한 식탁에 문득 와인이 진부하게 느껴질 때, 특별한 술이 필요할 때, 이네딧 담은 좋은 선택이다. 향이 과하지 않아 어떤 음식과 함께해도 좋다. 특히 스페인 여행에서 상상하지 못할 착한 가격으로 만나 볼 수 있다는 사실은 공식적인 비밀이다.^^

02 증류주

1. 증류주의 일반적인 특징

증류주(Distilled Liquor)는 더욱 순수한 알코올 성분을 추출하기 위해 물과 알코올의 끓는점이 다른 것을 이용하여 만든 알코올 음료를 말한다. 양조주를 증류하여 물과 알코올을 분리하는 제조 방법으로 인해 도수가 높은 알코올 음료로 만들어진다.

이러한 증류의 방법으로 만들어지는 증류주를 대표하는 알코올 음료로는 맥아 등 곡물을 원료로 하여 기본 양조주를 만든 후 증류해서 얻는 위스키와, 포도 등의 과일을 원료로 하는 양조주를 증류해서 만드는 브랜디가 있다.

Tyler W. Stipp / Shutterstock.com

농축된 순수한 알코올 성분으로 이루어진 증류주는 증류하는 방법에 따라 종류가 구분될 수 있으며 재료와 증류법 등에 따라 종류도 굉장히 다양하다. 또한 같은 브랜드의 증류주라 하더라도 숙성 방법과 기간에 따라 풍미와 품질이 달라지기 때문에 가격도 천차만별이다.

항공사에서는 클래스별로 어울리는 증류주를 선정하여 제공하고 있으며 도수가 높은 알코올 음료이므로 서비스하는 잔과 방법이 양조주와는 다를 수 있다.

한눈에 정리

증류주의 특징과 종류

증류주의 특징

❶ 순수하고 농축된 알코올 성분을 얻기 위해 1차 발효된 양조주를 증류하여 만든 도수가 높은 알코올 음료이다.

❷ 알코올 함유량: 보편적으로 알코올 도수가 높은 특징을 가지며 보통 40~80도이다.

증류주의 제조 방법

❶ 곡물이나 과일을 발효하여 양조주를 제조한다.

❷ 양조주를 증류하여 고농도 알코올을 얻는다.

☞ 증류는 물과 알코올의 끓는점 차이를 이용한 방법이다. 물의 끓는점(100℃)과 알코올의 끓는점(78℃)이 달라 끓는점이 낮은 알코올이 먼저 증발하는데 이 증발하는 기체를 모아서 냉각시키면 고농도의 알코올 성분을 얻을 수 있다.

❸ 적절한 도수와 부드러운 풍미를 위해 혼합과정과 숙성 과정을 거치기도 한다.

증류주의 종류

❶ 위스키: 맥아나 옥수수 등의 원료를 사용하여 발효한 양조주를 증류하여 제조한 음료이다.

❷ 브랜디: 포도나 사과 등 과일을 발효한 후 증류하여 만든 알코올 음료이다.

❸ 보드카: 밀, 보리, 호밀, 감자, 옥수수 등을 재료로 하여 만든 증류주이다.

❹ 기타: 럼, 진, 테킬라 등이 있다.

이 장에서는 증류주의 특징과 종류에 대해 간략하게 살펴본 후 대표적인 증류주인 위스키와 브랜디를 통해 증류주의 제조법과 특징에 대해 자세히 알아보고자 한다.

2. 위스키의 기원

'생명의 물'이란 뜻을 가진 고대 켈트(Kelt)어 'Usky'에서 유래된 위스키는 12세기경 아일랜드에서 처음 만들어졌다고 알려졌다. 15세기경에 스코틀랜드로 전파되어 위스키 문화가 더욱 발전하게 되며, 오늘날 가장 잘 알려진 위스키 종류인 스카치 위스키로 이어지고 있다.

스코틀랜드의 전통적인 위스키 증류소

최초의 위스키는 스코틀랜드 게일어로 '우스게 바하(Uisge Beatha)', 아일랜드어로 '이슈카 바하(Uisce Beatha)'라 불리며 '생명수'라는 의미의 약으로 사용되기도 했다. 그 당시 위스키는 약초와 꿀 등을 섞어 현대의 위스키와는 맛이 달랐으며 적절한 위스키의 음용은 몸을 건강하게 유지하는 방법으로 알려져 있었다.

Tupungato / Shutterstock.com

최초로 위스키를 탄생시킨 아일랜드와 후발 주자이지만 특색 있고 품질 좋은 위스키를 선보여 세계적인 위스키 생산국이 된 스코틀랜드는 서로가 위스키의 원조라고 믿으며 끊임없이 자국이 위스키 기원이라고 주장하고 있다.

따라서 위스키라는 영문 명칭도 다르다. 아일랜드와 미국 위스키는 'Whiskey'라는 명칭을 사용하며 스코틀랜드 위스키는 'Whisky'라는 명칭을 사용한다. 19세기에 스카치 위스키가 품질보다 다양성에 집중되어 생산될 때 아일랜드 사람들은 자신들의 위스키가 스카치 위스키와는 구별된 고품질의 위스키임을 알리기 위해 철자 'e'를 추가하여 표시하게 되었다고 한다.

3. 위스키의 제조 원료

1) 물

증류주가 양조주를 증류하여 만드는 알코올 음료이기 때문에 양조주의 주재료인 물은 증류주의 특성을 좌우하는 중요한 역할을 하게 된다. 재료인 물에 따라 위스키에 독특한 향미가 생길 수 있기 때문이다. 또한 위스키의 제조 과정에서 많은 양의 물이 사용되기 때문에 위스키를 제조하는 증류소는 깨끗하고 맑은 물을 공급하기 용이한 곳에 위치하는 경우가 많다.

한 병의 싱글 몰트 위스키를 만들기 위해 평균 10L 정도의 물이 필요하며, 위스키 제조에 사용되는 물에는 경수, 암반수, 이탄수 등이 있다. 경수는 미네랄 성분이 많이 함유되어 해당 특성을 지닌 위스키를 제조하는 데 사용되며, 약 산성을 띠며 부드러운 특성이 있는 암반수는 스코틀랜드 위스키의 자랑이라고 할 수 있다. 이탄층에 스며들어 독특한 색깔과 향미를 지니는 이탄수는 특징이 두드러진 위스키를 제조하는 데 사용된다.

2) 곡물

물과 함께 위스키의 주재료로 사용되는 각종 곡물의 종류에 따라 위스키의 큰 특성이 형성된다. 싱글 몰트 위스키의 경우 보리의 선택이 위스키의 모든 것을 결정한다고 할 수 있지만, 보리 외에 옥수수, 귀리, 밀, 메밀 등의 곡물을 사용하기도 한다. 미국의 일부 지역에서는 옥수수를 일정량 이상 주재료로 사용해야 해당 지역의 위스키로 인정해 주기도 한다. 그러나 일반적으로 보리를 사용할 때 위스키만의 독특하며 풍부한 향미를 가장 잘 즐길 수 있다.

3) 효모

효모는 위스키의 특징을 결정짓는 비밀 재료라고 할 수 있어 위스키를 제조하는 증류소마다 다른 방법으로 효모를 사용한다. 효모에 따라 위스키의 향이 풍부해질 수 있는데 발효 과정에서 효모는 화학 반응에 의해 알코올과 이산화탄소로 변화되며 브랜드마다 독특한 과일 향이 남아 위스키의 성격을 결정짓는다.

4) 이탄

이탄은 화석화된 유기물로 수천 년 동안 쌓인 풀, 이끼, 나무 등의 식물이 차고 습한 기후의 영향을 받아 만들어진다. 이탄을 위스키에 직접 접촉하여 사용하는 것은 아니며 몰팅 과정에서 맥아를 말릴 때 연료로 사용한다. 이탄을 연소시키면 특유의 향이 강하게 나며 진한 연기가 피어나는데 이 연기가 맥아에 스며들어 독특한 향을 만들어 낸다.

4. 위스키의 제조 과정

위스키는 다음 그림과 같은 총 여섯 단계의 과정을 거쳐 제조된다.

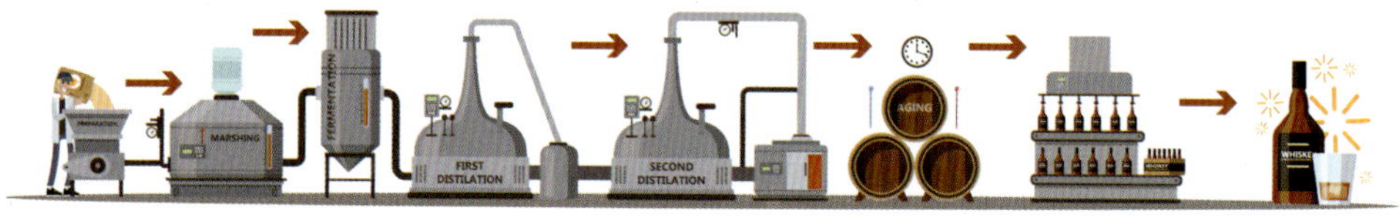

① 몰팅 ⇒ ② 매싱 ⇒ ③ 발효 ⇒ ④ 증류(1차, 2차) ⇒ ⑤ 오크통에서 숙성 ⇒ ⑥ 병입

몰팅(Malting)

보리를 맥아로 만드는 작업으로 맥주 제조 시 보리 알맹이를 고른 후 수분을 흡수시켜 통기와 온도를 조절하여 싹을 틔우는 작업은 동일하나 맥아를 말릴 때 이탄의 사용여부를 결정하게 된다는 점이 다르다.

매싱(Mashing)

발아된 보리인 맥아를 갈아서 가루 상태로 만든 후 뜨거운 물과 함께 섞는다. 당화 작용으로 발효에 필요한 당분이 추출되며 맥아즙이 만들어진다.

발효(Fermentation)

맥아즙에 효모를 넣어 주면 당분과 효모가 반응하여 알코올과 이산화탄소가 발생한다. 발효는 48~72시간 정도 계속된다.

증류(Distillation)

도수가 높은 순수한 알코올 성분을 얻기 위한 작업으로 발효 과정 후 생성된 알코올 성분을 증류기에 넣고 끓인다. 알코올이 증발하여 기체가 되면 즉시 냉각시켜 다시 액체로 만든다. 이 과정을 두 번 또는 세 번 반복하여 증류액을 만든다.

오크통에서 숙성(Aging)

증류액에 물을 섞어 알코올 도수를 숙성에 알맞은 정도로 조절한 후(약 64% 정도) 적절한 특성의 오크통을 선택하여 담아 준다. 오크통에 담아 저장고에 넣어두면 숙성 기간, 기후 조건, 저장고의 지리적인 위치에 의해 위스키의 최종 풍미가 달라진다.

병입(Bottling)

일부 예외적인 경우가 있으나 대부분의 경우 숙성된 위스키는 병입하기 전에 물을 첨가하여 알코올 도수를 40~46%로 낮춘다. 필요시 병입 전 찌꺼기를 제거하기 위해 냉각 여과를 하기도 한다.

5. 위스키의 증류 방법

위스키 제조 방법의 핵심은 순수한 알코올 성분을 얻기 위해 증류 과정을 거친다는 것이다. 끓는점의 차이를 이용하여 물과 알코올 성분을 분리하는 방법으로 여러 번 반복할수록 순도 높은 알코올 성분을 추출할 수 있다. 물은 100℃에서 증발하고 알코올은 78℃ 정도에서 증발하기 때문에 가열 온도를 섬세하게 설정하여 필요로 하는 알코올 성분과 풍미를 얻을 수 있다.

증류의 방법은 크게 두 가지로 나눌 수 있다. 구리로 만들어진 항아리 모양의 증류기를 사용하는 단식 증류 방식(Pot Still Distillation)과 기둥처럼 생겨 연속적으로 증류할 수 있는 칼럼 스틸(Column Still)이라는 증류기를 사용하는 연속식 증류 방식(Continuous Distillation)이다.

위스키의 증류 방법

분류	단식 증류 방법 (Pot Still Distillation)	연속식 증류 방법 (Continuous Distillation)
		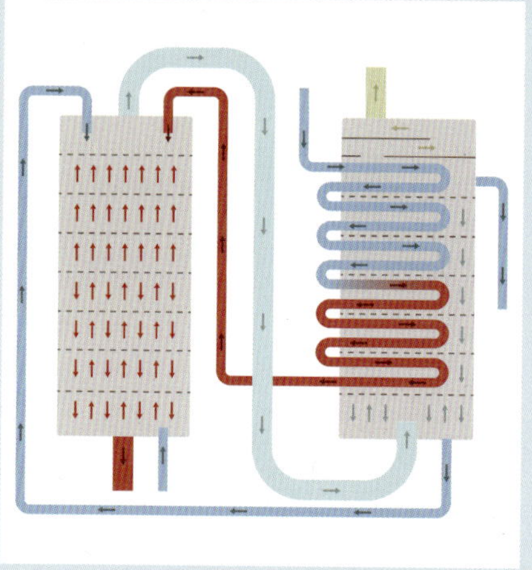
특징	• 위스키의 방향 성분을 잃지 않음 • 독특한 향과 맛을 지닌 위스키 제조 가능 • 고급 증류주 생산 방식(코냑, 아일랜드, 스코틀랜드 몰트 위스키 생산 방식) • 대량 생산 불가	• 위스키 특유의 방향 성분이 상실됨 • 가벼운 풍미와 정제된 원액의 깨끗한 맛을 지님 • 도수가 높고 순수한 증류주 제조 • 생산비가 더 저렴 • 대량 생산 가능

1) 단식 증류 방법

싱글 몰트 위스키를 만들 때 가장 많이 쓰이는 증류 방법은 전통적인 위스키 제조 방법이다. 구리로 된 주전자 모양의 포트 스틸(Pot Still)이라는 단식 증류기를 이용하여 증류하는 것이며, 보통 포트 스틸 증류기 두 개가 하나로 연결되어 두 번 증류하여 위스키를 제조하게 된다.

증류 전 맥아즙을 발효하여 만든 알코올 성분을 워시(Wash)라고 부른다. 단식 증류 과정에서는 워시를 증류하는 1차 증류기인 워시 스틸과 1차 증류로 얻은 알코올을 재증류하는 2차 증류기인 스피릿 스틸을 차례로 거치며 위스키를 제조한다.

이러한 단식 증류법을 사용하면 연속식 증류법보다 맛과 향의 파괴가 더 적고 향미 성분의 추출과 여과에 따라 독특한 향을 얻을 수 있다. 그러나 대량 생산이 가능한 연속식 증류 방법보다는 생산 비용이 더 많이 든다. 아일랜드와 스코틀랜드 몰트 위스키와 코냑의 경우 단식 증류 방법으로만 증류되어야 한다.

13threephotography / Shutterstock.com

스코틀랜드 더프타운(Dufftown)에 있는 글렌피딕 위스키 증류소의 단식 증류기

2) 연속식 증류 방법

연속식 증류는 최초로 이 증류법을 발명한 아일랜드인 Aeneas Coffey의 이름을 따서 코페이 스틸(Coffey Still)이라고도 한다. 다양한 명칭으로도 불리는데 높은 기둥처럼 생긴 연속식 증류기의 모양 때문에 칼럼 스틸(Column Still)이라고도 하며, 1813년에 특허를 받게 되면서부터 Patent Still이라고 부르기도 한다.

증류기 내부에는 여러 개의 층이 설치되어 있는데 증류된 알코올이 각 층을 흘러내리면서 응축과 수축을 반복하여 여러 번 증류된 효과를 줄 수 있어 연속식 증류법이라고 한다.

단식 증류기로 제조하면 알코올 농도가 10~75%의 알코올을 얻을 수 있지만, 연속식 증류기로는 95% 이상의 고농도 알코올을 얻을 수 있다. 또한 증류 과정에서 불순물을 대부분 제거할 수 있어 생산비를 낮출 수 있다.

미국 위스키 증류소의 연속식 증류기

증류기를 구리로 만드는 이유는?
기린과 비슷한 가장 긴 증류기는?

증류 과정에서 가장 주된 역할을 하는 증류기는 원래 알코올 음료를 만드는 용도가 아니라 향수나 오일, 약 등을 제조하는 데 사용되었다. 이러한 증류기는 구리로 만들어지는데 그 이유는 구리가 촉매작용을 하고 열전도율이 높기 때문이다.

구리의 촉매작용은 좋지 않은 냄새(썩은 계란 냄새)가 나는 황화합물과 발효 부산물을 제거하고, 위스키의 풍미를 좋게 만드는 아로마와 과일 향의 생산을 돕는 역할을 한다.

증류기의 종류에 따라 위스키의 특성이 결정되며, 스코틀랜드에서 가장 긴 증류기는 높이가 5.14m로 글렌모렌지 증류소에서 사용되고 있다. 그 높이는 기린의 키와 비슷하여 글렌모렌지의 상징이 되기도 하며, 위스키병의 모양도 가늘고 높은 증류기의 모양을 형상화하여 다른 술병보다 목 부분이 더 길고 우아한 모습을 띤다.

1. 위스키 페스티벌에 참여 중인 글렌모렌지의 부스에는 글렌모렌지 증류기의 상징인 기린의 모형이 전시되기도 하였다.
2. 글렌모렌지의 단식 증류기
3. 패션 브랜드로 유명한 루이비통이 속해 있는 LVMH 그룹으로 흡수되면서 기존의 글렌모렌지 10년이 오리지널로 리뉴얼 출시된 모습

6. 위스키의 제조 방법에 따른 분류

위스키의 종류를 구분하는 방법은 주재료와 제조 방법에 따른 방법과 생산국가에 따른 방법으로 나눌 수 있다. 실제로 기내에서 위스키를 서비스할 때 가장 어려운 부분도 다양한 위스키 종류를 어떻게 분류하여 적절한 응대를 할 수 있는가 하는 부분이다.

이 책에서는 위스키에 대해 초급 지식을 갖춘 학생들도 쉽게 이해할 수 있도록 가장 기본적인 제조법과 원료에 따른 구분을 알아보고, 기내 서비스를 대비하여 국내 FSC 항공사에서 서비스 중인 세계 유명 위스키에 대해서도 살펴보도록 하겠다.

제조법에 따른 위스키 분류

분류	원료	제조법과 특징
싱글 몰트 위스키 (Single Malt Whisky)	발아시킨 보리(맥아)	• 건조 시 이탄(피트; peat) 사용 • 단식 증류기 사용
그레인 위스키 (Grain Whisky)	곡물(보리, 호밀, 밀 등) + 맥아	• 연속식 증류기 사용 • 몰트 위스키의 농축된 맛을 부드럽게 완화하는 블렌드용으로 사용
블렌디드 위스키 (Blended Whisky)	몰트 위스키 + 그레인 위스키	• 몰트 위스키와 그레인 위스키를 적절히 혼합하여 제조 • 대부분의 위스키 제조 방법
버번 위스키 (Bourbon Whiskey)	옥수수(51% 이상) + 호밀과 맥아	• 연속 증류기 사용 • 새로운 오크통에 4년 이상 저장 숙성 • 오크의 그을린 쪽을 사용하여 착색 효과
콘 위스키 (Corn Whiskey)	옥수수(80% 이상)	• 오크통을 재사용하여 저장 숙성하고 착색되지 않도록 하는 특징
테네시 위스키 (Tennessee Whiskey)	옥수수(51% 이상) + 호밀과 맥아	• 제조법은 버번 위스키와 같으나 미국 테네시 주의 주조법을 따라 단풍나무 숯 여과 작업을 거치는 특징

Pecold / Shutterstock.com

Mihai_Andritoiu / Shutterstock.com

Mihai_Andritoiu / Shutterstock.com

Kasmasov / Shutterstock.com

1) 싱글 몰트 위스키

싱글 몰트 위스키(Single Malt Whisky)는 명칭 그대로 한 증류소에서 맥아를 주원료로 하여 단식 증류 방법으로 만든 위스키를 말한다. 재료는 100% 맥아(Malt)로만 만들며 맥아 건조 시 이탄(Peat)이라는 화석화된 유기물을 태워 그 연기와 열풍으로 건조시켜 제조하기 때문에 특유의 향이 난다. 단일 증류소에서 단일 재료인 맥아만을 사용하고 증류 방법 또한 단식 증류기를 사용하기 때문에 농축된 맛과 개성 있는 고유의 풍미를 지닌 순수한 위스키로 제조된다.

싱글 몰트 위스키의 대표적인 위스키로 글렌피딕(Glenfiddich)이 있으며, 글렌피딕은 '싱글 몰트'라는 개념을 처음 만들어 세계적으로 인기를 끌고 있다. 현재 국내 FSC 항공사를 대표하는 대한항공의 경우 상위클래스에서는 싱글 몰트 위스키로 글렌피딕 캐스크 컬렉션을 서비스하고 있으며, 일반석에서는 글렌리벳(The Glenlivet) 미니어처가 서비스되고 있다. 맥캘란(Macallan), 발베니(Balvenie) 등은 기내 면세품으로 만나 볼 수 있다.

2) 그레인 위스키

그레인 위스키(Grain Whisky)는 옥수수, 밀, 보리 등을 원료로 사용하여 연속식 증류 방법으로 만든 위스키를 말한다. 원재료 고유의 향이 많이 희석되며 싱글 몰트 위스키에 비해서는 풍미가 떨어지기 때문에 주로 블렌딩용으로 만들어지고, 병입하여 시판되는 경우는 드물다. 싱글 몰트 위스키와 혼합하여 블렌디드 위스키를 탄생시킨다. 맥아만을 사용하여 위스키를 제조하는 경우에도 연속식 증류기를 사용한 경우 그레인 위스키로 분류할 수 있다.

3) 블렌디드 위스키

몰트 위스키와 그레인 위스키를 적절한 비율로 혼합하여 만든 위스키를 블렌디드 위스키(Blended Whisky)라고 하며, 가장 널리 알려졌고 전 세계적으로 가장 많이 소비되는 위스키라고 할 수 있다. 블렌디드 위스키는 몰트 위스키의 강한 풍미를 그레인 위스키로 부드럽게 변화시켜 마시기 편한 형태로 제조된다. 몰트 위스키보다 상대적으로 더 저렴한 생산 비용으로 만들어지는 그레인 위스키를 대량 혼합하여 만들기 때문에 좋은 풍미의 위스키를 합리적인 가격으로 맛볼 수 있다는 점 또한 블렌디드 위스키가 많은 이들에게 사랑받는 이유 중 하나이다.

블렌디드 위스키는 생산지에 따라 아이리시 위스키와 스카치 위스키로 분류할 수 있으며, 시바스 리갈(Chivas Regal), 조니 워커(Johnnie Walker), 밸런타인(Ballantine's), 로열 살루트(Royal Salute) 등과 같이 세계적인 스카치 위스키

Stanimir G.Stoev / Shutterstock.com

Carlos Yudica / Shutterstock.com

Stanimir G.Stoev / Shutterstock.com

blaskor / Shutterstock.com

브랜드가 기내에서 서비스되고 있다. 또한 블렌디드 위스키의 수많은 종류가 기내 면세품으로도 판매되고 있으므로 관심을 갖고 승객 응대 시 적절히 안내하도록 해야 한다.

4) 버번 위스키

버번 위스키(Bourbon Whiskey)는 미국에서 생산되는 아메리칸 위스키의 한 종류로 미국 켄터키 지방의 옥수수를 주재료로 하여 만든 위스키를 말한다. 이 지방의 생산량이 많았던 옥수수를 활용하여 위스키를 만들어서 팔았던 데서 유래되었다. 보리나 호밀 등으로 만드는 일반적인 위스키와는 달리 버번 위스키는 옥수수가 51% 이상 들어간 원액을 사용하고 안쪽을 불에 태운 새 오크통을 이용하여 숙성한다.

Dmitry Melnikov / Shutterstock.com

미국 이외의 국가에서는 버번 위스키를 제조하는 것이 드물기 때문에 일반적으로 버번 위스키라고 하면 아메리칸 위스키라고 생각하는 경우가 많다. 버번 위스키의 종류는 매우 다양하며 짐 빔(Jim Beam), 우드포드 리저브(Woodford Reserve), 헤븐 힐(Heaven Hill), 포 로지스(Four Roses) 등이 있다.

5) 테네시 위스키

재료와 기본적인 제조 방식이 버번 위스키와 동일한 테네시 위스키(Tennessee Whiskey)는 미국 테네시 주의 특별한 주조법인 숯으로 여과하는 방식 '링컨 카운티 프로세스'라는 기술로 만들기 때문에 다른 버번 위스키와 차별화된다. 단풍나무 장작에 불을 붙여 만든 숯을 높게 쌓아 놓고 증류한 위스키를 흘려보내 특유의 풍미와 버번 위스키보다 더 부드러운 특징을 자랑하는 테네시 위스키가 만들어진다.

chrisdorney / Shutterstock.com

테네시 위스키는 테네시 주에서만 생산해야 하며, 51% 이상의 옥수수를 증류에 사용하고 숙성 시에는 반드시 새 오크통을 사용해야 한다. 테네시 위스키의 대표적인 브랜드로는 잭 다니엘스(Jack Daniel's), 조지 딕켈(George Dickel) 등이 있으며 현재 기내에서는 잭 다니엘스가 서비스되고 있다.

6) 콘 위스키와 라이 위스키

콘 위스키(Corn Whiskey)는 미국 남부에서 생산되며 전체 원료 중 옥수수의 비율을 80% 이상으로 사용하여 제조하는 위스키를 말한다. 버번 위스키는 안쪽을 그을린 통에 저장하여 착색시키는 데 반해 콘 위스키는 이미 옥수수의 비율이 높아 고유의 색깔이 나기 때문에 그을리지 않은 한 번 사용한 통을 재사용하여 착색되지 않게 하는 특징이 있다.

라이 위스키(Rye Whiskey)는 호밀을 주원료로 하여 호밀이 최소 51% 이상 함유된 아메리칸 위스키를 말한다. 최소 2년 이상 숙성 기간을 거쳐야 하며 도수를 일정하게 하기 위해 첨가되는 물을 제외하고 다른 어떤 첨가물도 사용하지 않는다.

7. 위스키의 생산지에 따른 분류

위스키는 증류소가 위치한 생산지에 따라서도 나눌 수 있으며 생산지에 따른 제조 원료와 방법의 차이로 맛과 향 등 다양한 특징을 지닌다.

1) 스카치 위스키

스카치 위스키(Scotch Whisky)는 스코틀랜드에서 생산되는 위스키이며 다음과 같은 특징이 있다.

- 전 세계 위스키의 60% 이상을 생산하며 브랜드가 다양하다.
- 대부분의 블렌디드 위스키와 싱글 몰트 위스키가 스카치 위스키에 속한다.
- 맥아 건조 시 이탄을 사용한다.
- 단식 증류기를 사용하여 제조한다.
- 오크통에서 최소 3년 동안 숙성한다.

2) 아메리칸 위스키

아메리칸 위스키(American Whiskey)는 미국에서 생산되는 위스키이며 다음과 같은 특징이 있다.

- 미국에서 생산되는 위스키를 통틀어 말한다.
- 초기에는 호밀을 원료로 하는 라이 위스키로 제조했으나 현재는 버번 지방에서 옥수수를 원료로 하여 만드는 버번 위스키가 유명하다. (옥수수 함량 51% 이상)
- 테네시 지방에서는 단풍나무 숯으로 여과하여 독특하고 부드러운 위스키를 생산한다.
- 오크통에서 최소 2년 이상 숙성한다.

3) 아이리시 위스키

아이리시 위스키(Irish Whiskey)는 아일랜드에서 생산되는 위스키이며 다음과 같은 특징이 있다.

- 위스키의 최초 발상지로 추정되는 아일랜드에서 제조하는 위스키를 말한다.
- 이탄을 사용하지 않고 자연 건조된 맥아를 사용하여 향이 깨끗하고 맛이 부드러운 특징이 있다.
- 단식 증류기를 사용하여 제조한다.
- 오크통에서 최소 3년 이상 숙성한다.

4) 캐나디언 위스키

캐나디언 위스키(Canadian Whisky)는 캐나다에서 생산되는 위스키이며 다음과 같은 특징이 있다.

- 향미가 강한 호밀로 만든 위스키와 옥수수로 만든 위스키를 섞어서 특유의 부드럽고 가벼운 스타일로 생산한다.
- 오크통에서 최소 3년 이상 숙성한다.

생산지에 따른 위스키 종류

분류	생산지	종류
스카치 위스키(Scotch Whisky)	스코틀랜드	• 글렌피딕(Glenfiddich) • 밸런타인(Ballantine's) • 로열 살루트(Royal Salute) • 시바스 리갈(Chivas Regal) • 조니 워커(Johnnie Walker)
아메리칸 위스키(American Whiskey)	미국	• 짐 빔(Jim Beam) • 잭 다니엘스(Jack Daniel's)
아이리시 위스키(Irish Whiskey)	아일랜드	• 제임슨(Jameson) • 미들톤(Midleton)
캐나디언 위스키(Canadian Whisky)	캐나다	• 크라운 로열(Crown Royal) • 캐나디언 클럽(Canadian Club)

8. 위스키의 특징

대표적인 증류주이다.

위스키는 곡물이 발효한 양조주를 증류하여 만드는 대표적인 증류주이다. 증류의 방법에 따라 위스키의 특성이 달라지며, 사용하는 증류기에 따라 단식 증류와 연속식 증류로 나눌 수 있다.

오크(Oak)통에서 숙성 과정을 거쳐 만들어진다.

숙성 기간에 오크통의 성분이 우러나 색은 특유의 호박색이 되고 풍미도 더욱 부드럽고 마시기에 적합한 상태가 된다.

Tyler W. Stipp / Shutterstock.com

생산지별로 고유의 풍미와 특성이 있다.

위스키는 생산지에 따라 각각 독특한 맛과 향을 지녀 나라별로 여러 가지 형태의 위스키가 만들어지고 있다.

9. 위스키를 즐기는 방법

위스키는 저장고에 따로 보관할 필요가 없으며 20℃ 상온에서 보관한다. 또한 완제품이기 때문에 병에서 숙성되지 않아 오랜 시간 보관하여 마실 수 있다. 위스키는 전용 잔에 소량을 따라서 향을 음미하면서 조금씩 천천히 마시는 것이 좋다. 위스키는 각자의 기호에 따라 아래와 같은 방법으로 즐길 수 있다.

1) 스트레이트

스트레이트(Straight)는 위스키를 전용 잔에 소량(30ml)을 담아 위스키 본연의 풍미를 즐기는 방법이다. 보통 물이나 다른 음료 등을 별도의 잔에 담아 함께 마시는데 이를 전문 용어로 '체이서(Chaser)'라고 한다. 위스키를 스트레이트로 주문받았을 때에는 반드시 체이서도 함께 제공할지 물어봐야 한다.

2) 온더록스

온더록스(On the Rocks) 전용 잔에 얼음을 담고 위스키를 따라 마시는 방법이다. 이때 얼음은 물과 달리 위스키를 닫히게 만들어 위스키의 향과 맛을 절제시키는 역할을 한다. 시원하게 위스키를 마실 수 있으며 입안의 타는 듯한 느낌을 피하고 싶다면 적절한 방법이지만 위스키의 향과 맛을 제대로 느끼고 싶다면 얼음보다는 물을 섞어 마시는 방법이 더 좋다.

3) 칵테일

칵테일(Cocktail)은 위스키를 베이스로 하여 탄산음료나 주스 등을 함께 넣어 마시는 방법으로 위스키 본연의 풍미가 다소 진하고 독하게 느껴지는 경우, 위스키의 맛과 향은 가볍게 하되 더욱 특별하게 위스키를 즐기는 방법이 될 수 있다.

4) 물과 블렌딩(미즈와리)

위스키에 적정량의 물을 첨가하면 물과 위스키의 화학 작용이 일어나 위스키의 향과 맛을 극대화하는 효과가 생긴다. 일본에서는 위스키에 일정량의 물을 타서 칵테일처럼 마시는 기법을 '미즈와리'라고 이름 붙이고 위스키를 즐기는 방법으로 정해 놓기도 했다.

10. 위스키의 서비스 방법

1) 서비스 시 유의사항

- 적절한 기내 대화문을 통해 기내에 준비된 위스키를 소개하고 승객이 원하는 위스키를 주문받을 수 있어야 한다.
- 위스키를 즐기는 방법에 대해 숙지하고 기내에서도 승객이 원하는 스타일(스트레이트, 온더록스, 칵테일 등)로 위스키를 제공할 수 있도록 해야 한다.
- 일반석의 경우 Miniature Type의 위스키를 잔(Cup)에 따른 후 병을 제외하고 제공한다.
- 스트레이트로 주문한 경우에는 체이서(Chaser)와 함께 제공하며, 온더록스로 주문한 경우에는 얼음을 담고 위스키를 따른 후 머들러와 함께 제공한다.
- 미성년자에게 제공할 수 없으며, 도수가 높은 알코올 음료이기 때문에 주문한 승객이 과음하지 않도록 상황을 살피며 서비스한다.
- 다른 승객의 안락한 여행을 방해하거나 기내 안전 및 승무원의 업무를 방해할 정도로 취한 경우 서비스를 중지할 수도 있다.
- 항공사마다 규정이 다를 수 있으나 대부분은 기내 서비스로 제공하지 않는 알코올 음료(기내 면세품 주류 포함)는 기내에서 마실 수 없도록 제한하고 있다.

- 기내에서 제공하는 알코올 음료는 보세 물품이기 때문에 기내에서 서비스로 제공한 미니어처 위스키를 마시지 않고 항공기 밖으로 반출할 수 없다.

2) 기내 서비스 준비 과정

① 승객이 주문한 위스키를 잔에 따르고 넛츠 등의 스낵과 냅킨을 함께 제공한다.

② 온더록스로 주문한 경우에는 얼음 잔과 머들러를 함께 준비한다.

③ 스트레이트로 주문한 경우에는 주문받은 체이서도 별도의 잔에 담아 Small Tray 위에 준비한다.

3) 기내 서비스 방법

① 기내에 준비된 위스키의 종류에 대해 안내하고 주문을 받는다. 이때 기내 대화문을 활용하여 승객이 원하는 위스키의 종류와 마시는 방법에 대해 안내한다.

☞ 외래어나 전문 용어는 되도록 피하고 이해하기 쉬운 표현으로 정중하게 응대한다.

② 눈높이 자세 및 밝은 표정과 함께 준비된 위스키를 서비스한다.

③ 미니어처를 오픈하여 잔에 음료를 따른 후 승객에게 제공한다.

④ 온더록스로 주문한 경우에는 얼음을 잔에 담은 후 위스키를 따라서 머들러와 함께 제공한다.

⑤ 스트레이트로 제공할 때에는 주문받은 체이서(Chaser)를 잔에 따라서 함께 제공한다.

☞ 칵테일로 제공한 경우 고객의 기호에 맞게 제조되었는지 만족도를 확인한다.

위스키 서비스 관련 기내 대화문

- "스카치 위스키로는 ________이 있으며, 아메리칸 위스키로는 ________이 있습니다. 어느 것으로 드시겠습니까?"
- "몰트 위스키로는 ________이 있습니다."
- "위스키는 얼음과 함께 드시겠습니까?"
- "함께 드실 물이나 다른 음료가 필요하십니까?"

고객 VOC 사례로 살펴본 기내 위스키 서비스의 이해

아래 가상의 고객 VOC 사례를 살펴보고 기내에서 위스키 서비스 시 주의해야 할 사항을 다시 한번 생각해 보자.

저는 평소 출장으로 장거리 비행을 할 때마다 시차를 고려하여 기내에서 숙면하고자 위스키를 한 잔씩 마시는 편입니다. 그날도 다른 때와 마찬가지로 식사 서비스 후 위스키를 주문했습니다.

평상시와 같이 싱글 몰트 위스키를 주문했는데 주문받는 승무원이 무슨 말인지 이해가 되지 않는다는 표정을 지었습니다. 신입 승무원인 것 같기도 해서 "글렌피딕으로 갖다 주시면 됩니다."라고 다시 이야기해 주었습니다. 그러자 보통은 온더록스로 마시길 원하는 승객을 위해 얼음 등이 필요한지도 함께 물어봐 주는데 그런 질문 없이 바로 승무원은 주방으로 들어갔습니다.

잠시 후 물잔으로 보이는 일반 잔에 얼음도 없이 위스키를 가득 담아 갖고 왔습니다. 다시 얼음 잔을 부탁했는데, 승무원은 거의 녹아 있는 물 반, 얼음 반이 담긴 잔을 주고는 쏜살같이 사라졌습니다.

물론 만석이었고 위스키 같은 도수가 높은 알코올 음료는 접하기 힘들 수 있겠지만 국내 최고 항공사의 상위클래스 승무원이라면 서비스되는 음료의 특징과 방법은 정확하게 숙지하고 있어야 하지 않을까 싶습니다.

서비스하는 승무원에 따라 식음료 서비스가 다르게 제공된다면 현재까지 항공사가 쌓아 온 명성이 흔들리지 않을까 하는 안타까운 마음에 이렇게 고객 서신을 작성해 봅니다.

사례 연구 노트

○ 사례 연구를 읽고 다음 질문에 대한 답을 써 보자.

1. 이 사례에서 불만이 발생한 원인이 무엇인지 기내 위스키 서비스 규정을 활용하여 생각해 보자.

2. 이와 같은 불만 사례가 재발하지 않도록 방법을 생각해 보자.

학습 정리 & Quiz

○ 수업 목표: 증류주인 위스키에 대해 이론적 지식과 서비스 방법을 알 수 있다.

날짜	년 월 일	과목명	
반/학번/이름	/ /	담당 교수	

1. 빈칸을 채우며 증류주의 특성을 정리해 보세요.

증류주의 특징	• 순수하고 농축된 알코올 성분을 얻기 위해 1차 발효된 ( )를 증류하여 만든 도수가 높은 알코올 음료이다. • 부드러운 풍미와 특유의 색을 위해 ( )에 일정기간 숙성 과정을 거친다. • 증류 방법에 따라 ( )과 연속식 증류법으로 나눌 수 있다.

2. 위스키의 종류를 아래 분류 방법에 따라 나누어 특징을 정리해 보세요.

스카치 위스키			아메리칸 위스키
싱글 몰트 위스키	그레인 위스키	블렌디드 위스키	버번 & 테네시 위스키
• • •	• 재료: 곡물(보리, 호밀, 밀 등) + 맥아 • 연속식 증류기 사용 • 몰트 위스키의 농축된 맛을 부드럽게 하는 블렌드 용으로 사용	• • •	• 옥수수(51% 이상) + 호밀과 맥아 • 연속 증류기 사용 • 새로운 오크통에 4년 이상 저장 숙성 • 오크의 그을린 쪽 사용하여 착색 효과

3. 위스키의 두 가지 증류 방법에 대해 장단점을 비교하여 설명해 보세요.

분류	장점	단점
단식 증류법		
연속식 증류법		

Beverage Story

위스키와 관련된 특별한 이야기

위스키 성지인 아일라의 싱글 몰트 위스키와 굴 요리의 만남

> 갯내음이 물씬 풍기는 굴맛과 아일레이 위스키의 그 개성 있는, 바다 안개처럼 아련하고 독특한 맛이 입안에서 녹아날 듯 어우러진다. 두 가지 맛이 어느 쪽으로도 치우치지 않고, 본래의 제맛을 지키면서도 절묘하게 화합한다. 마치 전설 속에 나오는 트리스탄과 이졸데처럼.
> 그런 다음 나는 껍질 속에 남은 굴즙과 위스키가 섞인 국물을 쭈욱 마셨다. 그것을 의식처럼 여섯 번 되풀이했다. 더할 나위 없이 행복한 순간이었다. 인생이란 이토록 단순한 것이며, 이다지도 아름답게 빛나는 것이다.
>
> 무라카미 하루키, 『위스키 성지여행』 중

베스트셀러 작가 무라카미 하루키는 자신의 책에서 우리의 언어가 위스키가 되는 행복한 순간을 꿈꾸며 살아간다고 할 정도로 위스키 애호가임을 여실히 드러냈다. 하루키가 자작 소설에서 주인공들이 즐겨 마시는 위스키에 관한 이야기를 비롯하여 아예 『위스키 성지여행』이라는 책을 집필할 정도로 위스키에 대한 깊은 지적 향연과 애정을 표하며 추천하는 위스키는 수없이 많지만, 그 중 굴 요리와 함께 마시면 환상적인 맛을 낸다는 아일라 위스키를 잠깐 소개해 본다.

아일라는 위스키의 고향이라고 할 수 있는 스코틀랜드의 유서 깊은 위스키 증류소가 밀집한 섬이다. 크지 않은 섬에 여덟 개의 증류소가 모여 있어 위스키에 관심이 많은 관광객의 발길이 끊이지 않는 곳이기도 하다. 이 지역은 싱글 몰트 위스키로 유명한데, 몰트 건조 시 자연 연료인 피트를 사용해 위스키에 훈연 향을 입히고 특별한 오크통에서 일정기간 숙성하여 위스키의 전통을 이어가고 있다. 특히 아일라 싱글 몰트 위스키는 굴 요리와 잘 어울리기로 유명한데 하루키의 글처럼 석화에 위스키를 조금 부어 함께 맛보아도 좋고 굴 요리 본연의 맛을 해치지 않도록 굴 위에 위스키를 뿌려 아일라 위스키의 향만 입히는 것도 미식가들이 아일라 위스키를 즐기는 방법이다.

03 브랜디와 기타 증류주

1. 브랜디의 일반적인 특징

브랜디는 포도나 사과 등의 과일을 발효하여 만든 양조주를 증류하여 만든 도수가 높은 알코올 음료이다. 브랜디(Brandy)라는 명칭은 네덜란드어로 증류한 와인이라는 뜻의 'Brandwijn'에서 유래했다. 보통 브랜디라고 하면 포도를 발효한 포도주를 증류한 술이라고 여겨지지만, 넓은 의미로 모든 과일류의 발효액을 증류한 알코올 성분이 강한 술을 총칭한다.

1) 브랜디의 기원

특히 프랑스 수도 파리의 남서쪽에 위치한 코냑 지방에서 최고급 브랜디가 생산되며 이름도 지역명을 따라 코냑이라고 부른다. 같은 프랑스산 브랜디라도 코냑 지방에서 생산된 브랜디가 아니면 코냑이라는 명칭을 쓸 수 없다.

코냑 지방에서는 300여 년 전 와인의 재료로는 적합하지 않은 산미가 많은 포도가 생산되었다. 당시 약사였던 네덜란드인이 와인을 양조한 후 와인을 증류해 볼 것을 권하게 되었고 그렇게 얻은 도수가 높은 알코올 음료가 풍미가 좋은 것을 발견하게 되었다. 이후 코냑 지방에서는 일반 와인과 함께 증류한 와인을 계속하여 제조하게 되었다는 코냑의 기원이 전해지고 있다.

1630년대에는 와인에 대한 세금 부과 방식이 술통 단위로 바뀌게 되었고 코냑 지방의 사람들은 세금을 더 적게 내기 위해 와인을 증류하여 부피를 줄이는 방법을 선택하게 되었다. 이를 수입하던 영국, 네덜란드 등 이웃 나라의 상인들도 변질 우려가 없고 부피가 줄어 운반이 편리한 브랜디를 선호하게 되며 코냑이 발전해 나가게 되었다. (평균 8통의 와인을 증류하여 1통의 브랜디가 생산됨)

2) 브랜디의 제조 과정

와인 양조

9월에서 10월 하순에 걸쳐 포도를 수확하여 곧바로 브랜디의 원료가 되는 와인을 만든다.

증류

발효가 끝난 와인을 증류하여 50~70% 정도의 알코올 성분이 있는 액체를 제조한다.

숙성(Aging)

증류한 브랜디는 오크통 속에서 숙성시켜 브랜디 고유의 색과 향을 얻게 된다.

혼합(Blending)

숙성이 끝난 후 브랜드별로 고유한 맛을 지속시키기 위해 서로 다른 브랜디 액을 섞어 맛과 알코올 농도를 조절한다. 혼합 후 다시 어느 정도 숙성시킨 후 병입하여 시판한다.

3) 브랜디의 분류

브랜디의 종류는 제조 원료나 생산지에 따라 구분할 수 있다. 우선 포도 이외의 다른 과일을 원료로 할 경우에는 사과 브랜디(Apple Brandy), 체리 브랜디

제조 원료에 따른 브랜디 분류

분류	종류	특징
브랜디	• 코냑(Cognac) • 아르마냑(Armagnac) • 일반 브랜디	포도를 원료로 하며 생산지에 따라 명칭이 달라지기도 한다.
사과 브랜디	• 칼바도스(Calvados) • 애플 잭(Apple Jack)	사과를 원료로 하여 양조주를 제조하고 그것을 증류하여 만든 알코올 음료이다.
체리, 자두, 살구 등 과일 브랜디	• 키르시바서(Kirschwasser) • 미라벨(Mira–bell) • 오드비(Eau–de Vie)	체리, 자두, 살구 등 각종 과일류를 재료로 하여 만든 양조주를 증류해서 만든 알코올 음료이다.

생산지에 따른 브랜디 분류

분류	종류	특징
코냑(Cognac)	• 까뮈(Camus) • 헤네시(Hennessy) • 레미 마르탱(Remy Martin)	• 프랑스 보르도 북부에 위치한 지역으로 프랑스에서 셋째로 큰 포도 생산지이다. • 이 지역에서 생산되는 브랜디만을 코냑이라고 한다. • 반드시 구리로 된 단식 증류기를 사용한다. • 과일 향과 꽃향기가 강하다.
아르마냑(Armagnac)	• 샤보(Chabot)	• 프랑스 보르도 남동부에 위치한 지역으로 이 지역만의 개성 있는 브랜디를 제조한다. • 대부분이 연속 증류기를 사용하여 생산한다. • 보통 말린 과일 풍미(말린 자두, 건포도, 무화과)를 지닌다.
칼바도스(Calvados)	• 레콤트(Lecompte)	• 프랑스 북부 노르망디에 있는 지역으로 품질 좋은 사과를 재배하는 지역이다. • 이 지역의 사과를 발효하고 증류하여 만든 사과 브랜디를 칼바도스라고 부른다.

(Cherry Brandy), 살구 브랜디(Apricot Brandy)와 같이 브랜디 앞에 그 과일의 이름을 붙인다.

브랜디는 와인을 증류하여 제조하기 때문에 와인의 주 생산지에서 브랜디가 함께 발전해 왔다. 따라서 고품질 와인의 명산지가 많은 프랑스에서 품질이 좋은 브랜디가 생산되고 있다.

4) 브랜디의 숙성연도

브랜디는 특정 오크통에서 일정기간 이상 숙성을 하며 특유의 맛과 향이 결정되기 때문에 숙성 기간이 길수록 풍미가 향상되고 품질이 좋은 것으로 평가된다. 라벨에 숙성 기간을 표시하게 되어 있지만, 브랜드별로 사용되는 표기가 다를 수 있으며, 숙성 기간 표시는 의무 규정이 아니므로 최소 숙성 기간에만 해당되어도 표기할 수 있다.

코냑의 경우에만 브랜드에 따라 법적으로 보증되는 숙성연도를 표기하도록 정해져 있으며, 숙성 기간이 5년 이상일 때 ★★★로 표기한다. 'Napoleon'은 숙

브랜디의 숙성연도 표기법*

표시	숙성 기간	문자 표기법의 의미
★	2~5년	• V = Very • S = Superior • O = Old • P = Pale • X.O = Extra Old • Napoleon: 숙성 기간의 의미보다는 '특제품'의 의미가 크며, 자사 제품 중 자신 있는 제품에만 붙인다.
★★	5~6년	
★★★	7~10년	
★★★★★	10년 이상	
V.O	12~15년	
V.S.O	15~25년	• △ Remy Martine • Extra Old = Age Unknown • V.S.O.P = Medallion
V.S.O.P	25~30년	
Napoleon	30~40년	
X.O	50년 이상	
Extra	70년 이상	

* 『NCS 기반 항공기 식음료 서비스』(이영희, 신상태 저)를 참고하여 재구성.

성 기간의 의미보다는 '특제품'의 의미가 크며, 각 브랜드에서 자사의 특별한 제품에 이 명칭을 표기하고 있다.

2. 브랜디의 서비스 방법

1) 브랜디를 즐기는 방법

- 브랜디 특유의 향을 즐길 수 있는 튤립 모양의 전용 잔(Brandy Snifter)에 1oz 정도 담아 마신다.
- 손바닥으로 잔을 감싸 체온이 전해지면 브랜디의 향이 극대화된다.
- 도수가 높고 특유의 풍미가 있어 식사 후 즐길 수 있는 식후주로 분류된다.
- 도수가 높아 함께 마실 수 있는 체이서(Chaser)를 함께 주문받기도 한다.
  ☞ 기본적으로는 위스키와 달리 브랜디 고유의 향을 느낄 수 있도록 브랜디만 즐기는 경우가 많다.
- 커피 등의 음료에 넣어 함께 마시기도 한다.

2) 브랜디의 기내 서비스 방법

- 승객이 브랜디를 원하는 경우 기내에서 서비스하는 브랜디에 대해 안내하고 체이서를 함께 주문받는다.

  ☞ 얼음은 브랜디 본연의 향을 방해할 수 있으므로 일반적으로 함께 서비스하지 않는다.

- 일반석의 경우에는 미니어처 병을 Open하여 플라스틱 잔(Cup)에 따른 후 병을 제외하고 잔(Cup)만 제공한다.
- 상위클래스의 경우 브랜디 전용 잔인 Brandy Snifter에 브랜디를 1oz 담아 서비스한다.

  ☞ 서비스 시 잔의 밑부분(Base)을 이용하여 서비스하며, 잔의 손잡이는 승객용으로 사용됨을 유의하여 서비스한다.

- 와인과 다르게 잔에 직접 리필(Refill)하지 않으며, 더 마시기를 원하는 경우 갤리에서 Brandy Snifter에 따라 서비스한다. (상위클래스의 경우)

한눈에 정리

브랜디의 특징과 종류

브랜디의 특징

❶ 포도 등의 과일을 발효하여 만든 양조주를 증류해서 만든 도수가 높은 알코올 음료이다.

❷ 알코올 함유량: 보편적으로 알코올 도수가 높은 특징을 가지며, 보통 40~80도이다.

브랜디의 제조 방법

❶ 곡물이나 과일을 발효하여 양조주를 제조한다.

❷ 양조주를 증류하여 고농도 알코올을 얻는다.

❸ 적절한 도수와 부드러운 풍미를 위해 혼합 과정과 오크통을 이용한 숙성 과정을 거치기도 한다.

브랜디의 종류

❶ 코냑(Cognac): 포도주를 증류하여 만든 프랑스 코냑 지방의 최고급 브랜디이다.

❷ 아르마냑(Armagnac): 포도주를 증류하여 만든 프랑스 아르마냑 지방의 특색 있는 브랜디이다.

❸ 칼바도스(Calvados): 사과를 재료로 하여 양조주를 만든 후 증류하여 만든 사과 브랜디이다.

❹ 기타: 체리 브랜디(Kirschwasser), 자두 브랜디(Mira-bell) 등이 있다.

3. 진의 일반적인 특징

1) 진의 기원

진(Gin)은 네덜란드에서 약용을 목적으로 만들어졌으며, 이뇨와 해열 등의 치료에 사용되었다. 진은 곡물을 발효하여 증류한 증류주에 이뇨 작용과 전염병 예방 용도로 사용되던 노간주나무 열매인 주니퍼베리(Juniper Berry)를 첨가하여 제조한 알코올 음료이다.

진은 무색, 투명한 특징을 갖고 있어 칵테일의 베이스 음료로 많이 사용되며, 값이 비교적 저렴하고 향이 좋아 세계 여러 나라에서 쉽게 즐겨 마시는 알코올 음료의 한 종류가 되었다. 특히 다른 증류주와 비교하여 숙성 과정이 필요 없어 가격이 상대적으로 저렴하므로 초기에는 '하층민의 술'로 인기를 끌기도 했다.

진은 곡물을 발효한 양조주를 증류하여 만들었다는 점에서 증류주라고 볼 수 있으나 증류주에 약용 성분이 있는 노간주나무 열매 등을 첨가하여 만들었다는 점에서는 혼성주로도 분류할 수 있다. 따라서 진은 증류주이자 동시에 혼성주라고 할 수 있는 독특한 특성을 보인다.

진은 특유의 향이 좋아 스트레이트로 즐기기도 하며, 무색, 투명한 특성과 다른 음료와 잘 어우러지는 향을 갖고 있어 진토닉, 진피즈, 탐 콜린스 등 칵테일 등으로 제조하여 마시기도 한다.

2) 진의 제조 원료와 제조 과정

진은 보리, 밀, 귀리, 옥수수 등의 곡물을 발효하여 만든 양조주를 증류하여 노간주나무의 열매와 레몬 및 각종 허브를 넣어 만든다.

주니퍼베리

네덜란드 더치 진의 제조 과정

발효		주니퍼베리 첨가		증류
보리, 밀, 귀리, 옥수수 등의 곡물을 원료로 하여 양조주를 제조한다.	➡	양조주에 주니퍼베리 및 각종 허브 등을 넣는다.	➡	단식 증류기로 2~3회 증류한다.

영국 런던 드라이 진의 제조 과정

발효		증류		주니퍼베리 첨가
보리, 밀, 귀리, 옥수수 등의 곡물을 원료로 하여 양조주를 제조한다.	➡	양조주를 연속식 증류기를 사용하여 증류하여 알코올 농도가 높은 증류주를 제조한다.	➡	주니퍼베리를 넣고 단식 증류기로 다시 증류한다.

3) 진의 분류

진은 제조 방법에 따라 네덜란드의 제조법으로 만들어진 더치 진(Dutch Gin)과 영국의 제조법으로 만들어진 드라이 진(Dry Gin)으로 나눌 수 있다. 더치 진은 네덜란드 진으로 주니퍼베리의 향이 강하게 첨가되어 풍미가 풍부하고 단맛과 섬세한 맛, 높은 알코올 도수 등이 균형을 이룬 고급 진을 말한다.

드라이 진은 일명 영국의 제조법으로 만들어 런던 드라이 진으로 불리며 통상적으로 흔히 맛볼 수 있는 진을 말한다. 연속식 증류 방법이 개발되면서 여러 번 증류하여 더 부드럽고 농축된 알코올 성분을 지닌 진이 만들어져 단맛이 없는 증류주 특유의 농축된 알코올 풍미와 주니퍼베리, 각종 약초 성분에서 오는 독특한 향이 특징인 런던 드라이 진이 인기를 끌게 되었다.

제조 방법에 따른 진 분류

분류	종류	특징
더치 진 (Genever)	• 홀랜드 진(Holland Gin) • 더치 진(Dutch Gin)	• 네덜란드에서 많이 생산된다. • 주니퍼베리의 향미가 풍부하여 칵테일보다 스트레이트로 더 즐겨 마신다. • 런던 드라이 진보다 단맛이 더 난다.
드라이 진 (Dry Gin)	• 런던 드라이 진(London Gin) • 아메리칸 진(American Gin)	• 세계 여러 나라에서 생산된다. • 연속 증류 방법으로 얻은 순도 높은 알코올 농도와 단맛이 적은 섬세한 맛으로 칵테일 베이스로 많이 사용된다. • 런던 드라이 진이 대표적이다.
기타	• 올드 탐 진(Old Tom Gin) • 슬로 진(Sloe Gin)	• 올드 탐 진은 더치 진과 드라이 진의 중간 특성이 있는 진이라고 할 수 있다. • 슬로 진은 자두의 일종인 슬로베리를 진에 담가 만든 것으로 숙성 과정에서 생긴 당분과 첨가한 설탕으로 단맛이 난다.

4. 진의 서비스 방법

1) 진을 즐기는 방법

- 특유의 향을 느낄 수 있도록 스트레이트로 즐긴다.
- 무색, 투명한 특성이 있어 다른 음료와 함께 칵테일로 즐길 수 있다.
- 특히 런던 드라이 진은 농축된 증류주 특유의 특징과 단맛이 없어 칵테일로 즐겨 마신다.
- 진을 베이스로 하는 칵테일로는 마티니(Martini)와 진 토닉(Gin Tonic) 등이

있다.

- 마티니는 진과 베르무트(Vermouth)를 혼합하고 올리브를 가니시로 하여 만든 칵테일이다.
- 진 토닉은 진과 토닉 워터를 혼합하여 라임이나 레몬을 가니시로 한 칵테일이다.

2) 기내 서비스 방법

- 기내에서 서비스하는 진은 대부분 런던 드라이 진이다.
- 보통은 칵테일로 주문하는 경우가 많으므로 진을 베이스로 하는 칵테일 제조 방법을 숙지하고 있어야 한다.
- 상위클래스의 경우 칵테일의 종류에 따라 서비스하는 잔의 종류 및 가니시(Garnish) 등이 달라지므로 유의하여 서비스한다.
- 칵테일의 종류에 따라 얼음이 함께 제공되는 경우 머들러와 함께 제공한다.

진 미니어처

진

한눈에 정리

진의 특징과 종류

진의 특징

곡물을 발효하여 만든 양조주를 증류한 후 노간주나무 열매인 주니퍼베리를 첨가하고 재증류하여 만든 알코올 음료이다.

진의 제조 방법

영국 런던 드라이 진의 제조 방법

❶ 곡물을 발효하여 양조주를 제조한다.

❷ 연속 증류기로 증류하여 95%의 알코올 농도를 얻는다.

❸ 노간주나무 열매인 주니퍼베리를 첨가하여 단식 증류기로 재증류한다.

❹ 증류수로 알코올 성분을 약 35~45%로 낮추어 병입한다.

네덜란드 더치 진의 제조 방법

❶ 곡물을 발효하여 양조주를 제조한다.

❷ 양조주에 주니퍼베리와 향료 식물을 넣어 단식 증류기로 증류하여 55%의 알코올 농도를 얻는다.

❸ 단기간 저장하고 45% 정도까지 알코올 도수를 낮추어 병입한다.

진의 종류

❶ 더치 진(Dutch Gin), 홀랜드 진(Holland Gin): 네덜란드의 제조법에 따라 만들어진 진으로 주니퍼베리의 향이 진하고 풍미가 좋아 주로 스트레이트로 마신다.

❷ 런던 드라이 진(London Gin): 영국의 제조법에 따라 만들어진 진으로 반드시 주니퍼베리와 기타 식물성 원료를 첨가하여 단식 증류기에서 재증류해 만들어야 한다.

❸ 올드 탐 진(Old Tom Gin): 더치 진과 런던 드라이 진의 중간 풍미와 특성을 지닌다.

❹ 슬로 진(Sloe Gin): 자두의 일종인 슬로베리를 진에 담가 설탕 등을 첨가하여 만든다.

5. 보드카의 일반적인 특징

보드카는 밀, 보리, 호밀 등의 각종 곡물과 감자, 옥수수 등 다채로운 원료를 사용하여 만든 도수가 높은 증류주이다. 무색, 무취, 무미의 특징으로 인해 다른 음료와 혼합하여 칵테일을 만들기도 하고, 다양한 향이나 과일 껍질을 첨가하여 리큐어를 만들기도 한다.

1) 보드카의 기원

보드카는 러시아어로 '물'이라는 뜻의 '보다(Boda)'에서 유래했다. 보드카는 제정 러시아 시대에 황제들과 귀족들이 즐겨 마신 술이었으며, 혹한의 겨울을 보내야 하는 러시아 사람들이 추위를 달래기 위해 선택한 높은 도수의 증류주로 현재까지 러시아의 국민 술로 사랑받고 있다.

또한 보드카의 원조 국가로 주장하는 또 다른 나라가 있으니 바로 폴란드다. 폴란드에서는 보드카가 식사의 시작부터 끝까지 곁들여 마셨던 전통주로도 알려져 있다. 이후 제1차 세계대전 이후 미국에서 보드카를 베이스로 한 칵테일이 인기를 끌며 전 세계적으로 보드카를 즐겨 마시게 되었다. 현재는 폴란드, 러시아, 미국, 영국, 덴마크, 핀란드, 스웨덴을 비롯한 약 30개국에서 생산되고 있다.

2) 보드카의 제조 원료와 제조 과정

보드카는 옥수수, 밀, 보리, 감자 등 다양한 원료를 발효하여 만든 발효주를 증류하여 만든 증류주이다. 특히 냄새와 색깔을 흡착하는 성질을 지닌 목탄에 증류된 알코올을 여과시키는 과정을 거쳐 무색, 무취, 무미의 특징을 갖게 되며 다른 증류주와 달리 스테인리스통에 저장하여 고유의 무색, 무취의 특성을 보존한다.

① 발효: 옥수수, 밀, 보리, 감자 등을 원료로 하여 발효한다.
② 증류: 발효 후 높은 알코올 도수로 증류하여 순수한 알코올 성분을 얻는다.
③ 여과: 향과 색깔을 흡착하는 성질을 지닌 목탄을 사용하여 여과시킨다.
④ 저장: 스테인리스통에 저장하여 무색, 무미, 무취의 특성을 유지한다.

3) 보드카의 분류

생산지에 따른 보드카 분류

구분	종류	특징
러시아	 스톨리치나야(Stolichnaya)	• 스톨리치나야 보드카는 러시아를 대표하는 보드카로 주재료는 겨울 밀과 빙하수이다. • 20세기 초의 원칙을 고수하여 4번의 필터링을 거쳐 섬세하고 부드러워진 질감이 특징이다.
스웨덴	 앱솔루트(Absolut)	• 스웨덴 남부 작은 마을의 고소한 풍미를 지닌 최고급 겨울 밀과 청정수를 재료로 하여 순수하고 깨끗한 보드카를 제조한다. • 여러 가지 천연 원료를 블렌딩하여 다양한 종류의 보드카를 출시하고 있다. • 특화된 디자인의 보드카 병이 마케팅에 활용된다.
미국	 스미노프(Smirnoff)	• 러시아의 표트르 스미노프가 설립한 스미노프는 초기에 러시아 황실에 납품하기도 했다. • 이후 스미노프 가문이 미국으로 추방되어 미국에서 생산되기 시작하며 현재까지 이어지고 있다. • 단식 증류법을 사용하고 첨가물을 전혀 사용하지 않으며 고급 보드카의 표본을 보여 준다.
	 스카이(Skyy)	• 스카이 보드카는 숙취 없는 보드카를 만들겠다는 미국 발명가에 의해 탄생한 보드카이다. • 4번의 증류와 3번의 정제 과정을 거치고 천연 과일즙을 넣어 다양한 풍미를 즐길 수 있다.
프랑스	 그레이 구스(Grey Goose)	• 프랑스 남부 코냑 지방에서 수확한 여름 밀과 상파뉴 지역 젠삭 강의 물을 더해 만든다. • 좋은 날씨와 비옥한 토양에서 재배한 여름 밀은 고소하면서도 은은한 곡물의 아로마를 더해 준다. • 증류소에서 배양한 특별한 효소를 넣어 원액을 발효하는데, 이로 인해 빵, 버터와 바닐라 등의 풍미가 더해진다.

Fariz Abasov / Shutterstock.com
Roger Utting / Shutterstock.com
Danut Vieru / Shutterstock.com
gmstockstudio / Shutterstock.com

6. 보드카의 서비스 방법

1) 보드카를 즐기는 방법

- 보드카는 풍미와 방향이 적을수록 품질이 좋은 것이라고 할 수 있다.
- 러시아 사람들은 매우 차게 해서 소량으로 스트레이트로 즐겨 마신다.
- 최고급 전채요리(Appetizer)인 철갑상어 알(Caviar)과 잘 어울린다.
- 식전주(Aperitif)로 즐기는 경우가 많다.
- 무색, 무취, 무미의 특징으로 인해 다른 음료의 특색을 돋보이게 하는 칵테일의 베이스로 주로 사용된다.

2) 기내 서비스 방법

- 기내에서 서비스하는 보드카의 브랜드 및 특징을 잘 숙지하고 승객 주문 시 적절한 안내를 한다.
- 상위클래스의 경우 전채요리와 함께 준비할 때 알코올 음료 중 가장 시원한 온도로 준비한다.
- 철갑상어 알 등의 전채요리가 제공되는 경우 전채요리와 잘 어울리는 음료로 보드카를 안내하고 함께 주문받아 서비스한다.
- 칵테일로 제공하는 경우 재료의 정량을 넣어 제조하고 승객의 기호에 맞는지 반드시 만족도를 확인한다.
- 상위클래스의 경우 칵테일의 종류에 따라 얼음 제공 방법과 서비스하는 잔의 종류가 달라지므로 유의한다.

한눈에 정리

보드카의 특징과 즐기는 방법

보드카의 특징

밀, 보리, 호밀 등의 각종 곡물과 감자, 옥수수 등 다채로운 원료를 사용하여 만든 무색, 무취, 무미의 도수가 높은 증류주이다.

보드카의 제조 방법

❶ 발효: 옥수수, 밀, 보리, 감자 등을 원료로 하여 발효한다.
❷ 증류: 발효 후 높은 알코올 도수로 증류하여 순수한 알코올 성분을 얻는다.
❸ 여과: 향과 색깔을 흡착하는 성질을 지닌 목탄을 사용하여 여과시킨다.
❹ 저장: 스테인리스통에 저장한다.

보드카를 즐기는 방법

❶ 주로 식전주로 즐기거나 철갑상어 요리 등의 전채요리와 함께 즐긴다.
❷ 러시아에서는 소량의 보드카를 매우 차갑게 준비하여 마시는 것이 전통이다.
❸ 무색, 무취, 무미의 특성이 있어 칵테일의 베이스로 많이 사용된다.
❹ 기내에서는 전채요리와 함께 서비스하는 경우 차가운 온도에서 보관하여 알코올 음료 중 가장 차갑게 준비한다.

7. 럼의 일반적인 특징

럼은 사탕수수에서 얻은 당밀을 재료로 하여 발효하고 증류 및 숙성시켜 만든 도수가 높은 증류주이다. 럼은 생산지에 따라 맛과 색이 다양하며 스트레이트나 온더록스, 칵테일 등 다양한 형태로 즐길 수 있는 증류주이다.

1) 럼의 기원

럼의 기원은 정확하게 알려지지 않았으나 서인도 제도 카리브해에서 사탕수수와 관련한 농업이 확대되고 그와 함께 그 부산물을 이용한 주조법을 알고 있던 영국인들이 이주해 오면서 만들어졌다는 이야기가 전해진다.

영국이 아닌 네덜란드의 증류법에 따라 나왔다는 설을 비롯하여 기원을 정확하게 알기 어렵지만, 확실한 것은 당시 무역과 관련하여 럼이 중요한 상품 중 하나였다는 것이다. 또한 당시 원주민들이 도수가 높은 럼을 마시고 취해서 흥분하고 소동을 벌이는 일이 많아 소동을 뜻하는 'Rum Bullion'에서 'Rum'이라는 앞 단어만 남은 것으로 추측되기도 한다.

Leron Ligred / Shutterstock.com

2) 럼의 제조 원료와 제조 과정

럼의 주원료인 사탕수수의 당밀은 독특한 단맛과 향이 있으며 이미 당분을 함유한 상태이기 때문에 당화의 과정은 생략된다. 발효를 위해 자연 이스트균의 영양분인 던더(Dunder)를 첨가하는데, 이로 인해 럼만의 독특한 향을 지니게 된다. 이러한 향을 강하게 하도록 아카시아 수액이나 파인애플 즙 등이 첨가되기도 한다.

럼은 설탕을 태워 만든 캐러멜을 이용하여 색깔의 종류를 다양하게 할 수 있으며 오크통을 이용한 저장 및 숙

성으로 풍미를 부드럽고 좋게 할 수 있는데 숙성 기간에 따라 럼의 종류를 분류할 수도 있다.

① 당밀의 추출: 사탕수수를 압착하여 당밀 성분을 추출한다.

☞ 원료가 이미 당분 상태이기 때문에 당화의 과정이 필요하지 않다.

② 발효: 추출된 당밀을 발효하며 이 과정에서 발효 작용을 돕는 특정 성분(Dunder)을 첨가하여 럼 특유의 향을 갖도록 한다.

③ 증류 및 착색: 발효한 당밀을 증류한 후 설탕을 태워 만든 캐러멜로 색을 입힌다.

④ 저장: 오크통에 넣어 수년간 저장 및 숙성한다.

3) 럼의 분류

숙성 기간에 따른 럼 분류

분류	주요 생산지	특징
Heavy Rum (Dark Rum)	자메이카	• 맛의 풍미가 가장 강하고 짙은 갈색이며 단맛이 강한 스위트 럼이라고 할 수 있다. • 10~20일간 발효하여 제조한다.
Medium Rum (Gold Rum)	도미니카	• 헤비 럼과 라이트 럼의 중간색으로 보통 선호도가 높은 위스키나 브랜디의 색깔에 맞추어 캐러멜로 착색한다. • 단맛과 향이 약간 있다. • 일반적으로 골드 럼이라고 불리며, 대중적인 알코올 음료로 대량 생산된다. • 5~9일간 발효하여 제조한다.
Light Rum (White Rum)	쿠바	• 담색 또는 무색을 띠며 칵테일의 베이스로 주로 사용된다. • 사탕수수의 향취가 적고 단맛이 없다. • 2~4일간 발효하여 제조한다.

8. 럼을 즐기는 방법

럼은 현재는 기내에서 서비스되지 않으나 아래와 같은 방법으로 즐길 수 있다.

- 스트레이트로 마실 때에는 향이 가미되거나 도수가 표준 도수(40%) 이상인 럼은 피한다.
- 도수가 높으므로 작은 리큐어 잔에 1oz 담아 천천히 마시며, 풍미를 더욱 즐기기 위해서 손으로 잔을 데우며 마시는 것도 좋다.
- 얼음과 함께 온더록스로 즐길 수 있다.
- 칵테일로 만들어 즐길 수 있다. 대표적인 칵테일로 럼 앤 콕(Rum & Coke), 모히토(Mojito), 다이키리(Daiquiri), 마이타이(Mai–tai) 등이 있다.
- 커피나 핫초콜릿 등 따뜻한 음료에 럼을 첨가하여 즐기기도 한다.

한눈에 정리

럼의 특징과 즐기는 방법

럼의 특징

사탕수수에서 얻은 당밀을 재료로 하여 발효하고 증류 및 숙성시켜 만든 도수가 높은 증류주이다.

럼의 제조 방법

❶ 당밀의 추출: 사탕수수를 압착하여 당밀을 추출한다.

❷ 발효: 추출한 당밀을 발효한다.

❸ 증류 및 착색: 발효한 당밀을 증류한 후 설탕을 태워 만든 캐러멜로 색을 낸다.

❹ 저장: 오크통에 넣어서 수년간 저장 및 숙성한다.

럼을 즐기는 방법

❶ 스트레이트, 온더록스, 칵테일 등의 다양한 방법으로 즐길 수 있다.

❷ 대표적인 칵테일로는 럼 앤 콕, 모히토, 다이키리, 마이타이 등이 있다.

❸ 커피 등의 따뜻한 음료와 함께 즐길 수도 있다.

❹ 도수가 매우 높은 알코올 음료이기 때문에 작은 잔에 따라 천천히 음미하며 즐긴다.

고객 VOC 사례로 살펴본 기내 증류주 서비스 시 유의사항

아래 가상의 고객 VOC 사례를 살펴보고 기내 알코올 음료 서비스 시 주의사항과 기내에서 알코올 도수가 높은 증류주를 서비스할 때 주의해야 할 사항을 다시 한번 생각해 보자.

부모님과 함께 처음으로 해외여행을 하게 되었습니다. 평상시 비행기를 타고 여행을 해 본 경험이 없으신 부모님은 많이 긴장하시어 비행기에서 몸 상태가 좋지 않으셨습니다.

그런데 단체로 보이는 중년의 남성분들이 뒷자리에 앉아서 계속 술을 주문했습니다. 물론 기내에서 성인에게 술을 서비스할 수 있다는 것은 알고 있습니다. 그러나 이미 만취해 보이는 승객에게 계속하여 알코올 도수가 높은 보드카 등을 서비스하는 것은 해당 승객에게도, 또 주변 승객에게도 위험하지 않나 하는 생각이 들어 이렇게 펜을 들게 되었습니다.

저는 비행 내내 술 냄새와 술에 취해 흥이 오른 뒷자리 승객들의 시끄러운 소리로 불편함과 불안감에 시달렸습니다. 결국 술에 취해 앞좌석을 쾅쾅 내리치는 행위에 참지 못한 신랑이 승무원을 불러 이야기했고 그때서야 술을 요구하는 승객에게 과음이 우려되니 잠시 휴식을 취하라는 안내가 이루어졌습니다.

그런데 뒷자리 승객은 담당 승무원이 아닌 다른 승무원이 지나가자 그 승무원에게 다시 술을 주문했고 그 승무원은 아무런 제지도 없이 보드카 미니어처를 제공했습니다. 이에 승무원들 간에 서로 중요한 사항을 공유하지 않는 것인지, 대체 기내에서 알코올 음료와 관련한 서비스 규정에서 과음하는 승객을 대비하여 어떤 대책이 있는 것인지 궁금하여 서신을 보냅니다.

기내 알코올 음료 서비스 시 주의사항

- 만 19세 미만 미성년자 승객에게 알코올 음료 제공을 금지한다.
- 항공사가 제공하지 않은 알코올 음료는 제지할 수 있다.
- 3회 이상 알코올 음료를 제공한 경우 대화를 통해 행동 등을 관찰한다.
- 음주가 비행 안전과 타 승객의 안락함, 승무원의 직무 수행을 방해할 경우 알코올성 음료 서비스를 중단할 수 있다.

사례 연구 노트

○ 사례 연구를 읽고 다음 질문에 대한 답을 써 보자.

1. 이 사례에서 불만이 발생한 원인이 무엇인지 기내 알코올 음료 서비스 규정을 참고하여 생각해 보자.

2. 이와 같은 불만 사례가 재발하지 않도록 방법을 생각해 보자.

학습 정리 & Quiz

● 수업 목표: 브랜디와 기타 증류주의 특성과 서비스 방법에 대해 알 수 있다.

날짜	년 월 일	과목명	
반/학번/이름	/ /	담당 교수	

1. 빈칸을 채우며 브랜디의 특성을 정리해 보세요.

증류주의 특징	• 브랜디는 포도 등의 과일을 재료로 하여 만든 ( )을 증류해서 만든 알코올 음료라고 할 수 있다. • 프랑스의 최고급 브랜디는 생산지의 명칭을 따라 ( )라고 불린다. • ( )는 사과를 주재료로 하여 만든 브랜디를 뜻한다.

2. 아래 표를 채우며 진의 특징을 정리해 보세요.

진(Gin)			
진의 분류	주재료	특징 및 즐기는 방법	종류
진은 증류주인 동시에 ( )이다.	진은 각종 곡물을 주재료로 하여 만든 증류주에 ( )를 넣고 재증류하여 만든 알코올 음료이다.		• 네덜란드: 더치 진 • 영국: ( )

3. 보드카와 럼의 특징을 비교하여 정리해 보세요.

분류	보드카	럼
다른 점	• 목탄으로 여과하여 무색, 무취, 무미의 특징을 보인다. • 감자를 포함하여 여러 곡류를 사용하여 만든다. • 숙성 과정을 거치지 않기 때문에 생산비가 저렴하다.	• ( )를 원료로 하여 만든다. • 원료가 이미 당분이므로 ( ) 과정을 거치지 않는다. • ( )을 이용하여 착색시킨다. • ( )에 넣어서 수년간 저장 및 숙성한다.
같은 점	• 도수가 높은 증류주이다. • 스트레이트로도 즐길 수 있으며, 칵테일의 베이스로도 사용된다.	

Beverage Story

특별한 증류주 테킬라

용설란으로 만든 증류주, 테킬라(Tequila)

테킬라는 멕시코의 다육식물로 선인장의 일종인 용설란의 수액을 원료로 하여 만드는 증류주이다. 40도 정도로 주정도가 높은 증류주로서 멕시코에서 생산된 것만을 테킬라라고 부를 수 있다. 보통 스트레이트로 마시는 경우 레몬과 소금을 곁들여 마신다.

소금과 레몬의 순서는 개인의 취향에 따라 결정할 수 있으며 멕시코에서는 테킬라를 먼저 마시고 레몬즙과 소금으로 입안을 헹구어 내어 체이서(Chaser)처럼 활용한다. 레몬과 소금을 함께 서비스받고도 어색해서 혹은 방법을 잘 알지 못해 테킬라를 제대로 즐기지 못하는 경우가 많은데 취향에 따라 마시는 방법은 다양하나 다음과 같은 방법을 소개해 본다.

- 우선 레몬을 반으로 잘라 준비한다.
- 준비한 레몬을 왼손으로 잡는다.
- 왼손 엄지와 검지의 손등 중간에 소금을 올려놓는다.
- 혀에 레몬즙과 소금을 묻힌 다음 오른손으로 잔을 들어 마신다.

또한 테킬라는 반데라(Bandera)라는 전통적인 방법으로도 즐길 수 있는데, 이 방법은 다음과 같다.

- 테킬라 한 잔을 준비한다.
- 라임 한 잔을 함께 준비한다.
- 토마토 주스에 소금과 고추, 레몬 주스를 넣은 매콤한 음료인 상그리타(Sangrita)도 준비한다.
- 위의 세 가지 음료를 번갈아 마시며 즐긴다.

무엇보다 품질이 좋은 테킬라를 마시기 위해서는 100% 용설란 테킬라를 선택해야 한다. '100% Agave'라는 문구가 적혀 있는 테킬라를 선택해야 확실한 용설란 증류주를 맛볼 수 있으며, 그렇지 않은 경우 법에 따라 원료 중 용설란을 최소 51%만 함유해도 되므로 나머지는 어떤 당분이든 혼합해서 제조할 수 있다. 테킬라와 함께 '100% Agave'도 기억해 두자.

04 혼성주

1. 혼성주의 일반적인 특징

1) 혼성주의 특징

혼성주는 양조주나 증류주를 혼합하거나 재증류하고 여러 가지 약초, 식물의 뿌리, 꽃, 씨앗 등을 용해하여 특별한 향미가 나도록 만든 알코올 음료를 말한다. 일반적으로 증류주를 주원료로 해서 알코올 도수가 높으며 부재료로 인한 감미로운 맛과 약초 성분으로 인한 소화 촉진 효과 등이 있어 주로 식사 후 즐기는 식후주로 애용된다.

색과 향이 다채로워 칵테일의 재료로도 널리 사용되는 혼성주는 서양에서는 리큐르(Liqueur)라고 하며, 영어권 국가에서는 '코디얼(Cordial)'이라고 부르기도 한다. Liqueur는 '녹이다, 용해하다'라는 뜻의 'Liquefacere'에서 기원했다. 일반적인 알코올 음료를 뜻하는 Liquor와 철자가 비슷하나 더 한정적인 개념으로 Liquor의 한 종류인 혼성주를 일컫는 명칭으로 구분해서 사용해야 한다.

2) 혼성주의 기원

증류주가 발달하며, 과일 등에 증류주를 부어 만드는 담금주부터 다양한 재료 등을 함께 첨가하여 재증류하는 혼성주가 함께 발전해 왔다고 볼 수 있다. 혼성

주는 음료에 대한 인간의 끊임없는 호기심에서 탄생했으며 더 특별한 맛과 향 그리고 다채로운 색깔 등을 즐길 수 있는 알코올 음료이다.

오늘날 혼성주는 다양한 욕구와 필요에 의해 제조되고 있다. 특정 혼성주는 최고급 증류주인 브랜디를 활용하여 고급스러운 재료들을 첨가하고 최고급 알코올 음료를 제조하기 위한 목적으로 만들어지며, 일부 혼성주는 약초를 넣어 소화를 촉진하거나 숙면을 돕는 등의 약용 효과를 위해 제조되기도 한다.

따라서 양조주나 증류주처럼 혼성주의 제조 방법을 통일하여 한마디로 설명하는 것보다 다양한 혼성주의 종류와 각각의 특징에 따른 제조 방법 위주로 살펴보는 것이 더 효과적일 것이다. 이 책에서는 기내 혼성주 서비스와 관련하여 이해를 돕기 위해 나라별로 정해져 있는 알코올 음료에 관한 규정과 기본적인 제조 방법을 중심으로 살펴보도록 하겠다.

2. 혼성주의 제조 방법과 분류

1) 혼성주의 제조 방법

혼성주는 나라별로 규정이 다르나 보통 알코올 도수와 당분의 함량 등에 따라 구분된다. 예를 들어 미국에서는 증류주를 원료로 사용하고 2.5% 이상의 당분이 포함된 경우 혼성주로 분류하며, 우리나라에서는 증류주에 증류 잔류물이 2% 이상이면 혼성주라고 할 수 있다. 따라서 우리가 흔히 증류주라고 알고 있는 알코올 음료도 정확하게 구분하면 혼성주인 경우가 많다.

혼성주를 제조하는 방법은 다음과 같이 네 가지로 나눌 수 있다.

- 침출법: 특정 재료를 증류주에 담가 제조하는 방법이다.
- 에센스법: 인공 향을 증류주에 첨가하거나 원료 진액을 증류주에 섞은 뒤 당분 등 필요한 첨가물을 넣는 방식으로 저가의 혼성주를 제조하는 방법이다.
- 증류법: 특정 재료와 함께 증류주를 다시 증류한 뒤 당분 등의 첨가물을 첨가하는 방법이다.
- 여과법: 증류주를 증류할 때 해당 재료의 풍미가 스며들도록 하는 방법이다.

2) 혼성주의 분류

다양한 혼성주를 특정 방식으로 분류하기는 어렵지만 주로 사용되는 재료에 따라 다음과 같이 분류할 수 있다.

제조 원료에 따른 혼성주 분류

분류	종류	특징
허브 첨가 혼성주 (Herb Liqueur)	베네딕틴(Benedictine) 캄파리(Campari)	• 허브과의 약초 등을 첨가하여 만든 혼성주 • 허브 특유의 씁쓸한 맛으로 인해 'Bitters'라 부르기도 함 • 약용 효과가 있다고 알려졌음
오렌지 껍질 첨가 혼성주 (Curaçao Liqueur)	그랑 마니에르(Grand Marnier) 쿠앵트로(Cointreau)	• 카리브해의 큐라소라는 섬에서 오렌지 껍질을 이용해 만드는 혼성주가 발달한 데서 명칭이 붙음 • 브랜디 등의 증류주에 오렌지 껍질 추출 성분을 혼합하여 만든 그랑 마니에르와 쿠앵트로 등이 대표적임 • 세 번 증류하여 만든 트리플 식과 파란색의 블루 큐라소 등 다양한 혼성주가 이에 속함
크렘 혼성주 (Crème Liqueur)	크렘 드 망트(Crème de Menthe) 크렘 드 카시스(Crème de Cassis)	• 크렘은 '최상의'라는 뜻으로 특정 재료와 당분의 함유량이 일정량 이상 함유된 혼성주를 말함 • 크림을 사용한 크림 혼성주와는 다른 의미로 구별해서 사용함

3. 혼성주의 종류

1) 캄파리

캄파리(Campari)는 이탈리아에서 약용을 목적으로 쓴맛이 나는 음료(Bitters)를 기본으로 하여 만든 알코올 음료이며 자세한 내용은 다음과 같다.

- 제조 방법: 60가지 허브와 향신료, 약초 뿌리, 비터(Bitter) 오렌지 껍질, 나무껍질 등을 혼합한 후 숙성하여 만들며 이때 붉은색 색소를 첨가한다.

- 알코올 함량: 약 25%의 붉은색 혼성주이다.
- 풍미: Bitters 특유의 쓴맛이 식욕을 돋우는 효과가 있어 식전주로 주로 즐긴다.
- 특징: 화려한 붉은 색상과 특유의 풍미로 오렌지 주스나 소다 워터, 토닉 워터 등과 혼합하여 칵테일로 즐긴다.

2) 쿠앵트로

쿠앵트로(Cointreau)는 프랑스의 제과업자 쿠앵트로 형제에 의해 만들어진 혼성주이며 자세한 내용은 다음과 같다.

- 제조 방법: 비터 오렌지와 스위트 오렌지를 적절하게 배합하여 그 껍질에서 특정 성분을 추출하여 만든다.
- 알코올 함량: 약 40%의 무색 혼성주이다.
- 풍미: 오렌지 향과 단맛으로 마들렌 등 제빵제과에도 주로 사용된다.
- 특징: 세계에서 가장 많이 팔리는 혼성주 중 하나로 오렌지 향이 들어가는 제빵제과의 고급 재료로 널리 사용된다.
- 칵테일의 부재료로 많이 쓰이며, 특유의 향을 즐기기 위해 스트레이트나 얼음과 함께 즐기기도 한다.

monticello / Shutterstock.com

캄파리

Marina-foodblogger / Shutterstock.com

쿠앵트로

3) 크렘 드 망트

크렘 드 망트(Crème de Menthe)는 프랑스에서 생산되는 혼성주로 자세한 내용은 다음과 같다.

- 제조 방법: 증류주에 박하 잎과 설탕을 첨가하여 만든다. 'Menthe'가 불어로 박하라는 뜻이다.
- 알코올 함량: 약 24%의 무색 혹은 녹색의 혼성주이다.
- 풍미: 강한 민트 향과 강한 단맛이 특징이다.
- 특징: 식후에 소화를 돕거나 입가심 등을 위해 즐겨 마신다.
- 칵테일의 재료로 주로 사용되며 종종 빵 등의 제빵제과에서도 사용된다.

4) 크렘 드 카시스

크렘 드 카시스(Crème de Cassis)는 프랑스의 부르고뉴 지방에서 현재의 형태로 1841년에 제조되기 시작하여 오늘날에 이르고 있으며 자세한 내용은 다음과 같다.

- 제조 방법: 증류주에 블랙 커런트와 설탕을 넣어 숙성하고 여과하여 만든다.
- 알코올 함량: 약 15%의 검붉은 색 혼성주이다.

크렘 드 망트

크렘 드 카시스

- 풍미: 베리 향과 신맛 등이 특징이다.
- 특징: 불어로 카시스(Cassis), 영어로 블랙 커런트(Black Currant), 한국어로 까치밥나무 열매라고 하는 주재료로 인해 색상이 매우 진한 검붉은 색을 띠며 베리 종류의 과일 향을 지닌 혼성주이다.
- 화이트 와인과 샴페인 등을 베이스로 하는 키르(Kir), 키르 로열(Kir Royal) 등의 칵테일을 제조할 때 사용된다.
  ☞ 화이트 와인 + 크렘 드 카시스 = 키르
  ☞ 샴페인 + 크렘 드 카시스 = 키르 로열

5) 베일리스

베일리스(Bailey's)는 위스키의 본고장 아일랜드에서 위스키에 우유나 크림을 곁들여 마시던 풍습에서 유래했다. 베일리스는 위스키와 크림을 혼합하여 하나의 음료로 만드는 데 성공한 최초의 크림 혼성주이며 자세한 내용은 다음과 같다.

- 제조 방법: 아이리시 위스키와 아이리시 크림, 벨기에 초콜릿 등을 혼합하여 만든다.
- 알코올 함량: 약 17%이다.
- 풍미: 아이리시 위스키의 향과 크림과 초콜릿의 단맛 등이 조화를 이룬다.

Olga Popova / Shutterstock.com

베일리스

- 특징: 커피나 우유 등 다른 음료와도 잘 어울리고 특유의 단맛을 지니고 있어 세계적으로 인기 있는 혼성주 중의 하나이다.
- 주로 식후주로 즐기며 작은 리큐어 잔에 담아 스트레이트로 즐기거나 얼음과 함께 마시기도 한다. 커피에 넣어 아이리시 커피를 제조하여 마시기도 한다.

4. 혼성주의 서비스 방법

- 혼성주는 도수가 높고 단맛이 가미되어 주로 식사가 끝난 후 즐긴다.
- 도수가 높고 향과 풍미 등이 강한 종류가 많으므로 승객에게 적절하게 설명하고 주문을 받아야 한다.
- 도수가 높으므로 스트레이트로 제공할 때에는 리큐어 전용 글라스에 1oz 정도 담아 서비스한다.
- 얼음과 함께 서비스하는 경우에는 텀블러 글라스(Tumbler Glass)에 녹지 않은 단단한 상태의 얼음을 담고 혼성주를 2oz 정도 담아 준비하고 머들러를 함께 제공한다.
- 단맛을 내는 재료가 첨가되어 사용한 후에 병목 주변을 깨끗하게 닦아 내지 않으면 설탕이나 시럽 성분이 굳어 뚜껑이 잘 열리지 않을 수 있으니 유의하여 관리한다.

5. 혼성주 시향 실습

혼성주는 양조주나 증류주보다 우리가 실제로 접할 기회가 더 적으므로 명칭이나 특징이 생소하게 느껴질 수밖에 없다. 그러나 기내에서 서비스하는 알코올 음료의 한 종류이며, 특히 상위클래스에서는 식사 마지막 코스로 따뜻한 음료와 식후주를 서비스하는 것이 정식 서양식 코스의 하나로 되어 있으므로 혼성주에 대해서도 잘 숙지해 놓을 필요가 있다.

이번 혼성주 시향 실습은 앞서 배운 이론적 지식을 활용하여 기내에서 서비스 중인 다양한 혼성주의 색과 향을 살펴보고 그 특징을 기록함으로써 실제로 기내에서 적절한 방법으로 전문적으로 서비스할 수 있도록 하는 것을 목적으로 한다.

1. 크렘 드 카시스 2. 크렘 드 망트 3. 크렘 드 망트 화이트 4. 쿠앵트로 5. 베일리스 6. 캄파리

TRAINING

혼성주 시향 실습

실습 목적

기내에서 서비스 중인 다양한 혼성주의 종류와 특징에 대해 직접 알아보고 이론 지식을 정리해 볼 수 있다.

실습 재료

기내 서비스 중인 혼성주 다섯 종류, 플라스틱 컵, 색깔을 확인해 볼 수 있는 흰색 종이

실습 방법

① 5~6명씩 한 그룹을 이룰 수 있도록 하고 그룹별로 혼성주 다섯 가지가 담긴 플라스틱 컵과 색깔 확인용 흰색 종이를 준비한다.

② 흰색 종이에 다섯 종류의 혼성주를 구분하여 올려놓고 교재의 워크시트를 준비한다.

③ 그룹별로 다섯 종류의 혼성주 명칭을 공개하지 않고 색과 향 등을 직접 체험해 보고 앞서 배운 이론적 지식을 바탕으로 어떤 혼성주인지 준비된 워크시트에 명칭과 특징을 적어 본다.

④ Blind Tasting으로 진행하되 도수가 높은 알코올 음료임을 고려하여 맛을 직접 보는 것은 피하고 색깔과 향 위주로 실습한다.

시향 노트 참고사항

1. Appearance(외관)
   - 강도: 연한/중간/진한
   - 색상: 무색투명, 붉은색, 호박색 등
2. Nose(후각)
   - 상태: 깨끗한/변질된
   - 강도: 가벼운/중간/강렬한
   - 향 특성: 과일향/민트향/허브과의 약초/초콜릿 등
3. Conclusion(결론)

   본인이 직접 체험한 음료의 특징을 전체적으로 정리해 본다.

   ☞ 예) 진한 녹색 빛깔을 띠고 있으며 깨끗하고 강렬한 민트향이 인상적이다.

혼성주 시향 실습 Worksheet

실습 목표: 혼성주 시향 실습을 통해 혼성주의 종류 및 특징을 파악할 수 있다.

날짜	년 월 일	실습 과목명	
반/학번/이름	/ /	담당 교수	

혼성주 시향 노트 작성			
혼성주 종류	Appearance (색상 등 외관)	Nose (후각)	Conclusion (결론)
1.	강도 색상	상태/강도 향 특성	특징 평가 ☆☆☆☆☆
2.	강도 색상	상태/강도 향 특성	특징 평가 ☆☆☆☆☆
3.	강도 색상	상태/강도 향 특성	특징 평가 ☆☆☆☆☆
4.	강도 색상	상태/강도 향 특성	특징 평가 ☆☆☆☆☆
5.	강도 색상	상태/강도 향 특성	특징 평가 ☆☆☆☆☆

한눈에 정리

혼성주의 특징과 종류

혼성주의 특징

❶ 혼성주는 양조주나 증류주를 혼합하거나 재증류하고 여러 가지 약초, 식물의 뿌리, 꽃, 씨앗 등을 용해하여 특별한 향미가 나도록 만든 알코올 음료이다.

❷ 알코올 도수가 높으며 부재료로 인한 감미로운 맛과 약초 성분으로 인한 소화 촉진 효과 등이 있어 주로 식사 후 즐기는 식후주로 애용된다.

혼성주의 제조 방법

침출법, 에센스법, 증류법, 여과법

혼성주의 종류

❶ 캄파리(Campari): Bitters 특유의 쓴맛이 식욕을 돋우는 효과가 있어 주로 식전주로 즐기는 이탈리아의 혼성주이다.

❷ 쿠앵트로(Cointreau): 오렌지 껍질에서 특정 성분을 추출하여 만든 무색의 혼성주로 오렌지 향미로 인해 제빵제과에도 널리 활용된다.

❸ 크렘 드 망트(Crème de Menthe): 증류주에 민트 잎과 설탕을 첨가하여 만든 박하 향을 지닌 무색 혹은 녹색의 혼성주이다.

❹ 크렘 드 카시스(Crème de Cassis): 영어로 'Black Currant', 한국어로 '까치밥나무 열매'라고 하는 주재료로 인해 색상이 매우 진한 검붉은색을 띠며 베리 종류의 과일 향을 지닌 혼성주이다.

❺ 베일리스(Bailey's): 아이리시 위스키와 아이리시 크림, 벨기에 초콜릿 등을 혼합하여 만든 크림 리큐르로 위스키 고유의 풍미와 크림과 초콜릿의 단맛이 조화를 이룬다.

학습 정리 & Quiz

○ 수업 목표: 혼성주의 특성과 서비스 방법에 대해 알 수 있다.

날짜	년 월 일	과목명	
반/학번/이름	/ /	담당 교수	

1. OX 퀴즈를 풀며 혼성주의 특징을 정리해 보세요.

혼성주의 특징	• 혼성주는 주로 식사 메뉴에 따라 어울리는 종류를 선택하여 즐기는 대표적인 식중주이다. (O/X) • 혼성주는 'Liquor'라고도 불린다. (O/X) • 재료에 따라 허브, 큐라소, 크렘 리큐르 등으로 분류한다. (O/X)

2. 아래 표를 채우며 혼성주의 제조 방법을 정리해 보세요.

혼성주의 제조 방법			
침출법	에센스법	증류법	여과법

3. 현재 기내에서 서비스 중인 혼성주의 명칭과 특징을 연결해 보세요.

① 베일리스(Bailey's)
② 캄파리(Campari)
③ 쿠앵트로(Cointreau)
④ 크렘 드 망트(Crème de Menthe)
⑤ 크렘 드 카시스(Crème de Cassis)

Ⓐ Bitters 특유의 쓴맛이 나는 이탈리아의 혼성주
Ⓑ 오렌지 향의 무색투명한 혼성주
Ⓒ 박하 향이 나는 무색 혹은 녹색의 혼성주
Ⓓ 아이리시 위스키+아이리시 크림+벨기에 초콜릿
Ⓔ Kir와 Kir Royal 칵테일의 재료

4. 혼성주를 서비스하는 방법을 아래와 같이 정리해 보세요.

• 도수가 높기 때문에 스트레이트로 서비스할 경우에는 리큐어 전용 잔에 (　　　)oz 담아 서비스한다.

• 얼음과 함께 서비스할 때에는 (　　　) 글라스에 녹지 않은 단단한 상태의 얼음을 담고 혼성주를 2oz 정도 담아 준비하고 (　　　)를 함께 제공한다.

Beverage Story

혼성주와 관련된 재미있는 이야기

베일리스가 아이스크림이 된 까닭

상위클래스에서 기내식 서비스의 마지막 코스로 따뜻한 음료와 식후주가 서비스되던 때였다. 담당 승무원이 외국인 승객의 요청을 받고 기내 주방으로 들어가 디저트인 아이스크림을 준비하여 제공했다. 그런데 분명 아이스크림을 주문한 승객은 고개를 좌우로 흔들며 아니라고 말했고 담당 승무원은 당황하는 모습이 역력했다.

그때 선임 승무원이 승객이 좌석 앞에 있는 Beverage List*를 꺼내는 것을 보게 되었다. 그 순간 승객이 원하는 것이 아이스크림이 아니라 베일리스임을 직감하고 선임 승무원은 승객에게 '아이리시 크림(Irish Cream)'을 주문한 것인지 다시 한번 확인한 후 베일리스를 준비해 서비스했다.

Olga Popova / Shutterstock.com

그제서야 담당 승무원도 승객이 '아이리시 위스키(Irish Whiskey)'와 '아이리시 크림(Irish Cream)' 등이 들어 있는 베일리스를 현지에서 가볍게 부르는 명칭인 '아이리시 크림'으로 주문했다는 것을 알게 되었고 승객과 승무원 모두 함께 크게 웃으며 식후주 서비스를 무사히 마칠 수 있었다.

위스키의 본고장 아일랜드에서는 위스키와 함께 우유나 크림 등을 즐기는 방법이 크게 유행했으며 손쉽게 크림이 혼합된 아이리시 위스키를 맛보게 하려는 여러 시도가 이어졌다. 번번이 실패했던 긴 시간이 지나 최초로 아이리시 위스키를 베이스로 한 크림 리큐르를 제조하는 데 성공했는데, 이것이 바로 베일리스이다.

이처럼 베일리스는 아이리시 위스키와 크림의 조화라는 상징적인 특징 때문에 핵심 원료인 '아이리시 크림'으로 불릴 수 있다는 점을 유의하여 서비스한다면 아이리시 크림이 아이스크림으로 탈바꿈하는 해프닝은 더이상 벌어지지 않을 것이다.

* Beverage List: 기내에서 서비스 중인 알코올 음료의 종류와 특징을 설명한 안내서로 상위클래스 승객에게 제공된다.

05 칵테일

1. 칵테일의 일반적인 특징

1) 칵테일의 특징

맛과 향, 색채의 조화로 특별한 즐거움을 선사할 수 있는 칵테일은 기내에서 즐길 수 있는 가장 특별한 음료일 것이다. 칵테일은 일반 음료와 달리 알코올 음료에 또 다른 알코올 음료를 섞거나 탄산음료나 주스, 향료 등의 부재료를 혼합하여 만든 음료를 말한다.

또한 다른 음료나 부재료가 혼합되어 알코올 도수가 낮으며, 식욕을 증진해 주는 효과가 있어 식사 순서에 따라서는 식전주에 적합하나 맛과 향 등이 다채롭고 부재료로 여러 장식의 효과까지 연출할 수 있어 언제든 특별한 분위기를 만들고 싶을 때 함께 하기 좋은 음료라고 할 수 있다.

기본적으로는 알코올 음료를 베이스로 하여 여러 재료를 혼합해서 만드는 음료를 뜻하지만, 알코올을 전혀 함유하지 않은 청량음료나 주스 등을 혼합해서 마시는 것도 칵테일이라고 할 수 있다. 따라서 칵테일은 그 종류가 매우 다양하며, 재료가 같아도 만드는 방법이나 재료를 섞는 비율 등을 바꾸는 경우 또는 부재료를 바꾸는 시도를 하는 경우 또 다른 맛의 칵테일을 무궁무진하게 만들어 낼 수 있다.

현재 항공사에서는 세계적으로 사랑받고 있는 칵테일의 기본 종류뿐 아니라 각 항공사에 맞는 특별한 칵테일을 선보이기 위해 끊임없이 연구하고 있다. 특히 국내 FSC 항공사의 대표 주자인 대한항공에서는 A380 항공기를 도입하며 승객이 원하는 칵테일을 직접 제조해서 즐길 수 있는 무인 바(Bar)와 전문 바텐더 교육

을 받은 객실 승무원이 보드카를 베이스로 하는 특별한 칵테일을 만들어 주는 Celestial Bar를 만들어 운영하고 있다.

2) 칵테일의 기본 요소

칵테일은 기본이 되는 음료인 베이스, 베이스와 혼합하여 청량감을 높여 주거나 알코올 음료를 마시기 쉽게 부드럽게 만들어 주는 믹서류가 혼합되어 만들어진다. 또한 과일이나 채소류를 활용하여 장식의 효과를 줄 수 있는데 이를 가니시(Garnish)라고 한다. 베이스, 믹서, 가니시 이렇게 세 가지 구성요소에 의해 칵테일이 완성되며, 필요에 따라 맛과 향을 극대화하기 위해 각종 양념류가 사용되기도 한다.

베이스와 믹서, 가니시로 구성된 칵테일의 기본 요소를 잘 숙지해 두어야 칵

칵테일의 기본 요소

요소	뜻	종류
베이스 (Base)	칵테일 제조에 기본이 되는 알코올 음료로, 베이스에 따라 칵테일의 종류를 분류할 수 있다.	위스키, 진, 보드카, 럼, 테킬라 등
믹서 (Mixer)	칵테일의 베이스와 혼합하여 청량감을 높여 주거나 알코올 음료를 마시기 쉽게 부드럽게 만들어 주는 음료이다.	탄산음료, 소다 워터, 과일 주스 등
가니시 (Garnish)	과일과 채소 등을 활용하여 칵테일의 맛과 향을 높이거나 장식의 효과를 주는 것이다.	레몬, 오렌지, 올리브, 체리, 파인애플, 샐러리 등
시즈닝 (Seasoning)	칵테일의 맛과 향을 더하기 위해 첨가하는 양념류이다.	소금, 후추, 타바스코 소스(Tabasco Sauce), 우스터 소스(Worcestershire Sauce)

테일의 제조 방법을 쉽게 이해할 수 있으므로 아래 표를 활용하여 칵테일의 기본 요소를 잘 익히도록 한다.

2. 칵테일의 제조 방법과 분류

1) 칵테일 제조 관련 기본 용어

칵테일 제조 방법을 학습하기 전에 아래 내용을 활용하여 관련된 기본 용어를 정리해 본다.

- 온스(oz): Ounce의 약자이며 1oz는 약 30ml이다. 칵테일의 재료가 되는 음료의 정량을 측정할 때 사용하는 단위이다.
- 스터(Stir): 칵테일의 재료가 잘 혼합되도록 바 스푼 등을 이용하여 잘 저어 주는 것을 뜻하며, 탄산이 포함된 음료는 너무 심하게 저으면 탄산이 사라지기 때문에 주의한다.
- 스트레인(Strain): 스트레이너라는 기물을 사용하여 과일의 씨 등 불순물을 걸러내거나 얼음으로 차갑게 한 후 얼음을 걸러 잔에 따라 주는 것을 뜻한다.
- 스트레이트(Straight): 알코올 음료를 얼음 없이 즐기는 방법을 일컫는다.
- 온더록스(On The Rocks): 알코올 음료를 얼음과 함께 즐기는 방법을 이른다.
- 플로트(Float): 밀도가 다른 두 가지 이상의 음료를 섞이지 않도록 층을 만들어 띄우는 방법을 말한다.

  ☞ B&B 칵테일: 베네딕틴 리큐르와 브랜디를 섞이지 않도록 층을 만들어서 제조
- 체이서(Chaser): 도수가 높은 알코올 음료를 스트레이트로 마실 때 함께 마시는 입가심 음료를 말한다.
- 피즈(Fizz): 탄산음료의 마개를 열 때 생기는 소리로 탄산이 포함된 칵테일을 부르는 명칭으로 사용된다.

  ☞ 진 피즈(Gin Fizz) = 진 + 레몬 주스 + 소다 워터
- 사워(Sour): '신맛'의 의미로 알코올 음료에 신맛이 나는 믹서를 혼합한 후 설탕 등으로 소량의 단맛을 가미한 칵테일을 부르는 명칭이다.

  ☞ 위스키 사워(Whisky Sour) = 위스키 + 레몬 주스 + 설탕 + 레몬과 체리 가니시

2) 칵테일의 제조 방법

스터링(Stiring)

- 믹싱 글라스에 재료를 넣고 바 스푼을 이용하여 천천히 저어 주는 방법이다.
- 탄산가스가 포함된 음료는 과도하게 저으면 탄산가스가 다 빠져나갈 수 있으므로 주의한다.

셰이킹(Shaking)

- 각각의 재료를 셰이커(Shaker)에 넣고 흔들어서 내용물을 혼합하는 방법이다.
- 급속도로 최적의 온도에 도달하여 음료를 시원하게 해 주는 효과도 있다.

푸어링(Pouring)

- 믹싱 글라스나 셰이커 등에 음료를 따라 주는 것을 말한다.
- 주류를 따를 때 흘림을 방지하기 위해 Pourer (Server)를 알코올 음료병의 입구에 끼워 사용하기도 한다.

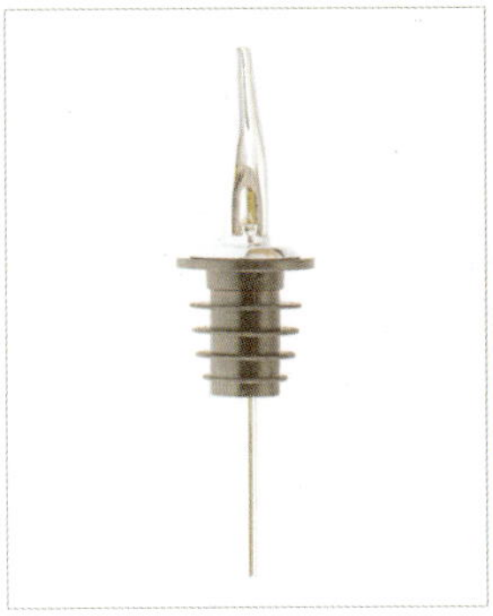

칠링(Chilling)과 프로스팅(Frosting)

- 칵테일을 담아 서비스할 잔을 시원하게 준비하기 위해 얼음을 미리 담아 놓는 것을 칠링이라고 한다. (음료 제공 전 담아 두었던 얼음은 버림)
- 프로스팅은 칵테일 잔에 시각적인 효과와 풍미를 더하기 위해 단맛이 나거나 좋은 향이 나는 재료를 잔의 테두리에 입히듯이 장식하는 것을 말한다.

스트레이닝(Strainning)

- 얼음으로 시원하게 한 음료를 스트레이너를 이용하여 얼음 없이 음료를 잔에 따르는 방법을 의미하는 용어로 많이 쓰인다.
- 스트레이너로 음료에서 과일의 씨 등 불순물을 거르는 것을 뜻하기도 한다.

노 믹싱(No Mixing)과 플로팅(Floating)

- 밀도가 다른 재료를 무거운 것부터 차례로 가만히 부어 층을 형성하도록 하는 방법이다.
- 반대로 가벼운 것을 먼저 따르고 무거운 것을 위에 따르면서 자연스럽게 섞이도록 하는 기법도 있다.

3) 칵테일의 분류

칵테일은 종류가 매우 다양하며 재료나 제조 방법에 따라 다양하게 나누어 볼 수 있다. 가장 기본적으로는 알코올 음료가 포함되었는지에 따라 1차로 분류하고 알코올 음료가 포함되었다면 베이스가 되는 알코올 음료의 종류에 따라 2차로 분류하는 것이 가장 일반적으로 사용하는 분류 방법이다.

기내에서 제공하는 칵테일도 베이스가 되는 알코올 음료에 따라 분류할 수 있으며 그 안에서 세분화하여 서비스하는 칵테일 잔과 얼음의 유무, 사용하는 믹서의 종류와 혼합 방법 등이 나누어질 수 있다.

3. 칵테일 제조 기물

칵테일은 제조 원료나 제조 방법에 따라 종류가 매우 다양하며 여러 가지 기본 요소로 섞고 배합하여 만드는 음료이므로 각 기물의 사용법을 숙지하고 연습하여 손에 익혀 두도록 한다.

칵테일 제조 기물의 종류와 사용법

종류	사용법
 셰이커(Shaker)	• 칵테일 재료를 안에 넣고 흔들어 혼합할 수 있는 기물이다. • 음료를 혼합하는 동시에 차갑게 칠링하는 효과도 줄 수 있다. • 보스턴 셰이커, 코블러 셰이커 등이 있다.
 믹싱 글라스(Mixing Glass)	• 칵테일 재료를 넣고 바 스푼 등을 이용하여 저어 주며 혼합할 수 있는, 유리로 된 길이가 긴 잔이다. • 보스턴 셰이커의 경우 유리로 된 부분을 믹싱 글라스로 사용할 수 있다.
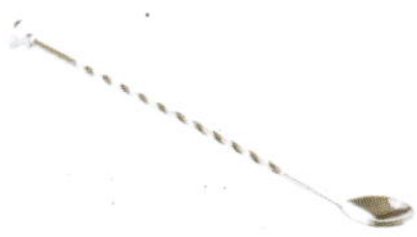 바 스푼(Bar Spoon)	• 가늘고 긴 스푼 형태로 되어 있어 스터링하며 재료를 혼합할 수 있다. • 스푼 부분은 음료를 계량하는 데 사용한다. • 긴 손잡이를 이용하여 음료를 흘려 넣으며 각각의 재료가 섞이지 않도록 층을 만드는 기법에도 사용된다.
 지거(Jigger)	• 음료의 정량을 계량하는 계량컵을 말한다. • 용량은 나라마다 차이가 있으며, 다양한 종류의 지거가 있다. • 용량이 큰 부분과 작은 부분으로 이루어져 있는 더블 지거를 많이 사용한다.
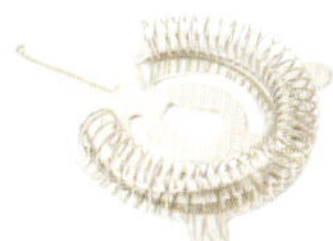 스트레이너(Strainer)	• 과일의 씨 등 음료의 불순물을 걸러 주는 기물이다. • 얼음을 넣고 시원하게 만든 음료를 얼음 없이 칵테일 잔에 따라서 준비할 때에도 사용한다.
 스퀴저(Squeezer)	• 과일 등을 으깨고 즙을 내어 칵테일 재료로 만들 때 사용한다. • 이미 만들어진 주스 등을 사용하는 것보다 스퀴저를 사용하면 더욱 신선한 풍미가 살아 있는 칵테일을 만들 수 있다.
 머들러(Muddler)	• 허브 잎이나 과일 등을 다져서 향을 극대화할 때 사용하는 기물이다. • 칵테일 잔 안에 설탕 등을 으깰 때도 사용한다. • 칵테일 서비스용 머들러와 구별하여 알아 둔다.

PLUS 사진으로 알아보는 셰이커 사용법

칵테일의 제조 기물 중 셰이커를 결합하고 사용하여 승객에게 서비스하는 방법을 사진을 통해 더 자세히 알아보도록 하겠다. 특히 사진에 보이는 코블러(Cobbler) 셰이커는 클래식 셰이커라고도 불리며 마개인 캡, 여과장치인 스트레이너, 몸통인 바디로 구성된다.

1~5. 먼저 바디에 얼음과 음료를 담고 스트레이너와 캡을 결합한다.
6~8. 한쪽 손으로 캡 부분을 잡고 나머지 한쪽 손으로는 바디 아래쪽을 잡고 보통 10~15초 동안 셰이킹한다.
9. 조심스럽게 마개를 열고 칵테일 잔에 푸어링한다.
*코블러 셰이커의 장점: 스테인리스 스틸 재질로 깨지거나 셰이킹 중에 열릴 위험이 적어 초보자가 사용하기에 좋음

4. 기내 서비스 칵테일의 종류

기내에서는 주로 특별한 기물 없이도 푸어링(Pouring)과 스터링(Stiring) 기법을 활용하여 손쉽게 제조 가능한 칵테일을 서비스하고 있다. 또한 대한항공의 Celestial Bar와 같이 전문 바텐더 교육을 받은 승무원이 상주하는 경우 셰이커 등 여러 가지 기물을 활용한 칵테일 서비스도 가능하다.

기내에서 칵테일을 제조할 때에는 승객이 많이 기다리지 않도록 신속하게 수행하며, 해당 칵테일의 레시피에 맞게 정확하게 제공할 수 있도록 미리 제조 방법을 종류별로 잘 숙지해 두어야 한다. 우선 아래와 같이 모든 기내 클래스에서 서비스가 가능한 칵테일의 종류를 포함된 베이스의 종류로 구분하여 알아볼 것이다.

1) 위스키 베이스 칵테일

위스키(Whisky) 베이스 칵테일의 경우 베이스로 사용되는 위스키의 종류에 따라 풍미가 달라질 수 있으므로 레시피에 나와 있는 위스키의 종류별로 구분하여 사용하도록 한다.

스카치 소다(Scotch Soda)

텀블러 글라스(Tumbler Glass)에 얼음을 채우고 스카치 위스키(Scotch Whisky) 1oz를 넣은 다음 소다 워터(Soda Water)로 채운다. 잘 저어서 완성한다. (Stir)

위스키 사워(Whisky Sour)

믹싱 글라스에 블렌디드 위스키(Blended Whisky) 1oz와 레몬 주스 0.3oz, 설탕 1티스푼을 넣고 잘 저은 후 얼음을 넣고 차갑게 한 후에 준비된 와인 글라스에 얼음을 걸러내고 따른다. (Stir & Strain)

☞ Garnish: 레몬과 체리

버번 콕(Bourbon Coke)

텀블러 글라스에 얼음을 채우고 버번 위스키(Bourbon Whisky) 1oz를 넣은 다음 콜라로 채운다. 잘 저어서 완성한다. (Stir)

CC & 7-UP

텀블러 글라스에 얼음을 채우고 캐나디언 클럽(Canadian Club) 1oz를 넣은 다음 세븐업으로 채운다. 잘 저어서 완성한다. (Stir)

존 콜린스(John Collins)

텀블러 글라스에 버번 위스키 1oz와 레몬 주스 0.3oz, 설탕 1티스푼을 넣고 잘 저은 후 얼음이 들어 있는 새 텀블러 글라스에 따르고 소다 워터로 채운다. (Stir)

☞ Garnish: 레몬과 체리

위의 위스키 베이스 칵테일 제조법을 참고하여 아래의 칵테일 레시피 표를 완성한다.

위스키 베이스 칵테일 레시피

종류	잔	얼음	베이스	믹서	믹싱
Scotch Soda	T	O	Scotch Whisky 1 oz	Soda Water	Stir
Whisky Sour	W	X	Blended Whisky 1 oz	Lemon/J 0.3 oz	Sugar 1 tea spoon을 넣고 잘 저은 후 얼음을 넣고 차게 하여 W/G에 Strain한다. * Garnish: Lemon/s & Cherry
Bourbon Coke	T	O	Bourbon Whiskey 1oz	Coke	Stir
CC & 7-UP	T	O	Canadian Club 1oz	7-UP	Stir
John Collins	T	O	Bourbon Whiskey 1oz	Lemon/J 0.3 oz	Sugar 1 tea spoon을 넣고 잘 저은 후 얼음이 든 새 Cup에 붓고 Soda Water를 채운다. * Garnish: Lemon/s & Cherry

2) 진 베이스 칵테일

진(Gin)은 무색의 증류주로 주니퍼베리의 특유의 향이 있지만 다른 음료와 잘 어우러져 칵테일의 베이스로 다양하게 사용된다.

진 토닉(Gin Tonic)

텀블러 글라스에 얼음을 채우고 진 1oz를 넣은 다음 토닉 워터(Tonic Water)로 채운다. 잘 저어서 완성한다. (Stir)

☞ Garnish: 레몬

진 피즈(Gin Fizz)

진 1oz를 넣은 다음 레몬 주스 0.3oz를 넣는다. 설탕 1티스푼을 넣고 잘 저은 후 얼음을 넣고 차갑게 한 후에 얼음이 들어 있는 텀블러 글라스에 스트레인

(Strain)한 다음 소다 워터를 채운다. (Stir & Strain)

☞ Garnish: 레몬

오렌지 블러썸(Orange Blossom)

진 1.5oz를 넣은 다음 오렌지 주스 1.5oz를 넣는다. 설탕 1/2티스푼을 넣고 잘 저은 후 얼음을 넣고 차갑게 한 후에 와인 글라스에 얼음을 걸러내고 따른다. (Stir & Strain)

톰 콜린스(Tom Collins)

진 1.5oz를 넣은 다음 레몬 주스 0.3oz를 넣는다. 설탕 1티스푼을 넣고 잘 저은 후 얼음을 넣고 차갑게 한 후에 얼음이 들어 있는 텀블러 글라스에 스트레인한 다음 소다 워터를 채운다. (Stir & Strain)

☞ Garnish: 레몬과 체리

마티니(Martini)

진 1.5oz를 넣은 다음 드라이 베르무트(Dry Vermouth) 0.7oz를 넣고 올리브로 장식한다.

☞ 드라이로 주문할 경우 진의 양을 늘리고 텀블러 글라스에 얼음과 함께 준비하며, 스트레이트로 주문할 경우 스트레인하여 와인 글라스에 얼음 없이 준비한다.

☞ Garnish: 올리브

위의 진 베이스 칵테일 제조법을 참고하여 아래의 칵테일 레시피 표를 완성한다.

진 베이스 칵테일 레시피

종류	잔	얼음	베이스	믹서	믹싱
Gin Tonic	T	O	Gin 1oz	Tonic Water	Stir * Garnish: Lemon/s
Gin Fizz	T	O	Gin 1oz	Lemon/J 0.3 oz Soda Water	Sugar 1 tea spoon을 넣고 잘 저은 후 얼음을 넣고 차게 하여 W/G에 Strain한 다음 Soda Water를 채운다. * Garnish: Lemon/s
Orange Blossom	W	X	Gin 1.5oz	Orange/J 1.5 oz	Sugar 1/2 tea spoon을 넣고 잘 저은 후 얼음을 넣고 차게 하여 W/G에 Strain한다.
Tom Collins	T	O	Gin 1.5oz	Lemon/J 3.3 oz	Sugar 1 tea spoon을 넣고 잘 저은 후 얼음을 넣고 차게 하여 W/G에 Strain 한 다음 Soda Water를 채운다. * Garnish: Lemon/s & Cherry
Martini	T	O	Gin 1.5oz	Dry Vermouth	Dry로 주문할 경우 Gin의 양을 늘리고 Straight로 주문할 때는 Strain하여 W/G에 준비한다. * Garnish: Olive
	W	X			

3) 보드카 베이스 칵테일

보드카(Vodka)는 무색, 무취, 무미의 특징을 갖는 증류주로 칵테일의 재료로 널리 사용되고 있다.

보드카 토닉(Vodka Tonic)

텀블러 글라스에 얼음을 채우고 보드카 1oz를 넣은 다음 토닉 워터로 채운다. 잘 저어서 완성한다. (Stir)

블러디 메리(Bloody Mary)

텀블러 글라스에 얼음을 채우고 보드카 1oz를 넣은 다음 토마토 주스로 채운다. 우스터소스(Worcestershire Sauce)와 핫소스(Hot Sauce)를 2~3방울 넣고 소금과 후추를 첨가하여 잘 저어서 완성한다. (Stir)

☞ 보드카 1oz를 넣고 블러디 메리 믹서로 채워서 제조하는 방법도 있다.

☞ Garnish: 레몬

스크루 드라이버(Screw Driver)

텀블러 글라스에 얼음을 채우고 보드카 1oz를 넣은 다음 오렌지 주스로 채운다. 잘 저어서 완성한다. (Stir)

☞ Garnish: 오렌지

블랙 러시안(Black Russian)

텀블러 글라스에 얼음을 채우고 보드카 1oz를 넣은 다음 커피 리큐르 1/2oz를 넣는다. 잘 저어서 완성한다. (Stir)

☞ 보통 커피 리큐르로 깔루아(Kahlua)를 사용한다. 깔루아는 증류주(아라비카 커피원두 + 사탕수수)에 바닐라와 캐러멜을 더해 특별한 맛을 내는 커피 성분이 들어 있는 대표적인 혼성주이다.

코스모폴리탄(Cosmopolitan)

셰이커(Shaker)에 얼음을 넣고 보드카 1oz, 1/2oz, 쿠앵트로(Cointreau) 1/2oz, 라임 주스 1/2oz, 크랜베리 주스 1/2oz를 넣고 강하게 흔들어서 혼합한 뒤에 칵테일 글라스에 스트레인하여 따른다. (Shake)

☞ Garnish: 레몬 껍질

위의 보드카 베이스 칵테일 제조법을 참고하여 아래의 칵테일 레시피 표를 완성한다.

보드카 베이스 칵테일 레시피

종류	잔	얼음	베이스	믹서	믹싱
Vodka Tonic	T	O	Vodka 1oz	Tonic Water	Stir
Bloody Mary	T	O	Vodka 1oz	Tomato/J	Worcestershire Sauce와 Hot Sauce 2~3방울, Salt, Pepper를 첨가하여 Stir한다. * Garnish: Lemon/s
Screw Dirver	T	O	Vodka 1oz	Orange/J	Stir * Garnish: Orange/s
Black Russian	T	O	Vodka 1oz	Kahlua 1/2	Stir
Cosmopolitan	M	X	Vodka 1oz	Cointreau 1/2 oz Lime/J 1/2 oz Cranberry/J 1/2 oz	Shake * Garnish: Lemon Peel

4) 샴페인 베이스 칵테일

최고급 알코올 음료라고 여겨지는 샴페인(Champagne)을 베이스로 한 칵테일은 그만큼 특별하고 고급스러운 느낌이 든다.

미모사(Mimosa)

샴페인 플루트(Champagne Flute)에 샴페인 1oz를 넣은 다음, 샴페인과 오렌지주스 비율을 7:3으로 하여 오렌지 주스를 넣고 쿠앵트로 1티스푼을 넣어서 잘 저어 준다. (Stir)

☞ Garnish: 오렌지

키르 로열(Kir Royal)

샴페인 플루트에 크렘 드 카시스(Crème de Cassis)와 샴페인을 1:8 비율로 넣고 가볍게 젓는다.

버크 피즈(Buck Fizz)

샴페인 플루트에 오렌지 주스와 샴페인을 5:5 비율로 채운다. (약 2oz씩)

☞ Garnish: 오렌지

어라이즈 마이 러브(Arise My Love)

샴페인 플루트에 크렘 드 망트(Crème de Menthe)와 샴페인을 1:8 비율로 채운다.

☞ Garnish: 체리

위의 샴페인 베이스 칵테일 제조법을 참고하여 아래의 칵테일 레시피 표를 완성한다.

샴페인 베이스 칵테일 레시피

종류	잔	얼음	베이스	믹서	믹싱
Mimosa	C	X	Champagne 1oz	Orange/J Cointreau	Can Orange/J와 샴페인을 3:7 비율로 채운 후 Cointreau를 1 t/s 넣어 충분히 젓는다. * Garnish: Orange/s
Kir Royal	C	X	Champagne	Crème de Cassis	Crème de Cassis와 샴페인을 1:8 비율로 채운다.
Buck Fizz	C	X	Champagne 2oz	Orange/J 2 oz	Can Orange/J와 샴페인을 5:5 비율로 채운다. * Garnish: Orange/s
Arise My Love	C	X	Champagne	Crème de Menthe	Crème de Menthe와 샴페인을 1:8 비율로 채운다. * Garnish: Cherry

5) 와인 베이스 칵테일

와인(Wine)을 베이스로 한 칵테일은 사용되는 와인의 종류를 레드 와인과 화이트 와인으로 나눌 수 있으며, 기내에서는 현재 아래와 같이 화이트 와인을 활용한 칵테일이 서비스되고 있다.

© Getty Images Bank

키르(Kir)

와인 글라스에 크렘 드 카시스와 화이트 와인을 1:8 비율로 채운다.

와인 베이스 칵테일 레시피

종류	잔	얼음	베이스	믹서	믹싱
Kir	W	X	White Wine	Crème de Cassis	Crème de Cassis와 White Wine을 1:8 비율로 채운다.

5. 칵테일의 서비스 방법

1) 칵테일 제조 및 서비스 시 유의사항

칵테일은 적절한 기물을 사용하여 여러 재료를 혼합하여 제조해야 한다. 그러므로 재료가 되는 음료에 대한 이해와 사용 기물에 대한 방법 등을 사전에 숙지하고 있어야 주문을 받는 동시에 신속하고 정확하게 제조하고 서비스할 수 있다.

따라서 서비스할 때 유의사항뿐 아니라 제조할 때에도 지켜야 할 사항이 많으므로 아래 내용을 살펴보며 제조 및 서비스 시 유의사항을 함께 정리해 본다.

칵테일 제조 시 유의사항

- 신속하고 정확하게 서비스될 수 있도록 종류별로 칵테일의 제조법을 잘 숙지하고 있어야 한다.
- 사용하고 난 기물은 청결하게 관리하여 재사용할 수 있도록 보관해야 한다.
- 셰이커를 사용할 때에는 주변 승객에게 소음이 발생하지 않는지 살펴야 하며, 심야 시간에는 셰이커 대신 믹싱 글라스 등을 이용하여 제조하도록 한다.
- 탄산 성분이 들어간 믹서를 사용하는 경우 너무 저어서 기포가 빠져나가지 않도록 유의한다.
- 칵테일의 재료인 얼음은 상태가 깨끗하고 단단한 것을 사용해야 하며 녹은 얼음은 칵테일 농도를 묽게 하므로 쓰지 않도록 한다.
- 설탕이 들어가는 칵테일은 얼음을 넣기 전에 충분히 저어서 설탕을 완전히 녹인 후 얼음을 넣는다.

칵테일 서비스 시 유의사항

- 칵테일은 차가운 온도(4~6℃)로 서비스될 수 있도록 준비한다.
- 얼음과 함께 서비스하는 칵테일의 경우 머들러(Stir용)를 같이 준비한다.
- 적절한 가니시를 이용하여 장식의 효과를 주되, 건조한 기내 환경에서 가니시가 마르지 않고 신선한 상태로 준비될 수 있도록 주의한다.
- 각 칵테일에 맞는 잔에 적절한 양으로 서비스될 수 있도록 유의한다.
- 칵테일의 레시피가 다를 수 있으므로 서비스 후 승객의 만족도를 반드시 확인한 후 추가 주문 등을 여쭙는다.

2) 칵테일 서비스 잔의 종류

칵테일의 특징에 따라 서비스하는 잔도 종류가 다양하다. 칵테일의 특징을 반영하여 서비스되는 잔이 정해져 있는 경우가 많으므로 이에 대해서도 서비스 전에 숙지해 두어야 한다. 어떤 잔에 담아 서비스하느냐에 따라 전혀 다른 칵테일이 될 수 있음을 유의해야 한다.

6. 칵테일 제조 실습

지금까지 살펴본 칵테일의 여러 가지 이론적 지식을 바탕으로 실제로 기내에서 서비스하는 다양한 칵테일을 제조해 보도록 하겠다. 이 시간을 통해 칵테일의 제조 방법뿐 아니라 재료가 되는 음료의 맛과 향, 색의 특징도 파악할 수 있다.

이번 칵테일 제조 실습은 앞서 배운 이론적 지식을 활용하여 기내에서 서비스 중인 다양한 칵테일의 제조 방법을 알아보고 그 특징을 기록함으로써 실제로 기내에서 신속하고 전문적으로 칵테일을 서비스할 수 있도록 하는 것을 목적으로 한다.

칵테일 잔의 종류

종류	특징
 하이볼 글라스	• 얼음을 가득 채우고 베이스와 믹서를 넣은 후 소다 워터 등으로 채울 수 있는 형태이다. • 믹싱 글라스 없이 직접 잔을 이용하여 Stir 기법 등으로 칵테일 제조가 가능하다.
 온더록스 글라스	• 도수가 높은 증류주를 얼음과 함께 작은 잔에 담아 마시는 것에서 명칭이 유래했다. • 칵테일 서비스 시에도 얼음을 채워 함께 준비한다.
 마티니 글라스	• 대표적인 칵테일 잔으로 손잡이가 가늘고 길어 체온이 음료로 전달되는 것을 방지한다. • 얼음 없이 즐기는 쇼트 드링크에 적합하다.
 플루트 글라스	• 스파클링 와인을 즐길 때 사용하는 잔으로 샴페인 플루트라고도 한다. • 스파클링 와인을 베이스로 하여 만든 칵테일을 담아 서비스한다. • 얼음으로 잔을 칠링할 수 없기 때문에 보통 잔을 차갑게 보관한다.
 와인 글라스	• 와인을 베이스로 하는 칵테일을 서비스할 때 사용한다. • 얼음 없이 제공하는 칵테일에 사용되며 와인 베이스 칵테일의 우아함을 높여 준다.

TRAINING

칵테일 제조 실습

실습 목적

기내에서 서비스 중인 다양한 칵테일을 직접 제조해 보고 칵테일 제조 방법과 기물 사용에 대해 이해하며 이론 지식을 정리해 볼 수 있다.

실습 재료

- 베이스: 위스키, 진, 보드카
- 믹서: 소다 워터, 토닉 워터, 오렌지, 라임, 구아바, 토마토 주스 등
- 가니시: 레몬 슬라이스, 체리
- 소모품: 플라스틱 컵, 머들러, Cocktail Napkin 등
- 기물: 지거, 바 스푼, 셰이커, 스트레이너 등

실습 방법

① 5~6명씩 한 그룹을 이룰 수 있도록 하고 그룹별로 실습 재료가 빠짐없이 준비되었는지 확인한다.

② 실습 일지를 활용하여 제조할 칵테일에 대해 확인하고 제조 방법 등을 다시 한번 숙지한다.

③ 직접 위스키, 진, 보드카 베이스의 칵테일을 제조해 보고 워크시트에 제조 방법과 관련 용어 등을 정리해 본다.

④ 사용했던 기물은 재사용이 가능하도록 깨끗하게 정리해 놓는다.

칵테일 제조 실습 Worksheet

● 실습 목표: 칵테일 재료 및 제조 방법 등을 실습을 통해 학습한다.

날짜	년 월 일	실습 과목명	
반/학번/이름	/ /	담당 교수	

1. 칵테일 제조 방법 정리

이름	얼음	베이스	믹서	믹싱
Scotch Soda				
Whisky Sour				
Bourbon Coke				
Gin Tonic				
Orange Blossom				
Screw Driver				
Bloody Mary				
Seoul Love				

2. 칵테일 실습 시 참고 용어 정리

용어	뜻	용어	뜻
Oz(온스)		Sour	
Stir		Squeezer	
Strain		Mixing Glass	
Float		Bar Spoon	
Fizz		Measure(Jigger)	

한눈에 정리

칵테일의 특징과 관련 용어

칵테일의 특징

❶ 맛과 향, 색채의 조화로 특별한 즐거움을 선사할 수 있는 음료이다.

❷ 일반 음료와 달리 알코올 음료에 또 다른 알코올 음료를 섞거나 탄산음료나 주스, 향료 등의 부재료를 혼합하여 만든 음료를 말한다.

❸ 다른 음료나 부재료가 혼합되어 알코올 도수가 낮으며, 식욕을 증진해 주는 효과가 있어 식사 순서에 따라서는 식전주에 적합하다.

칵테일의 기본 요소

❶ 베이스(Base): 칵테일에 기본이 되는 알코올 음료를 말하며, 베이스에 따라 칵테일의 종류를 분류할 수도 있다.

❷ 믹서(Mixer): 칵테일의 베이스와 혼합하여 청량감을 높여 주거나 알코올 음료를 마시기 쉽게 부드럽게 만들어 주는 음료이다.

❸ 가니시(Garnish): 과일과 채소 등을 활용하여 칵테일의 맛과 향을 높이거나 장식의 효과를 주는 것이다.

❹ 시즈닝(Seasoning): 칵테일의 맛과 향을 더하기 위해 첨가하는 양념류이다.

칵테일 관련 용어

❶ 온스(Oz): 음료의 정량 측정 단위로 1oz는 약 30ml

❷ 스터(Stir): 칵테일의 재료가 잘 혼합되도록 저어주는 것

❸ 스트레인(Strain): 얼음으로 차갑게 한 후 얼음을 걸러 잔에 따라 주는 것

❹ 플로트(Float): 밀도가 다른 두 가지 이상의 음료가 섞이지 않도록 층을 만들어 띄우는 방법이다.

❺ 피즈(Fizz): 탄산음료의 마개를 열 때 생기는 소리로 탄산이 포함된 칵테일을 부르는 명칭으로 사용된다.

❻ 사워(Sour): '신맛'의 의미로 알코올 음료에 신맛이 나는 믹서를 혼합한 후 설탕 등으로 소량의 단맛을 가미한 칵테일을 부르는 명칭이다.

학습 정리 & Quiz

○ 수업 목표: 칵테일의 특성과 서비스 방법에 대해 알 수 있다.

날짜	년 월 일	과목명	
반/학번/이름	/ /	담당 교수	

1. 칵테일의 기본 요소 세 가지를 정리해 보세요.

2. 아래 표를 채우며 칵테일의 제조 방법을 정리해 보세요.

칵테일의 제조 방법			
Shaking	Stiring	Strainning	No Mixing(Floating)

3. 현재 기내에서 서비스 중인 칵테일의 명칭과 특징을 연결해 보세요.

① Whisky Sour
② Orange Blossom
③ Screw Driver
④ Bloody Mary
⑤ Seoul Love

Ⓐ 보드카 베이스에 토마토 주스와 소스류가 들어감
Ⓑ 보드카 + 오렌지 주스+오렌지 슬라이스
Ⓒ 진 + 오렌지 주스 + 와인 글라스에 서비스함
Ⓓ 믹서로 신맛이 나는 레몬 주스가 사용됨
Ⓔ 보드카 + 구아바 주스 + 레몬 주스 + 레몬 및 체리

4. 칵테일 서비스하는 방법을 아래와 같이 정리해 보세요.

- 셰이커를 사용하는 경우 캡, (　　　), 바디를 잘 결합하여 사용한다.
- 칵테일을 제조할 때에는 (　　)를 사용하여 재료의 정량을 측정할 수 있으며, 칵테일의 레시피가 다를 수 있으므로 서비스 후에는 반드시 승객의 (　　　)를 확인해야 한다.

Beverage Story

칵테일과 관련된 특별한 이야기

하늘에서 즐기는 최상의 칵테일 서비스

Agent Wolf / Shutterstock.com

'하늘 위를 나는 특급호텔'이라는 별칭이 붙은 A380 항공기가 도입되며 항공사마다 2층짜리 비행기를 더욱 특별하게 활용할 방안을 기획하기 시작하였다. 그리고 그동안 존재하지 않았던 새로운 방식의 기내 음료 서비스 또한 함께 선보이게 되었다.

에미레이트 항공은 A380 항공기에 기내 라운지를 만들고 전담 바텐더가 서빙하는 다양한 고급 음료와 카나페 등의 간단한 음식을 즐길 수 있는 공간을 만들었다. 에미레이트 항공의 기내 라운지는 바텐더가 상주하는 바(Bar) 공간과 승객들이 음료와 간단한 스낵을 즐길 수 있는 공간으로 구성되어 있다. 이는 개인 좌석에서만 식음료 서비스를 받을 수 있다는 고정관념을 깨고 비행기 안에서도 특별한 공간에서 다른 승객들과 함께 전문적인 음료 서비스를 즐길 수 있다는 신개념을 도입한 사례로 볼 수 있다.

우리나라 항공사의 경우에는 어떠할까? 우리나라 FSC 항공사를 대표하는 대한항공도 A380 항공기에 'Celestial Bar'를 도입하였다. 'Celestial'이란 '하늘의, 천상의'라는 뜻을 담고 있으며, 2011년부터 시행된 대한항공의 A380 항공기 특화 서비스를 말한다. 상위클래스 승객들을 위한 편안한 휴식 공간을 조성하고 전문 바텐더 교육을 받은 승무원이 직접 칵테일을 만들어 주는 하늘 위의 꿈의 라운지인 'Celestial' 바에서는 보드카를 베이스로 한 6가지 칵테일과 각종 다양한 스낵류를 서비스하고 있다. 또한 승객이 직접 칵테일을 만들어 즐길 수 있는 무인 바도 준비되어 있다.

Sorbis / Shutterstock.com

한편, 승객으로서는 장시간 비행의 지루함을 달랠 수 있고 하늘 위에서 맛보는 특별한 칵테일을 즐길 수 있다는 점에서 특별한 기내 서비스가 되며, 객실 승무원에게는 음료 서비스에 대한 전문적인 교육을 받고 바텐더라는 직무 경험을 새롭게 해 볼 수 있다는 점에서 전담 바텐더가 상주하는 기내 칵테일 바 서비스는 여러 가지 특별한 의미를 지닌다.

CHAPTER

03

와인과 샴페인의 이해

1. 와인
2. 샴페인

01 와인

1. 와인의 일반적인 특징

기내에서 와인은 식사와 함께 잘 어울리는 식중주로 전 클래스에서 서비스되고 있으며, 항공사마다 전문 소믈리에가 추천하는 와인 컬렉션과 함께 최고급 기내 서비스를 위한 특별한 와인 서비스를 선보이고 있다.

객실 승무원은 소믈리에 역할을 하며 와인에 관한 전문 지식을 습득하고 정중하고 품격 있는 서비스 태도를 유지하여 최고급 와인에 걸맞은 서비스를 수행해야 한다. 이 장에서는 기내 와인 서비스를 위한 기본적인 이론적 지식부터 서비스 방법까지 살펴본다.

와인은 다른 알코올 음료와 달리 제조 과정에서 물이 첨가되지 않으면서, 알코올 함량이 일반적으로 8~14% 정도로 낮은 편이며 포도의 유기산과 무기질 등을 함유하고 있다. 또한 다양한 음식과 어우러져 식욕을 높이고 소화를 돕는 알칼리성 알코올 음료로 오랜 기간 인류의 식사 문화와 함께 자리매김해 오고 있다.

와인의 맛은 원료인 포도의 품종에 따라 달라진다. 또한 포도 품종이 같더라도 포도가 재배되는 환경 조건과 재배 방법, 양조 방법에 따라 달라진다. 이러한 와인 제조와 관련된 정보는 와인을 선택할 때 각각의 사항을 확인할 수 있도록 와인의 얼굴이라 할 수 있는 와인의 상표 라벨(Label)에 표기하게 되어 있다.

따라서 원하는 와인을 적절하게 선택하고 즐길 수 있으려면 와인의 라벨에 나와 있는 용어를 이해할 수 있어야 한다. 와인의 상표는 생산지마다 특징이 다르므로 와인 생산지에 대해 다룰 때 함께 알아보도록 하겠다.

1) 와인의 기원

포도주는 자연환경에서 포도가 발효하며 만들어진 알코올 음료로 인류가 마시기 시작한 최초의 술이라고 여겨진다. 문헌상으로는 약 7000년 전 소아시아 지방에서 시작되어 페니키아인에 의해 이집트, 그리스, 로마 등으로 퍼져 나가면서 발전한 것으로 전해진다. 메소포타미아 지역에서는 기원전 4000년경에 와인을 보관하는 용도로 사용된 것으로 추정되는 유물이 발견되기도 하였으며, 중세시대에 이르러 교회의 미사나 성찬용으로 포도주가 사용되며 본격적으로 와인 문화가 발전하게 되었다.

와인이란 말은 포도나무로부터 만든 술이라는 뜻을 지닌 라틴어 '비넘(Vinum)'에서 유래했다. 와인을 생산하고 있는 세계 여러 나라에서 와인을 뜻하는 용어로는 프랑스의 뱅(Vin), 이탈리아의 비노(Vino), 독일의 바인(Wein), 미국과 영국의 와인(Wine) 등이 있다.

2) 와인 맛의 구성요소

산미

모든 와인은 포도에 있는 '주석산' 성분을 함유하고 있어 신맛(Acidity)을 낸다. 이러한 산 성분이 더 많이 함유된 와인이 있는데, 이러한 와인은 산미가 높은 와인이라고 표현할 수 있다. 와인에서 산미는 중요한 요소 중 하나로 와인에 신선함과 상큼함을 준다. 산도와 당도는 서로 맛을 절충하는 역할을 하여 높은 산도의 와인이어도 당도가 높은 경우 산미가 다소 낮게 느껴질 수 있다.

당도

당도는 와인에 함유된 당분의 단맛의 정도를 나타낸다. 보통 당분을 전혀 함유하지 않거나 당도가 낮아 미각으로 느끼기 어려운 와인은 '드라이'한 와인이라고 할 수 있으며, 당도의 정도가 높아 단맛이 많이 나는 와인은 '스위트' 와인이라고 할 수 있다. 그러나 드라이한 와인과 스위트한 와인의 중간을 여러 단계로 세분화하여 당도를 나타내기도 한다.

타닌

타닌(Tannin)은 주로 포도 껍질에 많이 함유되어 있으며, '떫은맛'으로 표현되기도 하는데 와인을 마시고 난 후 입안이 마르며 당기는 듯한 느낌이 바로 타닌 성분이 주는 효과다. 레드 와인은 껍질과 함께 발효되기 때문에 화이트 와인보다 타닌 성분이 더 많이 함유되며 완숙된 타닌은 와인에 풍부한 질감을 부여한다.

향과 풍미

와인은 후각에서 느껴지는 과일, 꽃, 허브의 향과 숙성 과정 중에 생기는 바닐라, 토스트 등 오크의 향 같은 아로마를 지닌다. 미각에서는 후각에서 느껴지는 아로마가 입안에서 더욱 극대화되어 그 특징이 더욱 두드러지게 되는데, 이를 와인의 풍미라고 한다. 향과 풍미는 와인의 종류에 따라 가벼운 정도부터 강렬한 정도까지 그 강도가 다양하게 나타나며, 와인의 향을 구성하는 요소는 다음과 같이 크게 두 가지로 나눌 수 있다.

와인의 향을 구성하는 요소

- 아로마(Aroma): 포도 자체에서 나는 향을 아로마라고 하며, 포도의 특성에 따라 나타나는 과일향(Fruity), 꽃향(Floral), 허브향(Herbaceous) 등이 있다.
- 부케(Bouquet): 와인 제조 과정에서 여러 가지 여건에 의해 부여된 와인의 향을 말한다. 오크 숙성으로 발현된 향이나 병 안에서 발효되거나 숙성하는 과정에서 생긴 향으로 포도 자체에서 나는 자연적인 향인 아로마와는 다르다. 향신료향(Spicy), 오크향(Woody) 등으로 표현된다.

알코올 농도

알코올 농도의 높고 낮은 정도에 따라 와인의 전체적인 무게감이 달라질 수 있다. 알코올 농도의 높고 낮음은 입안 전체에서 느껴지는 가벼움이나 묵직함으로도 전달되지만, 목으로 넘기기 직전에 느껴지는 '타오르는 듯함'의 정도로도 확인할 수 있다. 와인의 눈물이라고도 하는 와인 잔에 맺힌 와인 방울이 아래로 떨어지는 속도로도 알코올 농도를 짐작할 수 있는데 도수가 높을수록 천천히 내려온다.

바디

바디(Body)감은 입안에서 느껴지는 와인의 전체적인 질감과 무게감이라고 할 수 있다. 한 가지 요소에 의해 발현되는 특징은 아니며 와인을 구성하는 여러 요소가 함께 작용하여 나타나는 와인에 대한 전반적인 인상이라고 볼 수 있다. 높은 알코올 성분과 완숙된 타닌, 강렬한 풍미 등은 와인의 바디를 무겁게 느껴지게 하며, 반대로 높은 산도는 바디를 가볍게 느껴지게 한다.

여운과 균형감

여운(Finish)은 와인을 마시고 난 후 느껴지는 종합적인 감각으로 긍정적인 감각의 여운이 길수록 좋은 와인이라고 평가할 수 있다. 와인의 쓴맛 등 부정적인 느낌이 길게 느껴지는 경우 여운이 길다고 표현하지 않는다. 한편 와인의 균형감(Balance)은 당도와 산도, 알코올 농도 등 와인의 여러 요소들의 조화로움과 관련이 있다. 보통 와인의 맛과 향을 구성하는 요소가 조화롭게 어우러진 와인을 균형감이 좋은 와인으로 평가한다.

2. 와인의 생장 환경

포도나무는 연간 성장주기를 가지며, 생장을 위해 다섯 가지 요소인 온기, 햇볕, 물, 영양분, 이산화탄소가 필요하다. 이 다섯 가지 요소는 포도나무가 건강하게 잘 자라날 수 있는 환경을 조성하여 포도의 품질과 수량 등에 영향을 미친다. 온도, 햇볕, 물 공급이 결합되면 한 지역의 기후와 날씨를 결정하는 지표가 되는데, 이 지표는 와인 제조를 위한 포도 재배에 결정적인 역할을 한다.

1) 온도(열)

포도나무의 생장에 가장 중요한 요소이다. 포도 품종에 따라 생장에 필요한 열의 양이 달라서 특정 포도 품종이 어디에서 잘 자랄 수 있는지를 좌우하는 결정적인 요소이다. 0℃ 이하의 차가운 공기가 지표면의 증기를 얼리며 생기는 봄

서리는 새로 돋은 포도나무의 싹과 순을 죽이기 때문에 이때에는 난로를 설치하거나 따뜻한 바람이 나오는 기풍기를 설치하는 등의 예방법으로 조치한다.

2) 햇볕

햇볕은 포도나무를 생장할 수 있게 하는 광합성 작용에 꼭 필요한 요소이다. 광합성 작용이 일어나지 않으면 식물이 죽게 되므로 햇볕은 포도나무 생장 조건의 필수적인 요소이지만 너무 강렬한 햇볕은 포도나무를 말라죽게 하거나 포도껍질에서 쓴 풍미를 나게 할 수 있으므로 적절한 햇볕이 공급되는 장소가 포도나무 재배에 적합하다.

3) 물

포도나무의 광합성과 숙성 기간에는 포도 과실의 생장을 위해 물이 공급되어야 한다. 포도나무는 뿌리를 통해 수분을 흡수하고 증산작용을 통해 물을 공급한다. 온도가 따뜻할수록 포도나무 잎에서 물이 증발하는 속도가 빨라져서 더 많은 물의 공급이 필요하다. 온도 차이에 의해 포도나무에 필요한 물의 양이 달라질 수 있으므로 온도에 따라 적정량을 공급해야 한다.

4) 영양분(토양)

토양은 포도나무에 영양분을 공급하고 수분을 전달하기 때문에 매우 중요한 역할을 한다. 특히 부패되는 식물과 동물성 성분으로 구성된 부엽토는 영양분이 풍부하고 수분 보유력이 탁월하여 포도나무 생장 조건에 적합하다. 또한 수분 보유력이 좋으면서 배수가 잘 되는 토양을 '양토'라 할 수 있는데, 양토는 모래와 점토 미립자가 적절히 혼합되어 구성된 토양을 말한다.

○ Terroir

프랑스어 테루아르는 포도나무의 생태계에 영향을 미치면서 결과적으로 포도 자체의 품질에 영향을 줄 수 있는 모든 자연환경을 말한다. 과학적으로 정해 놓은 개념이 아니므로 몇 가지 요소로만 나누어 설명하기 어려우나, 주로 포도를 재배하는 특정 지역의 토양, 일조량과 기후, 강우량 등의 환경적 요소를 아우르는 개념으로 포도주의 품질에 막대한 영향을 미치는 조건이라고 할 수 있다.

'와인 잘알못' 신입 승무원의 좌충우돌 와인이랑 친해지기!

제1화: 포도 품종과 먼저 친해져라!

기내에 실리는 와인은 클래스별로, 노선별로도 전부 다르구나! 특히 상위클래스 와인은 종류가 다양한데 어떻게 그 특징을 다 기억하고 제대로 서비스할 수 있을까?

참, 오늘은 얼마 전에 소믈리에가 되신 선배님이 회사에서 특별 강연을 해 주신다고 했지! 참석해 봐야겠다!

여러분, 반갑습니다! 기내 서비스 중 와인에 대한 관심이 더 깊어져 취미로 시작한 와인 공부가 이렇게 특별하게 이어지게 되어 뜻깊습니다.

기내에서 서비스되는 다양한 와인의 특성을 어떻게 하면 잘 숙지하여 승객에게 적절하게 안내할 수 있을까요? 많은 승무원들의 고민이죠!

그래서 오늘은 여러분의 고민을 해결해 드리기 위해 두 가지를 생각해 보겠습니다. 첫 번째는 일반적인 포도 품종에 대한 특성을 잘 알아 두는 것입니다. 그런 다음 해당 품종으로 생산된 기내 와인과 연결해 보는 것입니다.

두 번째는 ...

우선은 대표적인 포도 품종에 대해 특징을 잘 알아 놓으면, 해당 포도 품종과 와인을 연관 지어 설명할 수 있겠구나!^^

두 번째는 어떤 방법인지 계속 잘 들어 봐야지! 강연에 참석하길 잘 했어!

3. 와인의 포도 품종

1) 적포도 품종

다음의 다섯 가지 적포도 품종은 전 세계적으로 잘 알려진 레드 와인을 만드는 대표적인 포도 품종이라고 할 수 있다. 노선별로 현지 특화 와인을 서비스할 때를 제외하고, 주로 레드 와인은 아래의 품종으로 제조되기 때문에 포도 품종별 특징을 잘 숙지해 두면 기내에서 서비스하는 레드 와인의 특성을 잘 파악할 수 있다.

대표적인 적포도 품종

종류	특징	주요 생산지
 카베르네 소비뇽	• 타닌과 산도가 높으며 향이 풍부하고, 깊은 색의 와인을 생산한다. • 블랙 커런트나 블랙체리 같은 검은 과일류의 향과 피망이나 민트와 같은 허브향이 함께 복합적인 풍미를 발현한다. • 높은 타닌과 산도로 인해 숙성하기 좋은 와인을 생산한다.	온화하거나 무더운 지역 • 프랑스 보르도 • 미국 나파밸리 • 호주 쿠나와라
 메를로	• 카베르네 소비뇽보다 타닌과 산도가 더 낮고 중간 정도의 부드러운 타닌으로 대중적인 선호도가 높다. • 카베르네 소비뇽과 블렌딩하여 부드러움과 바디감을 부여한다. • 블랙베리와 흑자두 등 검은 과일의 향과 오크 숙성의 경우 향신료 향과 바닐라 등의 복합적인 향을 지닌다.	온화한 지역 • 프랑스 보르도 • 미국 나파밸리 등 다수 지역 ☞ 호주, 뉴질랜드 등 세계 각지에서 카베르네 소비뇽과 메를로를 혼합한 와인을 생산한다.
 피노 누아	• 타닌 성분이 낮고 색상이 연한 와인을 생산한다. • 생장 조건이 까다로워 재배가 어려운 편이다. • 딸기, 라즈베리, 체리 같은 붉은 과일의 풍미가 있다. • 샴페인 제조 외에는 주로 단일 품종으로 와인이 생산된다.	온화하거나 서늘한 지역 • 프랑스 부르고뉴 • 독일 팔츠와 바덴 • 미국 캘리포니아 • 칠레 카사블랑카
 시라, 쉬라즈	• 프랑스에서는 시라(Syrah)로, 호주에서는 쉬라즈(Shiraz)로 불린다. • 카베르네 소비뇽처럼 타닌이 높고 색상이 진하며 무거운 바디의 와인으로 생산된다. • 검은 과일의 향과 후추 등의 향신료 향의 풍미가 있다.	온화하거나 무더운 지역 • 프랑스 북부 론 • 호주 헌터 밸리 등 호주 전역에서 생산된다.
 가메	• 타닌이 거의 없는 신선하고 가벼운 와인을 생산한다. • 탄산 침용 방식으로, 6개월 이상 숙성하는 일반 와인과 달리 빨리 마시기 위한 용도로 제조되는 특별 와인 보졸레 누보의 품종이다. • 딸기, 라즈베리, 체리 등 붉은 과일의 풍미가 있다.	온화하고 따뜻한 지역 • 프랑스 보졸레

그 외의 적포도 품종과 토착 품종은 와인 생산지를 다룰 때 함께 알아보기로 한다.

2) 청포도 품종

아래의 다섯 가지 청포도 품종은 전 세계적으로 잘 알려진 화이트 와인을 만드는 대표적인 포도 품종이라고 할 수 있다. 아래의 다섯 가지 청포도 품종은 전

대표적인 청포도 품종

종류	특징	주요 생산지
 샤르도네	• 대중적인 선호도가 높은 청포도 품종이다. • 다양한 기후에서 다양한 스타일의 와인으로 생산된다. • 과일향이 풍부한 드라이한 것부터 부드럽고 고소한 풍미가 있는 오크향까지 다양하게 즐길 수 있다. • 해산물 요리와 특히 잘 어울린다.	다양한 기후 지역 • 프랑스 부르고뉴 (전통적인 생산지) • 미국 캘리포니아 • 아르헨티나 멘도사 • 남아프리카공화국 워커 베이 등
 소비뇽 블랑	• 산도가 높고 중간 바디감에 드라이하다. • 녹색 과일과 구스베리, 녹색 피망 등 상큼한 과일향과 풀향 등이 특징이다. • 신선하고 산뜻한 과일향을 위해 오크 처리를 하지 않는 것이 기본 스타일이다. • 세미용과 혼합하여 와인에 향기로운 과일 특성과 상쾌한 산도를 부여한다.	서늘하거나 온화한 지역 • 프랑스 루아르, 보르도 지역 • 미국 캘리포니아 • 뉴질랜드 말버러
 리슬링	• 산도가 높으며, 과일향과 꽃향 등이 강렬하다. • 리슬링의 본거지는 독일로 다양한 스타일의 와인을 생산한다. • 잘 익은 리슬링은 핵과류와 열대과일 향을 발현하기도 한다. • 귀부병의 영향을 쉽게 받는 품종으로 스위트 와인 제조에도 이상적인 품종이다.	서늘하거나 온화한 지역 • 독일 • 프랑스 알자스 • 오스트리아 등
 게뷔르츠 트라미너	• 독일어로 '향신료를 넣은, 향긋한'이라는 뜻으로 향이 강한 개성 있는 품종이다. • 무거운 바디감에 알코올 도수가 높고 산도가 낮다. • 꽃향, 열대과일향, 향신료(생강) 등의 복합적인 풍미를 지닌다.	서늘하거나 온화한 지역 • 프랑스 알자스 • 독일 팔츠 • 뉴질랜드
 세미용	• 세미용은 주로 다른 품종과 블렌딩하는 용도로 사용되며, 소비뇽 블랑과 혼합하여 와인에 바디감과 복합적인 풍미를 준다. • 귀부병의 영향을 쉽게 받는 품종으로 최고급 스위트 와인 생산에도 사용된다. • 중립적이고 가벼운 풍미를 지니며, 10년 이상 숙성되면 꿀과 구운 빵, 복숭아와 열대 과일 등의 갖가지 풍미를 지닌다.	온화한 지역 • 프랑스 보르도 • 호주 헌터 밸리

세계적으로 잘 알려진 화이트 와인을 만드는 대표적인 포도 품종이라고 할 수 있다. 적포도 품종이 타닌에 의한 특징이 두드러진다면 청포도 품종은 산미와 당도에 따라 품종별로 특별한 특성을 갖추게 된다. 아래의 청포도 품종의 특징을 잘 숙지해 두어 기내에서 화이트 와인 서비스 시 해당 와인의 특성을 정확하게 소개하고 고객의 질문에도 적절하게 응대할 수 있도록 하자.

4. 와인의 분류

같은 포도 품종이라도 제조하는 방법에 따라서 다른 특성을 보이는 와인이 될 수 있다. 따라서 와인의 특성을 잘 알기 위해서는 좋은 포도를 수확한 다음, 그 이후에 이루어지는 와인 제조 방법에 대해 잘 살펴보아야 한다.

1) 와인의 특징에 따른 분류

와인은 일반 스틸 와인(비발포성 와인), 발포성 와인, 주정강화 와인 이렇게 3가지로 나누어 볼 수 있으며 각각의 제조 방식이 다르다. 탄산가스의 성분이 없는 비발포성 와인은 스틸 와인(Still Wine)으로 분류할 수 있으며, 스틸 와인은 가장 기본적인 방식으로 제조된 와인이라고 할 수 있다. 이러한 스틸 와인의 제조 방식에 특별한 과정을 더하여 발포성 와인과 주정강화 와인을 만들 수 있다.

테이블 와인/스틸 와인(Still Wine)

발효 과정 중에 발생하는 이산화탄소를 제거하여 발포성 탄산가스가 없는 상태의 와인을 말한다. 알코올 도수는 8~15% 정도로 인위적으로 알코올을 첨가하여 단맛이 나는 디저트 와인과 구분되며, 식중주로 즐길 수 있는 대부분의 와인이 여기에 속한다.

발포성 와인(Sparkling Wine)

발포성 탄산가스가 용해된 와인을 말한다. 일반 와인 제조 후 효모와 당분을 첨가하여 2차 발효 과정을 통해 자연적으로 탄산가스가 용해된 경우와 인위적으로 일반 와인에 탄산가스를 주입하여 제조한 와인으로 나눌 수 있다. 알코올 함량은 8~12% 정도이다.

주정강화 와인(Fortified Wine)

알코올 도수가 높은 와인을 생산하기 위해 발효 과정 중이나 발효 후에 알코올 함량이 높은 증류주를 배합한 것이며, 대표적인 주정강화 와인으로 스페인의 셰리 와인과 포르투갈의 포트 와인이 있다. 단맛이 나는 포트 와인은 디저트 와인으로, 드라이한 셰리 와인은 식전 와인으로 즐겨 마신다. 알코올 함량은 17~22% 정도이다.

2) 와인의 당도에 따른 분류

당도에 따라서도 와인을 구분할 수 있는데, 당도란 와인의 당분이 부여하는 단맛을 뜻한다. 비발포성 와인은 제조 과정 중 당도 조절이 가능하므로 일반 와인보다 다양한 당도로 제조하는 것이 가능하다. 일반 와인은 보통 단맛이 없는 드라이한 와인, 단맛이 조금 있는 미디엄 드라이, 단맛이 있는 스위트 와인으로 분류할 수 있다. 주정강화 와인은 생산자의 의도에 따라 단맛이 강한 와인 혹은 드라이한 와인으로 제조된다.

드라이 와인(Dry Wine)

드라이 와인은 당분을 전혀 함유하지 않거나 당도가 낮아 단맛이 나지 않는 경우, 단맛이 없는 드라이한 상태임을 강조하는 본-드라이(Bone-Dry)라는 용어를 쓰기도 한다.

오프-드라이 와인(Off-Dry Wine)

오프-드라이 와인은 당도가 낮으나 단맛을 감지할 수 있는 극소량의 와인이다.

미디엄 드라이 와인(Medium Dry Wine)

미디엄 드라이 와인은 단맛이 확실히 느껴지나 강하지는 않은 와인이다.

미디엄 스위트 와인(Medium Sweet Wine)

미디엄 스위트 와인은 미디엄 드라이보다 단맛이 더 느껴지는 와인이다.

스위트 와인(Sweet Wine)

스위트 와인은 당도가 높아 와인의 특징적인 성격을 띠며 디저트와 잘 어울린다.

3) 와인의 색깔에 따른 분류

와인은 색깔로도 분류할 수 있는데, 적포도의 껍질 성분까지 같이 발효하여 붉은색을 띠며 껍질의 타닌 성분을 느낄 수 있는 레드 와인과 껍질을 제거한 후 발효하여 색깔이 투명한 화이트 와인이 있다. 또한 두 와인을 섞거나 적절한 색깔을 만들었을 때 껍질을 제거하고 발효하여 분홍빛의 와인을 만들 수 있는데, 이를 로제 와인이라고 한다.

레드 와인(Red Wine)

레드 와인은 포도를 수확하여 껍질을 분리하지 않고 함께 발효하여 붉은색으로 제조한 와인을 말한다. 포도 껍질로부터 타닌 성분을 얻으며, 떫은맛이 나는 타닌 성분을 부드럽게 하기 위해 숙성 과정을 거치기도 한다. 일반적으로 화이트 와인보다 저장 기간이 더 길다. 자주색부터 루비색과 가넷(Garnet/석류석)색 등의 색깔을 띨 수 있으며 산화된 경우에는 갈색을 띠기도 한다.

화이트 와인(White Wine)

화이트 와인은 와인 제조 시 껍질을 제거하는 압착 과정을 거친 후 과실만을 발효하여 만든 와인을 말한다. 연한 레몬색부터 금색, 호박색까지 띨 수 있다.

로제 와인(Rose Wine)

로제 와인은 레드 와인과 화이트 와인의 중간 정도의 색깔을 띠는 와인으로 두 와인을 섞거나 레드 와인을 제조하는 과정에서 원하는 색을 얻은 후 껍질을 제거하고 발효 과정을 거쳐 만든다. 핑크색이나 연어색, 주황색으로 표현할 수 있다.

발포성 와인과 주정강화 와인은 스틸 와인을 기본으로 하고 추가 제조 과정을 거쳐 만들어진다. 우선 여기에서는 기본적인 와인 제조 방법을 알아보고, 발포성 와인과 주정강화 와인의 제조 과정 및 특성에 대해서는 각 주제를 다룰 때 자세하게 설명하도록 한다.

와인의 기본적인 분류 방법

특징에 따른 분류 (제조 방법에 따른)	테이블 와인(스틸 와인)	발포성 와인 (스파클링 와인)	주정강화 와인
색깔에 따른 분류	레드, 로제, 화이트	화이트, 로제	레드, 화이트
당도에 따른 분류	드라이, 오프-드라이, 미디엄 드라이, 미디엄 스위트, 스위트	다양한 당도 분류	드라이, 스위트

5. 와인의 제조 과정

와인을 제조하는 기본적인 과정은 포도를 수확하여 병에 담기까지 다음의 일곱 단계를 거친다.

포도 수확

포도가 숙성하면 수확이 시작된다. 수확 방법은 평지에 있는 포도밭에서는 기계로 수확하며, 포도밭의 경사가 심해 기계 수확이 어렵거나 포도송이 전체가 필요한 경우에는 수작업으로 수확한다.

제경 및 분쇄

포도송이에서 줄기를 제거하는 것을 제경이라고 하며, 와인에 따라서는 포도송이 자체를 다 넣고 제조하는 경우도 있다. 분쇄는 포도 열매를 으깨서 알맹이를 터뜨리는 과정을 말한다.

압착

포도즙을 얻기 위해 포도 알맹이를 압착하여 포도즙을 얻는 과정이다. 화이트 와인을 만들려면 발효 전에 압착하여 포도 껍질을 분리해 내고, 레드 와인은 발효 후 압착 과정을 거쳐 껍질로부터 컬러와 타닌 성분 등을 얻는다.

발효

포도즙을 발효 용기로 옮긴 후 생산할 와인의 특성에 따라 배양된 효모를 사용하여 포도의 당분을 알코올 성분으로 변화시키는 과정이다. 보통 스테인리스 스틸 탱크에서 발효되며, 오크통 등을 사용하기도 한다.

여과

발효 과정에서 생긴 찌꺼기를 제거하는 과정으로, 와인 생산자에 따라 와인의 풍미를 위해 이 과정을 생략하기도 한다.

숙성

숙성 기간을 두어 맛과 향을 좋게 하는 과정이다. 신선한 과일향 자체를 특징으로 하기 위해 오크 숙성을 피하고 스테인리스 스틸 탱크에서 숙성하거나, 오크 풍미를 더하기 위해 새 오크통을 사용하기도 한다. 병입 후 병 안에서도 숙성 과정이 이어질 수 있다.

병입

병에 담아 코르크 마개나 스크루 캡으로 밀봉하는 과정이다.

○ 코르크 마개로 봉인된 와인의 보관법

와인이 코르크 마개로 봉인된 경우, 와인을 수평으로 눕혀 보관해야 한다. 와인과 코르크를 계속 접촉시키지 않으면, 코르크가 마르면서 그 틈으로 공기가 침투하여 산화될 수도 있기 때문이다. 와인이 스크루 캡으로 봉인된 경우, 수직으로 세워 보관해도 된다.

와인은 기본적으로 이와 같은 제조 과정을 따르되, 제조 과정의 순서를 달리하거나 특별한 과정을 추가하거나 여러 과정을 혼합하는 식으로 제조하여 각 와인의 독특한 특징을 만든다. 일반적인 레드 와인과 화이트 와인의 양조법은 다음과 같다.

레드 와인 양조법

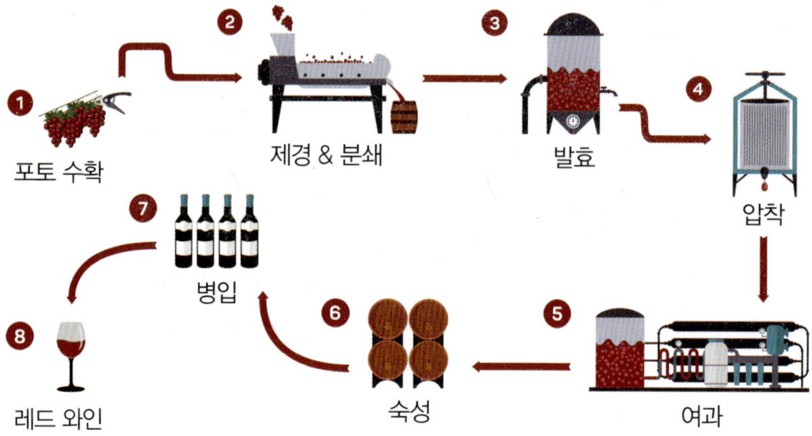

한편 로제 와인은 발효 시 원하는 색을 얻게 되면 바로 압착하여 껍질을 분리하여 만들거나, 양조가 완료된 레드 와인과 화이트 와인의 혼합 과정을 통해 생산한다.

화이트 와인 양조법

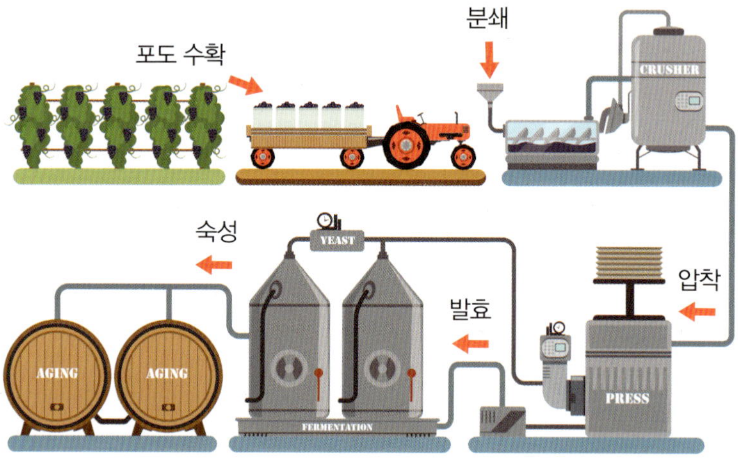

한눈에 정리

와인의 특징과 종류

와인의 특징

❶ 신선한 포도를 발효하여 얻는 알코올 음료로 오랜 역사를 지녔다.

❷ 알코올 함유량: 보편적으로 알코올 도수가 낮은 특징을 가지며, 보통 8~15%이다. (주정강화 와인 중에는 22%까지 강화된 것도 있다.)

와인의 제조 방법

❶ 레드 와인: 포도 수확 → 제경과 분쇄 → 발효 → 압착 → 여과 → 숙성 → 병입

❷ 화이트 와인: 포도 수확 → 제경과 분쇄 → 압착 → 발효 → 여과 → 숙성 → 병입

❸ 로제 와인: 레드 와인 제조 과정에서 원하는 색상을 얻은 후 압착 과정을 진행하여 제조하거나 레드 와인과 화이트 와인을 혼합하여 제조한다.

와인의 종류

❶ 테이블 와인(스틸 와인): 발효의 부산물인 이산화탄소를 제거하여 탄산성분이 없는 일반 와인으로 알코올 도수가 낮고 음식과 잘 어울려 식중주로 즐긴다.

❷ 발포성 와인(스파클링 와인): 2차 발효 과정을 통해 탄산가스가 포함된 상태로 제조된 와인을 말한다. 제조 과정 중 당분을 추가로 포함할 수 있어 다양한 당도의 구분이 존재한다.

❸ 주정강화 와인: 일반 와인의 발효 과정이나 발효 후에 알코올 농도를 높이기 위해 주정이 강한 알코올 음료를 첨가하여 제조하는 특징적인 와인이다. 스페인의 셰리 와인과 포르투갈의 포트 와인이 유명하다.

6. 와인 라벨

와인의 라벨(Lable)은 와인의 생산자나 브랜드, 생산지와 사용된 포도 품종 등의 정보를 담고 있다. 빈티지 또한 라벨을 통해 확인할 수 있는데, 포도가 수확된 연도를 빈티지라고 한다. 포도의 품질이 좋았던 해의 빈티지가 기록으로 남기 때문에, 와인 제조에 완벽한 기후 조건이 이어졌던 해의 빈티지를 갖는 와인은 좋은 품질의 와인임을 알려 주며, 이런 와인에는 고가의 가격이 매겨진다.

한편 특정 생산지의 경우 포도 재배와 관련하여 원산지와 포도 품종 등을 엄격하게 관리하고 등급화하여 라벨에 표기하기도 한다(프랑스의 AOC, 이탈리아의 DOCG, 스페인의 DOCa 등). 일반적으로 라벨에 표시된 지역 단위가 세분화될수록 여러 가지 까다로운 조건을 통과한 포도밭에서 재배된 포도로 만든 와인임을 알 수 있으며, 따라서 그 지역의 특성이 잘 나타나 있는 좋은 품질의 와인이라고 할 수 있다.

와인의 라벨은 와인을 생산하거나 공급하는 국가의 해당 기관에서 공식적인 승인을 받아야 한다. 따라서 라벨에 포함해야 하는 사항 중 의무적으로 기재해야 하는 사항과 자율적으로 표기하는 내용이 나라별로 다르다. 한편, 일반적으로 아래와 같은 정보를 와인의 라벨에서 확인할 수 있다.

1) 빈티지

빈티지(Vintage)는 포도가 수확된 연도를 뜻한다. 포도는 생장하는 자연 조건에 따라 품질이 현저하게 달라지므로 포도를 수확한 해의 날씨 조건이 포도의 품질을 결정한다고 볼 수 있다. 따라서 와인 애호가는 포도 재배 조건에 맞는 최고의 날씨 조건이 특정 지역에 주어진 해를 기억해 두었다가 해당 와인을 주문하는 경우가 많다. 이런 경우 품질이 높고 찾는 수요자도 많아서 와인의 가격이 고가로 책정된다.

2) 원산지 표시

세계 각국은 자국의 와인의 품질을 보존하고 관리하기 위해 원산지 표시(Region of Origin) 및 원산지 명칭을 엄격하게 통제한다. 프랑스의 경우 AOC

(Appellation d'Orgine Contrôlée) 등급 체계를 명시하여 와인의 품질을 보증하고 있다. 예를 들어 'Appellation Margaux Contrôlée'라고 하면 마고(Margaux) 지역의 AOC 등급 기준에 맞는 와인임을 나타낸다.

3) 생산자나 브랜드

와인은 포도 품종 외에 제조 기술에 의해서도 품질이 달라질 수 있으므로 생산자나 브랜드 또한 와인을 고를 때 확실히 평가해야 하는 부분이다. 따라서 생산자나 브랜드도 와인을 찾는 고객이 정확하게 인지할 수 있도록 라벨에 표기해야 한다.

4) 포도 품종

포도 품종을 와인의 라벨에 표기하는 방식은 지역마다 다르게 규정되어 있다. 주로 유럽에서는 생산지에 따라 재배되는 대표적인 포도 품종이 정해져 있거나 품종을 블렌딩하여 생산하는 경우가 많아 일반적으로 지역을 표기한다. 이에 비해 미국에서는 포도 품종 자체를 와인에 표기한다. 75% 이상 품종이 함유된 경우 포도 품종 명시(Varietal) 와인으로 분류되고 해당 품종을 와인의 라벨에 표기할 수 있다. 포도 품종을 표기하지 않는 저가의 와인은 제네릭(Generic) 와인으로 분류한다.

5) 알코올 도수

알코올 도수(Alcohol Content)는 의무적으로 와인 라벨에 명시하도록 되어 있으며, 와인 생산지마다 부수적인 알코올 농도에 관한 법률이 다르다. 와인의 알코올 도수는 일반 테이블 와인과 주정강화 와인으로 나누어 분류한다.

알코올 도수의 구분

알코올 도수	테이블 와인	주정강화 와인
낮은	11% 이하	15~16.4%
중간	11~13.9%	16.5~18.4%
높은	14% 이상	18.5% 이상

6) 특징

특징(Special Character)에는 특정 제조 방법, 당도 또는 병입 장소 등 생산지에 따라 와인의 품질과 관련된 사항을 명시한다. 예를 들면, 프랑스의 보르도에서 포도밭을 소유하고 와인 생산 시설까지 갖춘 샤토에서 와인의 병입 과정까지 마친 경우, 해당 내용을 와인 라벨에 'Mis en Bouteilles au Château'라고 표기하여 모든 과정이 샤토에서 관리되고 통제되었음을 알리기도 한다.

보르도(Bordeaux) 와인 라벨

1. 와인명: 샤토 캉트낙 브라운
2. 그랑 크뤼 클라쎄: AOC 와인 중 해당 지역의 최상급 와인 등급
3. 생산지: 마고지방의 와인
4. 등급체계: AOC급 와인
5. 수확연도(Vintage): 1988년에 수확한 포도로 만듦
6. 샤토에서 병입되었음
7. 병입자의 이름과 주소

Cephas Picture Library Ltd / Alamy Stock Photo

독일에서는 서늘한 기후 조건에서 포도의 당분을 높이기 위해 늦게 수확하여 포도의 완숙도를 높인 좋은 품질의 와인을 생산하기도 한다. 이런 경우 'Late Harvest Johannisberg(지역명) Riesling(포도 품종)'으로 표기하기도 한다.

7. 와인의 주요 생산지

와인은 생산하는 지역별로 와인에 대한 역사와 문화, 기후 조건과 와인을 제조하는 방식 등이 다르므로 특정 와인을 제대로 즐기기 위해서는 반드시 와인의 생산지에 대해 알아야 한다. 따라서 기내에서 다양한 생산지의 와인을 서비스하는 객실 승무원은 포도 품종뿐만 아니라 생산지에 따른 와인의 특징도 잘 알아 두어야 한다.

와인 생산지는 와인의 역사가 오랜 만큼 그 역사에 따라 크게 구세계 와인과 신세계 와인으로 분류한다. 구세계 와인 생산지는 와인 역사가 시작되어 지금까지 생산하고 있는 프랑스, 독일, 이탈리아, 스페인 등 유럽의 와인 생산지이며, 후발주자이긴 하지만 꾸준히 와인의 품질과 생산량이 많아지고 있는 미국, 호주, 칠레 등은 신세계 와인 생산지로 분류할 수 있다.

생산지에 따른 와인 분류

구분	구세계 와인	신세계 와인
포도 재배 지역	재배 지역이 세분화되고 집약적이다.	포도 재배 지역이 넓고 광범위하다.
와인 명칭	생산 지역을 함께 표기한다.	포도 품종을 함께 표기한다.
와인 스타일	숙성 과정 등을 통해 복합적인 맛의 와인을 생산한다.	일반적으로 과일향이 풍부한 와인을 생산한다.
와인 품질 관리	기존의 명성을 이어가기 위해 엄격한 품질 관리와 유지에 힘쓴다.	와인 생산의 발전을 위해 혁신적인 방법을 채택하고 노력을 기울인다.
와인 등급체계	일반적으로 국가별로 최고 품질의 와인을 관리하는 규정과 등급이 정해져 있다.	구세계 와인에 비해 등급체계가 자율적이며 지리적 구획으로 분류하기도 한다.
생산국	프랑스, 이탈리아, 독일, 스페인 등이다.	미국, 호주, 뉴질랜드, 칠레, 남아프리카 공화국 등이다.

PLUS '와인 잘알못' 신입 승무원의 좌충우돌 와인이랑 친해지기!

제2화: 포도 품종과 와인 생산지를 연결해 보자!

포도 품종에 대해 배우고 나니 기내에 실리는 와인의 특징을 주요 포도 품종의 특성을 참고하여 안내할 수 있게 되었습니다.

그런데 상위클래스의 경우 같은 품종인데 생산지가 다른 와인이 서비스되는 경우도 있습니다. 이때는 어떻게 안내하면 좋을까요?

네, 맞습니다. 같은 포도 품종이라고 하더라도 생산지별 기후 조건과 재배 방법, 제조 과정 등이 달라지면 와인의 맛과 품질이 달라지겠죠! 그래서 포도 품종을 생산지별 특징과 함께 구별해서 알아 두는 것이 중요합니다! 그럼 지금부터 와인 생산지별 특징을 간략하게 알아보겠습니다.

아, 그래서 사무장님께서 서비스 전에 와인의 품종뿐 아니라 생산지까지 한 번 더 확인하셨구나! 이제 앞으로는 와인을 소개해 드리고 주문을 받을 때 포도 품종뿐 아니라 와인의 생산지도 꼼꼼하게 확인해서 안내해 드리면 승객이 와인을 선택하시는 데 도움이 많이 되겠구나! 유익한 강의 감사드립니다. 선배님^^

Chateau in Chenonceau, Loire valley, France

Chateau and vineyard in Margaux, Bordeaux, France

1) 프랑스

와인의 종주국으로 위상과 품격을 계승하고 있는 프랑스는 좋은 와인을 생산할 수 있는 자연적인 환경인 이상적인 기후와 토양을 보유하고 있다. 그뿐 아니라 와인 생산과 관련한 오랜 역사와 문화를 발전시켜 오며 와인 품질을 엄격하게 통제하고 관리하는 AOC 등급체계 제도를 시행하고 있다. AOC를 통해 프랑스에서는 국가 차원에서 와인의 품질에 대한 관리가 철저하게 이루어지고 있음을 알 수 있다.

프랑스는 와인 생산으로 유명한 지역이 많은데다 그 지역 안에서도 다시 특정 마을과 좋은 품질의 포도가 재배되는 포도원 등으로 세분화되어 있어서, 생산지에 대해 상세하게 파악하는 것이 어렵게 느껴지기도 한다. 그러나 그만큼 유명한 와인 산지와 지역명이 이미 잘 분류되어 있고, 크게 분류된 지역 안에서는 재배되는 포도 품종과 와인의 제조 방식 등이 비슷하므로 아래와 같이 지역적 특성을 나누어 살펴보는 것이 프랑스 와인에 보다 쉽게 접근하는 방법이 되어 줄 것이다.

프랑스 와인 생산지

지역명	위치 및 특징	포도 품종
보르도	• 남서부 대서양 연안 지역(온화한 기후) • 점토층 + 모래 + 자갈이 알맞게 섞인 토양 • 고급 와인인 샤토 와인(Château Wine)이 유명하다. ☞ 샤토는 원래 성곽이나 대저택을 의미하지만 와인과 함께 쓰일 때는 특정한 포도 양조장을 뜻한다. '샤토 와인'이란 라벨에 표기된 포도 양조장에서 포도 재배, 제조, 포장까지 전 공정이 이루어지는 와인을 의미하며 최고급 와인으로 여겨진다.	• 카베르네 소비뇽 • 메를로 • 소비뇽 블랑 • 세미용
부르고뉴	• 북동부 지역(대륙성 기후) • 영어를 사용하는 나라에서는 버건디(Burgundy)라 하기도 한다. • 보르도에서 샤토의 명성으로 와인을 선택한다면, 부르고뉴에서는 와인 중개업자인 네고시앙(Négociant)의 명성으로 와인을 선택한다.	• 피노 누아 • 샤르도네
알자스	• 북동부 지역 • 독일의 지배를 받았던 곳으로 독일적인 성격이 강하다. ☞ 독일 품종의 포도가 많이 재배되고 병도 가늘고 긴 모양의 병을 사용한다. • 일반 포도의 수확철 이후에 수확을 시작하여 과육이 농축되고 당도가 높은 포도로 와인을 제조한다.	• 리슬링 • 게뷔르츠트라미너
샹파뉴	• 북동부 지역 • 포도나무 재배 지역으로는 북위 상한선이다. • 발포성 와인을 생산하는 지역으로 이 지역에서 전통적인 방식으로 생산되는 최고급 발포성 와인을 '샴페인'이라고 한다.	• 피노 누아 • 샤르도네 • 피노 뫼니에
르와르 밸리	• 르와르는 프랑스에서 가장 긴 강 이름이다. • 르와르 밸리의 다양한 지역은 각각 기후가 다르므로 다양한 범주의 화이트, 레드, 로제 와인을 생산한다. • 특히 상세르(Sancerre) 지역과 푸이 퓌에 (Pouily–Fume) 지역의 고품질 소비뇽 블랑으로 유명하다.	• 소비뇽 블랑 • 슈냉 블랑 • 믈롱 블랑 • 카베르네 프랑

Delpixel / Shutterstock.com

Vershinin89 / Shutterstock.com

Wine Grapes in Chateauneuf-du-Pape

지역명	위치 및 특징	포도 품종
북부 론	• 북부 론의 많은 포도밭은 론 강 옆의 가파른 언덕에 자리잡고 있다. • 남부 론에 비해 생산량은 적지만 명성 높은 품질 좋은 와인의 생산지로 유명하다. • 시라를 주 품종으로 하여 역동감이 넘치는 레드 와인 생산지로 유명하며 꽃과 살구향 등 아로마가 풍부한 청포도 품종인 비오니에 생산지로도 유명하다.	• 시라 • 비오니에
남부 론	• 북부 론보다 포도밭이 훨씬 더 넓고 방대하다. • 대량 저가 와인부터 고급 와인에 이르기까지 다양한 범주의 와인을 생산한다. • 그르나슈를 주 품종으로 하여 다른 품종을 혼합하여 와인을 생산한다.	• 그르나슈 • 시라 • 무르베드르 • 생소
보졸레	• 가메(Gamay)를 주 품종으로 하여 주로 신선한 과일 풍미를 지닌, 어릴 때 마시기 좋은 와인을 생산한다. • 탄산 침용 방식을 사용하여 숙성시키지 않고 빨리 마시기 위한 용도로 특별히 생산되는 와인인 보졸레 누보의 주요 생산지이다. • 보졸레 빌라주와 보졸레 크뤼 등급으로 나누어지며, 최고 와인을 생산하는 지역은 브루이(Brouily), 모르공(Morgon), 플뢰리(Fleurie), 물랭아방(Moulin-a-vent)이다.	• 가메

프랑스 와인 등급체계

등급	내용
AOC (Appellation d'Origine Contrôlée)	• 프랑스 와인 중 엄격한 조건을 통과한 최고급 와인에만 붙는 등급이다. • 원산지 통제 명칭으로 아래 사항을 충족해야 한다: 지리적 경계, 포도 품종, 재배 방법, 최대 수확량, 양조 방법, 최저 알코올 함유량, 숙성 조건 등 통제. • 지역별 전통성을 존중하며 포도주의 품질과 특징을 보증한다. • 총생산량의 35%를 차지한다.
VDQS (Vin Delinites Qualite Superieure)	• A.O.C 급에 준하는 엄격한 규제하에 생산되며, A.O.C 등급으로 상향을 기다리는 상태이다. • 상등품 지정 와인이라는 뜻이다. • 총생산량의 약 2%를 차지한다.
Vin de Pay	• '지역 와인'이라는 뜻으로 품질이 우수한 테이블 와인에 해당한다. • 다른 지역의 와인과 혼합할 수 없으며 생산지명을 와인명으로 사용할 수 있다. • 총생산량의 15%를 차지한다.
Vin de Table	• 최하품으로 프랑스 내수용으로 생산된다. • 원산지와 수확 연도를 표기할 수 없다. • 다른 지역의 와인과 혼합할 수 있으며 주로 상품명으로 판매된다. • 총생산량의 38%를 차지한다.

A.O.C 재배 지역은 프랑스의 주요 와인 산지별로 세분되며, 마을 단위, 포도밭 단위로 세분되기도 한다. 작은 단위일수록 생산 지역의 특징을 반영한 품질이 더 좋은 고급 와인이라고 할 수 있다.

보르도의 A.O.C 대표 지역

생 테스테프 (Saint-Estèphe)	포이약 (Pauillac)	생 줄리앙 (Saint-Julien)
마고 (Margaux)	페삭 레오냥 (Pessac-Lèognan)	그라브 (Graves)
생 테밀리옹 (Saint-Émilion)	포므롤 (Pomerol)	소테른 (Sauternes)
바르삭 (Barsac)	앙트르 두 메르 (Entre-Deux-Mers)	코트 드 보르도 (Cotes de Bordeaux)

또한 부르고뉴 지역에서는 고품질 와인을 생산하는 포도밭에 특별 등급 명칭을 붙이는데, 이를 '그랑 크뤼(Grand Cru)'와 '프리미에르 크뤼(Prenier Cru)' 포도밭이라고 한다. 단일 포도밭에서 생산되는 경우 프리미에르 크뤼라고 하고, 그랑 크뤼는 최상급의 등급 명칭으로 총생산량의 1% 정도의 와인에 붙는 용어로 두 용어 모두 와인의 라벨에 표기된다.

부르고뉴 지역의 단일 포도밭 등급 명칭의 예

- 샤블리 그랑 크뤼(Chablis Grand Cru)
- 샤블리 프리미에르 크뤼(Chablis Premier Cru)
- 제브레 샹베르탱 그랑 크뤼(Gevrey-Chambertin Grand Cru)
- 제브레 샹베르탱 프리미에르 크뤼(Gevrey-Chambertin Premier Cru)

Ian Shaw / Alamy Stock Photo

Richard Semik / Alamy Stock Photo

1. 샤블리 그랑 크뤼
2. 샤블리 프리미에르 크뤼

2) 이탈리아

이탈리아는 와인의 생산량과 소비량, 수출량까지 가장 높은 지수를 자랑하는 최대 와인 생산지이다. 또한 여러 포도 품종이 재배되며, 일반적인 포도 품종 외에 이탈리아에서만 재배되는 토착 품종의 종류도 매우 다양하다. 이탈리아는 광범위한 지역에서 와인이 생산되므로 보통 북부와 중부, 남부 지역으로 구분하여 기후와 지리적 특징 등을 알아볼 수 있다.

북부 지역

이탈리아 북부는 기후가 온화하고 여름에는 강우량이 적고 건조한 편이다. 빙하호수(Garda)와 강(Po)의 역할로 내륙 지역이 온화하게 유지될 수 있으며, 바다에 가까운 지역은 강우량이 더 많은 편이다.

이 지역에는 이탈리아에서 규모가 가장 큰 와인 산지인 베네토(Veneto)가 위치하는데, 이곳은 인지도가 가장 높은 소아베와 발폴리첼라 와인의 생산지이기도 하다.

Luigi Bertello / Shutterstock.com

- 소아베(Soave): 북동쪽 베네토 주에서 유명한 와인 생산지이다. 일부 화산석이 섞인 석회암과 점토로 구성된 토양의 효과로 서늘함을 유지하여 포도가 천천히 완숙된다. 그래서 과일의 풍미가 강한 와인이 제조된다. 토착 청포도 품종인 가르가네가(Garganega)를 사용하여 어릴 때 마시기 좋은, 향이 좋은 화이트 와인이 생산된다.
- 발폴리첼라(Valpolicella): 토착 적포도 품종인 코르비나 품종을 산도가 높을 때 조기 수확하여 실내에서 건조한다. 그 후 당분과 풍미를 농축한 다음 겨울이 되어 발효하는 파시토(Passito) 기법을 사용하여 바디감이 무겁고 알코올 도수가 높은 풍미가 강한 와인이 생산된다.

파시토 와인의 라벨 명칭

- 아마로네 델라 발폴리첼라 DOCG: 드라이 와인, 오프-드라이 와인이다.
- 레치오토 델라 발폴리 첼라 DOCG: 스위트 와인이다.
- 발폴리첼라 리파소 DOC: 발효 중인 드라이한 파시토 와인의 포도 껍질을 활용하는 방식인 리파소 기법으로 생산된 와인이다.

Luigi Bertello / Shutterstock.com

북서부에 있는 피에몬테(Piemonte) 지역에서는 이탈리아 토착 적포도 품종인 네비올로(Nebbiolo) 품종만을 사용해 최상급 와인을 생산하는 바롤로(Barolo DOCG) 와인과 바르바레스코(Barbaresco) 와인을 만나 볼 수 있다. 아스티(Asti) 지역은 모스카토(Moscato) 품종으로 생산하는 스파클링 와인으로 유명하다.

중부 지역

이탈리아 중부의 포도밭은 아펜니노 산맥(Apennine Mountains)이 관통하며 생긴 언덕과 산맥의 계곡에 위치한다. 언덕과 계곡의 높은 고도는 무더운 기후를 완화하는 냉각 효과를 준다. 이 지역에는 이탈리아 적포도 품종인 산지오베제(Sangiovese)의 명성이 높은데, 토스카나 지방의 키안티 지역과 그 외 지역에서 유서 깊은 와인이 생산되고 있다. 산지오베제 품종 100%로 만들어지는 세계 최상급 와인에 속하는 브루넬로 디 몬탈치노(Brunello di Montalcino) 와인 등이 유명하다.

- 키안티(Chianti): 키안티는 토스카나 와인의 생산지이자 이탈리아에서 가장 유명한 와인이다. 이탈리아 토착 품종인 산지오베제를 80% 이상 사용해야 하며, 카베르네 소비뇽, 메를로, 시라 등의 품종과 블렌딩을 허용한다.

키안티 와인의 등급체계

- 키안티(Chianti): 가장 기본적인 등급이다.
- 키안티 클라시코(Chianti Classico): 키안티 지방에서도 유서 깊은 곳에서 전통 방식으로 생산되는 와인으로 최소 2년간 숙성 기간을 지난다. 클라시코란 '유서 깊은 곳에 자리잡은 포도원'이란 뜻을 지닌다. 이 등급부터 품질의 차별화를 위해 산지오베제 100%로 와인을 양조한다.
- 키안티 클라시코 리제르바(Chianti Classico Riserva): 3년 이상 숙성 과정이 필요하다. 리제르바는 '3년 정도 숙성한 와인'이란 뜻을 지닌다.
- 키안티 클라시코 그란 셀레지오네(Chianti Classico Gran Selezione): 최상급 등급으로 자체 포도원에서 재배한 포도를 사용하여 제조하고 30개월 이상 숙성 과정을 거쳐야 한다.

Simona Bottone / Shutterstock.com

Pecold / Shutterstock.com

남부 지역

이탈리아 남부는 무더운 열기 덕분에 이탈리아 적포도 품종인 알리아니코(Aglianico), 프리미티보(Primitivo), 네그로아마로(Negroamaro)와 같은 포도 품종을 기반으로 풀바디의 레드 와인을 생산하는 것으로 유명하다. 화이트 와인 또한 피아노(Fiano)와 그레코(Greco) 등의 토착 청포도 품종을 사용하여 특징적인 와인으로 생산된다.

이탈리아 와인 생산지

지역명	주요 와인 산지 및 특징	포도 품종
베네토	• 이탈리아 최대 와인 생산지이다. • 소아베: 과일의 풍미가 강한 어릴 때 마시기 좋은 화이트 와인을 생산한다. • 발폴리첼라: 잘 익은 포도를 건조하여 알코올 도수가 높은 아마로네 와인을 생산한다.	• 가르가네가 • 코르비나
피에몬테	• 품질이 좋은, 세계 최상급으로 꼽히는 레드 와인의 생산지이다. • 알코올 함량이 높고 바디감이 무겁다. • 유명 산지: 바르바레스코, 바롤로	• 바르베라 • 돌체토 • 네비올로
토스카나	• 와인 양조의 오랜 역사를 지닌 이탈리아 와인의 본고장이다. • 이탈리아에서 가장 유명한 키안티 와인을 생산한다. • 유명 산지: 키안티, 브루넬로 디 몬탈치노, 비노 노빌레 디 몬테풀차노 등 • 슈퍼투수칸(Supertuscan): 볼게리 지역은 이탈리아 내에서 토착 품종과 함께 보르도산 적포도 품종을 재배하고 와인으로 생산하는 곳이다. 세계적 명성을 얻으면서 슈퍼투수칸으로 불리며 고급 와인으로 자리매김하고 있다.	• 산지오베제 • 카베르네 소비뇽 • 카베르네 프랑 • 메를로 • 시라 • 소비뇽 블랑 • 슈퍼투수칸 지역

Luigi Bertello / Shutterstock.com

Luigi Bertello / Shutterstock.com

Kristi Blokhin / Shutterstock.com

Eugenia Tori / Shutterstock.com

Claudio Divizia / Shutterstock.com

이탈리아에는 프랑스의 AOC에 상응하는 '데노미나치오네 디 오리지네 콘트롤라타(Denominazione di Origine Controllata; DOC)' 제도가 있으며, 프랑스의 AOC와 통제하는 규제 조건이 비슷하나 AOC와 달리 숙성과 관련한 사항도 포함된다.

이탈리아 와인 등급체계

등급	내용
DOCG	Denominazione di Origine Controllata Garantita의 약자로 DOC 등급에 와인 스타일의 신뢰성을 보장한다는 의미의 'Garantita'가 붙어 DOC보다 한 단계 더 높은 품질의 와인임을 보증한다.
DOC	Denomianzione di Origine Controllata라는 뜻으로 프랑스의 AOC에 상응하는 원산지 통제 명칭 와인이다. ☞ 규제사항: 지역경계, 사용 가능한 포도 품종, 알코올 함량, 숙성 요건, 원료로 사용된 포도의 비율, 에이커당 와인 생산량, 원료로 쓰는 포도의 비율
IGT	Indicazione Geografica Tipica의 약자로 DOC에는 미치지 못하지만 일반 테이블 와인보다 품질 수준이 높은 지역의 와인이다.
Vino da Tavola	'일반 테이블 와인'이라는 뜻으로 이탈리아 와인의 30%를 차지한다.

3) 독일

독일은 유럽의 와인 생산지 중에서 가장 북쪽에 위치하여 서늘한 기후 조건을 갖는다. 이런 이유로 주로 리슬링을 집중적으로 재배하여 화이트 와인을 생산했으나 최근에는 독일어로 '슈페트부르군더'로 불리는 피노 누아 품종이 최상급 품질로 명성을 쌓고 있다.

1. 독일 팔츠 지역의 포도밭
2. 독일 모젤 지역의 리슬링 와인
3. 독일 모젤 지역의 리슬링

기후와 포도 재배지의 지리적 위치로 인해 와인 생산량은 프랑스나 이탈리아보다 매우 적지만(세계 생산량의 2~3%에 불과함) 고유의 특성을 보이는 품질이 높은 와인을 생산하고 있다.

특히 독일의 리슬링은 지역에 따라 다양한 풍미와 당도의 와인으로 제조되며 특히 라인강과 모젤강 유역의 와인이 유명하다. 라인 지역의 와인이 무거운 바디감의 살구, 복숭아 등 핵과류의 향을 지닌다면, 모젤 지역의 와인은 대체로 산도가 더 높고 알코올 도수는 더 낮으며 사과, 배, 모과류 등의 과일향을 지닌다. 와인 병의 색깔만 보고도 한눈에 지역을 구분할 수 있는데, 라인 와인은 병이 갈색을 띠고 모젤 와인은 녹색을 띠는 병에 병입된다.

독일은 서늘한 기후와 부족한 일조량으로 인해 산도가 높고 당분이 낮은 포도를 재배하는 경우가 많으므로, 수확 시기를 늦춤으로써 포도의 당분을 높여 늦게 수확하는 방식을 도입하고 있다. 따라서 독일의 와인 등급체계는 수확 시기와 방법으로 정해지는 품질과 포도 숙성도에 따라 분류된다.

다음 표에 정리한 '프레디카츠바인(Prädikatswein) 등급'은 특등급 와인을 뜻하며, '그로세스 게벡스(Grosses Gewächs)' 등급은 그 중에서도 최상급 드라이 와인에 부여하는 등급이다.

Keith Homan / Shutterstock.com

Sergiy Palamarchuk / Shutterstock.com

독일의 와인 등급체계: 프레디카츠바인 등급

등급	내용
카비네트(Kabinett)	• 정상적인 수확 시기에 딴 포도로 만든 산도가 높고 가벼운 바디의 와인이다. • 드라이한 스타일부터 미디엄 스위트 한 스타일로 제조된다.
슈페트레제(Spätlese)	• '늦은 수확'이란 뜻으로 수확기보다 늦게 딴 포도로 제조되어 풍미가 더 깊고 바디가 무거운 와인으로 제조된다. • 드라이~미디엄 스위트 와인이 해당한다.
아우스레제(Auslese)	• '선별된'이란 뜻으로 특별히 잘 익은 포도를 선별하여 만든 와인이다. • 드라이~스위트 와인이 해당한다.
베렌아우스레제(Beerenauslese)	• 일일이 포도의 알맹이를 한 알씩 선별하여 수확한 포도라는 뜻이며, 잘 익은 포도 알맹이를 골라 제조하여 고급 디저트 와인을 생산한다. • 대체로 10년에 2~3회밖에 생산되지 않는다. • 이 단계부터 당도가 스위트한 와인으로 제조된다.
트로켄베렌아우스레제(Trockenbeerenauslese)	• 수확 시기가 늦어져 건포도에 가까울 정도로 건조시킨 포도로 만든 와인이라는 뜻이다. • 풍미가 진하고 당도가 높기 때문에 매우 고가의 와인으로 생산된다.
아이스바인(Eiswein)	• 얼린 포도로 만든 당도가 매우 높고 농축된 과즙 와인으로 매우 특징적이다.

4) 스페인

스페인은 이탈리아와 프랑스에 이어 세계 3위의 와인 생산국이지만 포도 재배의 규모는 세계 최대를 자랑한다. 넓은 포도 경작지만큼 국제적인 품종과 함께 다양한 토착 품종도 재배되고 있으며, 스페인에서만 재배되는 품종의 인기가 점차 높아지고 있다. 무덥고 건조한 기후로 가뭄의 피해가 잦았으나 포도나무를 위한 관개 시설과 관련하여 법적인 요건이 정비되면서 와인의 양적, 질적 성장이 이루어졌다.

스페인은 지역마다 다른 토착 품종이 재배되고 그 품종의 특성이 잘 나타난 와인이 생산되기 때문에 지역과 포도 품종을 함께 알아 두면 원하는 스타일의 와인을 고르기가 쉽다. 아래는 스페인 토착 품종으로 와인을 생산하는 지역을 표로 나타낸 것이다.

스페인 토착 품종과 재배 지역

지역	청포도 품종	지역	적포도 품종
리아스 바이사스	알바리뇨	리오하	템프라니요
루에다	베르데호	프리오랏	가르나차
라만차	아이렌	예클라, 후미야	모나스트렐
페네데스	마카베오(비우라)	리오하	그라시아노
	파레야다	비에르소	멘시아
	자렐로	리오하, 프리오랏	카리녜나(마주엘로)

주요 와인 생산지로는 가장 다양하고 특징적인 와인이 생산되는 리오하 지역과 스페인 스파클링 와인인 카바(Cava) 생산지로 유명한 페네데스, 높은 경사지대에 포도밭이 있어 기계 수확이 불가하여 낮은 생산량과 높은 수요량 때문

리오하 와인의 등급체계

- 크리안사(Crianza): 1년의 오크통 숙성을 포함하여 2년간의 숙성 기간을 거친 와인이다.
- 레세르바(Reserva): 최소 1년의 오크통 숙성을 포함하여 3년간의 숙성 기간을 거친 와인이다.
- 그란 레세르바(Gran Reserva): 최소 2년간의 오크통 숙성을 포함하여 5~7년간 숙성된 후 출시된다.

에 고가의 와인을 생산하는 프리오랏 지역이 있다. 루에다와 리아스 바이사스 지역에서는 각각 베르데호와 알바리뇨 포도를 이용하여 특징적인 화이트 와인을 생산하고 있다.

Ana Maria Tone / Shutterstock.com

- 리오하(Rioja): 보르도와 가까운 지역에 위치하여 기후와 재배 조건이 보르도와 비슷하다. 프랑스의 보르도 지방에서 필록세라 해충으로 포도 재배가 중단되었던 때에 보르도의 와인 양조자들이 스페인 리오하 지역으로 이동하여 포도를 재배하고 와인을 만들며 양조 기술을 전파했다고 한다. 현재 스페인 최고의 레드 와인 생산지로 위상을 이어가면서 질적이나 양적으로 세계 최고의 와인으로 평가받고 있다. 주요 재배 품종은 가르나차(Garnacha)와 템프라니요(Tempranillo)이다.
- 페네데스(Penedes): 바르셀로나 인근의 지중해 연안에 위치한 카탈루나에 속한 지역으로 3개의 뚜렷한 기후대(무더운 기후, 다소 서늘한 기후, 온화한 기후)가 있어 다채로운 품종을 사용한 다양한 와인이 생산된다. 스페인의 토착 품종을 사용하여 전통 방식으로 만든 스파클링 와인 카바의 생산지이자 고품질의 테이블 와인으로도 유명한 지역이다.

Olga Popova / Shutterstock.com

○ 카바(Cava)

3가지 스페인 토착 포도 품종(마카베오, 파레야다, 자렐로)을 사용하여 프랑스의 샴페인과 동일한 방식인 '전통 방식'으로 제조되는 발포성 와인을 말한다.

*전통 방식: 와인병 안에서 2차 발효 과정 및 배출 과정이 이루어지는 최고급 발포성 와인 제조 방법으로 프랑스 샴페인의 제조 방식으로 알려져 있다.

- 프리오랏(Priorat): 리코레야(Llicorella)로 불리는 스페인 와인 재배에 최적인 붉은 점판암 층 토양이 열을 반사하고 보존하여 포도의 완숙을 돕고 토양의 깊이가 깊어 충분한 수분 저장이 가능하게 해 주며, 밤에는 서늘하여 열기를 식혀 준다. 수도사들이 와인을 만들던 지역으로 성찬 와인의 생산지라는 역사를 지닌다. 해발고도가 높은 경사지에 자리잡고 있어 기계를 이용하기 어려워 생산량이 적고 비용이 많이 들어 다른 지역 와인보다 가격이 높게 책정된다.

- 셰리 와인(Sherry Wine): 셰리 와인은 발효된 와인에 높은 도수의 알코올을 첨가하여 주정을 강화한 후 솔레라(Solera) 시스템을 이용하여 기존 와인과 새 와인을 혼합하여 만든다. 여러 당도로 제조할 수 있으나 주로 드라이한 스타일의 셰리 와인이 식전주로 많이 애용된다. 셰리 와인은 뒤에 주정강화 와인에서 자세하게 다룰 예정이다.

스페인 와인 등급체계

등급	내용
DOCa	'Denominacion de Origen Calificada'의 약자로 최소 10년간 DO 자격을 유지한 후 더 높은 등급인 DOCa 등급을 신청할 수 있다. 현재 단 두 개의 DOCa가 존재하며, 리오하와 프리오랏이 이에 속한다.
DO	'Denominacion de Origen'의 약자로 프랑스의 AOC와 비슷한 원산지 통제 규정이다. ☞ 규제사항: 특정 최소 품질이 규정되어 있으며, 포도 품종과 포도 재배, 포도밭 입지 조건이 관련 규정에 부합해야 한다.
VP	'Vinos de Pago'의 약자로 명성이 높은 소수의 자체 포도밭을 소유한 양조자가 사유지에서 직접 양조하고 숙성한 자체 포도만을 사용하여 만든 와인이다.
VdlT	'Vino de la Tierra'라는 뜻으로 지역 와인을 뜻한다.

5) 미국

미국은 현대적인 와인 재배 및 양조 기술을 활용하여 품질이 좋은 와인을 생산하고 있다. 미국인의 와인 소비량이 지속적으로 늘고 있으며 자국에서 생산된 와인을 선호하여 미국의 와인 시장은 계속 발전하고 있다. 특히 캘리포니아 지역에서 대부분의 와인이 생산되고 있으며(생산량의 90% 정도) 주요 재배 품종은 프랑스 포도 품종으로 카베르네 소비뇽, 메를로, 샤르도네, 소비뇽 블랑 등이 있으며, 자체 품종으로는 진판델(Zinfandel) 등이 있다.

미국은 보통 생산 지역보다 주요 품종을 중시하나 AVA(American Viticultural Area)라는 포도지정 재배지역 체계도 규정되어 있다. 해당 AVA가 라벨에 명시되기 위해서는 단일 포도 품종, 빈티지, AVA 내에서 재배된 포도의 최소 비율 등이 규정에 부합해야 한다.

버라이어틀 와인(Varietal Wine)은 품종 와인이라 할 수 있으며 해당 품종을 75% 이상 사용하여 양조한 고급 와인을 말한다. 품종 와인과 구분하여 샤블리나 버건디, 라인 등 유럽의 유명 생산지를 상표화하여 대량 생산하기도 하는데, 이를 제네릭 와인(Generic Wine)이라고 한다.

캘리포니아주

미국에서 와인 생산지로 가장 명성이 높으며, 대부분의 와인 재배 및 생산이 이루어지는 곳이다. 캘리포니아 지역은 대부분 토양이 매우 비옥하고 관개 시설 이용이 수월한 센트럴 밸리에서 생산된다. 이 중 나파 카운티(Napa County)와 소노마 카운티(Sonoma County)가 유명하며 그 안에는 다음과 같은 저명한 AVA 지역이 다수 포함되어 있다.

- 나파 밸리(Napa Valley) AVA: 다양한 기후가 형성되어 다채로운 스타일의 와인을 생산하는 지역이다. 캘리포니아에서 가장 명망 높은 와인 양조장이 입지하고 있다.

나파 밸리 내 양조장

나파 밸리에서 생산되는 백포도주

- 러시안 리버 밸리(Russian River Valley) AVA: 아주 서늘하고 안개가 잘 끼는 기후 조건을 활용하여 고품질의 우아한 피노 누아와 샤르도네를 생산한다.
- 드라이 크릭 밸리(Dry Creek Valley) AVA: 미국 포도 품종인 진판델 포도나무의 본고장이며 고품질의 진판델을 주 품종으로 한 와인을 생산하며, 카베르네 소비뇽과 소비뇽 블랑도 재배한다.

오리건(Oregon), 워싱턴(Washington), 뉴욕(New York) 주

캘리포니아 다음으로 미국 와인 생산에서 중요한 위치를 차지하는 지역이다.

- 오리건 주는 서늘한 기후로 피노 누아의 재배가 활발하며, 따뜻한 남부 오리건 주에서는 메를로, 카베르네 소비뇽, 샤르도네, 시라 같은 따뜻한 기후 품종도 성공적으로 재배되고 있다.
- 워싱턴 주는 대부분의 포도밭이 컬럼비아 밸리에 조성되어 있으며 메를로와 카베르네 소비뇽, 샤르도네를 주로 재배한다.
- 뉴욕 주는 빙하 호수가 있는 핑거 레이크스 AVA에서 향이 풍부한 고품질 리슬링과 다양한 미국 토착 품종 등이 생산된다.

6) 호주

호주는 국제적으로 잘 알려진 포도 품종을 호주만의 새로운 스타일로 특화하여 성공을 거두고 있다. 특히 호주의 가장 많은 주 품종인 쉬라즈(Shiraz)의 경우 따뜻한 기후 조건을 활용하여 무거운 바디감, 과일과 향신료의 강렬한 풍미

CTRPhotos/iStock.com

애들레이드 힐스에서 생산되는 와인

맥라렌 베일

가 특징적인 와인을 생산하고 있다. 와인 산업의 지속적인 성장으로 현재 호주는 세계 최대의 와인 생산국 제6위를 차지하고 있다.

한편 호주의 와인 산업이 1970년대 품종명 와인을 생산하면서부터 성장하기 시작했다고 보는 사람들이 많은데, 현재 지역별로 고품질의 품종명 와인이 생산되고 있다. 호주는 유럽의 원산지 통제 규정보다는 완화된 GI(Geographical Indication)라는 지리적 표시제를 도입하고 있다. 유럽과 달리 제한이 엄격하지 않지만, 지대(Zone), 지역(Region), 하부 지역(Sub-region)으로 구분하여 각 지역의 와인마다 일관되고 뚜렷한 특징이 나타날 수 있도록 노력하고 있다.

호주 와인 생산지와 재배 품종

지역(주)	생산지	주요 품종
사우스오스트레일리아	애들레이드 힐스	샤르도네, 소비뇽 블랑
	클레어 밸리	리슬링
	카로사 밸리	쉬라즈, 그르나슈
	맥라렌 베일	쉬라즈, 그르나슈
	쿠나와라	카베르네 소비뇽
뉴사우스웨일스	헌터 밸리	세미용
빅토리아	야라 밸리	샤르도네, 피노 누아
웨스턴오스트레일리아	마거릿 리버	카베르네 소비뇽, 샤르도네, 소비뇽 블랑, 세미용

7) 남미(칠레, 아르헨티나)

칠레

칠레는 온화한 지중해성 기후에 건조하고 일조량이 풍부하여 와인 생산지로 각광받고 있으며, 대부분 적포도 품종이 재배된다. 카베르네 소비뇽이 모든 품종을 통틀어 가장 많이 재배되고 있는 포도 품종이며, 또 다른 적포도 품종으로 카르메네르(Carmenère)도 활발히 재배되고 있는데 카르메네르를 단일 품종으로 와인을 생산하는 나라로는 칠레가 유일하다.

Pecold / Shutterstock.com

마이포 밸리

마이포 밸리에서 생산되는 와인

칠레 와인 생산지와 재배 품종

지역	생산지	품종
코킴보	엘퀴 밸리	소비뇽 블랑, 시라
	리마리 밸리	샤르도네
아콩카과	카사블랑카 밸리	소비뇽 블랑, 샤르도네, 피노 누아
	산 안토니오 밸리	
센트럴 밸리	마이포 밸리	카베르네 소비뇽
	카차포알 밸리	카르메네르, 카베르네 소비뇽, 시라
	콜차구아 밸리	카베르네 소비뇽, 시라, 카르메네르
남부 지역	이타타 밸리	뮈스카 오브 알렉산드리아
	비오 밸리	뮈스카 오브 알렉산드리아, 피노 누아, 샤르도네

아르헨티나

아르헨티나의 포도밭은 주로 높은 고도의 산지에 위치하고 있어 적도와 인접한 무더운 지역에서도 포도 재배가 가능한 서늘한 기후 조건이 형성된다. 아르헨티나의 대표적인 적포도 품종은 말벡이며 청포도 품종은 토론테스이다.

Olga Popova / Shutterstock.com

Olga Popova / Shutterstock.com

아르헨티나의 주요 품종

- 말벡(Malbec): 아르헨티나를 대표하는 품종으로 색이 진하고 검은 과일 풍미의 무거운 바디감을 지닌 와인으로 생산된다. 높은 고도에서는 더 신선하고 강한 꽃 아로마를 발현하기도 한다.
- 토론테스(Torrontes): 주로 살타와 라 리오하, 산 후안, 멘도사 등에서 재배되며, 최상급 와인은 살타 지방의 카파야테에서 재배되는 강렬한 과일 풍미와 꽃향기를 지닌 토론테스로 제조된다.

8. 주정강화 와인

1) 주정강화 와인의 일반적인 특징

주정강화 와인은 일반 와인보다 알코올 농도가 더 높은 와인을 말한다. 일반 와인은 대체로 알코올 성분이 12% 전후이지만 주정강화 와인은 브랜디의 원액을 첨가하여 알코올 도수를 18% 정도 높인 와인이다.

주정강화 와인은 백년 전쟁 이후 프랑스와 우호적인 관계가 깨진 영국이 프랑스 보르도 와인을 구하기 어려워지자 대신 스페인과 포르투갈의 와인을 수입하기 시작하면서 탄생하게 되었다. 보르도에서 와인을 수송해 올 때보다 수송

기간이 훨씬 더 길어지자 와인이 변질되기 시작했고, 이에 와인의 변질을 막기 위한 방법을 강구하게 되었다. 한편 발효를 일으키는 효모가 활동하지 못하도록 높은 알코올 도수의 와인을 첨가하면 와인이 변질되지 않는다는 것을 알게 되었고, 이를 활용하여 와인을 증류하여 도수를 높인 브랜디를 첨가하여 새로운 스타일의 와인인 주정강화 와인을 만들어 내게 되었다.

주정강화 와인은 알코올 도수를 높이는 브랜디 원액을 어느 시점에 첨가하는지에 따라 다음과 같이 특성이 전혀 다른 와인으로 만들 수 있다.

주정강화 와인의 제조 방법과 특징

■ 발효 중 주정강화(브랜디의 원액 첨가)
- 포르투갈의 포트 와인 제조법이다.
- 효모의 발효를 중지시켜 과즙 본래의 높은 당도를 유지하면서 알코올 도수를 높일 수 있다.
- 식후주-디저트 와인으로 즐긴다.

■ 발효가 완료된 후 주정강화(브랜디의 원액 첨가)
- 스페인의 셰리 제조법이다.
- 드라이한 와인 제조 ⇒ 주정강화 ⇒ 솔레라 시스템 숙성 과정을 따른다.
- 당분 첨가에 따라 드라이 셰리나 스위트 셰리로 제조된다.
- 주로 식전주로 즐긴다.

2) 스페인 셰리 와인

셰리 와인(Sherry Wine)은 스페인의 단일 지역 와인 중 세계적으로 인지도가 가장 높은 와인이다. 주로 드라이한 스타일로 제조되어 대표적인 식전주(Aperitif)로 알려져 있다. 셰리 와인의 핵심 제조 기술은 솔레라(Solera) 방식이라고 할 수 있는데 솔레라는 기존에 제조된 와인과 새로 만든 와인을 혼합하는 과정을 거쳐 지속적으로 와인 제조자가 원하는 와인의 맛과 품질을 유지시킬 수 있는 와인 혼합 및 숙성 시스템이라고 할 수 있다.

셰리 와인은 일반 와인을 제조한 후에 브랜디를 첨가하여 드라이한 스타일로 제조하는 것이 일반적이다. 생산 연도가 다른 와인 숙성통을 피라미드처럼 층층이 포개어 놓고 오래된 와인에 새로 만든 와인을 계속하여 섞어 주는 솔레라

Caron Badkin / Shutterstock.com

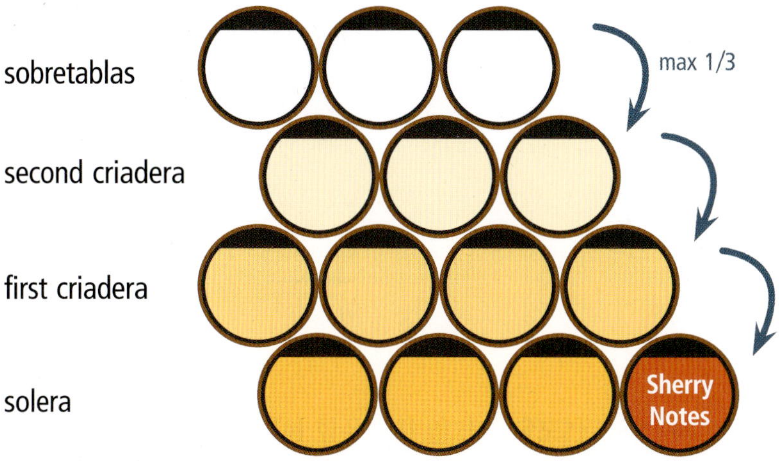

시스템에서 혼합 및 숙성 과정을 거쳐 일정한 맛과 향이 꾸준히 유지되는 셰리 와인을 완성한다.

셰리 와인의 종류는 다음과 같다.

- 피노(Fino): 숙성 기간이 가장 짧은 와인으로 신선한 풍미를 지닌 드라이한 와인이다. 병입 후 신선함을 잃지 않도록 바로 차갑게 보관해 마셔야 한다.
- 만사니야(Manzanilla): 피노와 스타일이 비슷하며 매우 드라이한 와인이다.
- 아몬티야도(Amontillado): 피노나 만사니아에 증류주를 더 첨가하여 알코올 도수를 높임으로써 플로르(flor) 효모를 제거하여 인위적인 산화 과정을 거쳐 만드는 와인이다.
- 올로로소(Oloroso): 발효가 끝난 후 알코올 함량을 매우 높여 표면에 있는

효모까지 바로 제거함으로써 바로 공기에 노출되어, 산화 과정을 통해 강렬한 견과류나 동물성 풍미를 지닌 와인이 된다. (일반적으로 드라이한 스타일이며, '크림' 셰리의 경우 당분을 첨가한 것이다.)

- 페드로 히메네즈(Pedro Ximénez; PX): 햇볕에 말린 페드로 히메네즈 포도로 만든 당도가 매우 높은 스위트 셰리이다. 보통 최고급 스위트 셰리의 당도를 높이기 위한 성분으로 사용된다.

3) 포르투갈 포트 와인

포르투갈의 포트 와인은 와인을 제조하는 중간에 브랜디를 첨가하여 효모가 생장할 수 없는 환경을 만듦으로써 남은 당 성분으로 인해 단맛이 나는 와인으로 제조된다. 포르투갈 북부에 위치한 두오로 계곡에서 생산되는데, 최근에는 세계 각지에서 포트 와인이 많이 생산되므로 이들 제품과 구분하기 위해 Oporto라는 이름을 붙이는 경우가 많다.

포트 와인은 여러 지역에서 재배되는 포도를 혼합하여 만드는데, 이때 브랜드별로 특징을 살려 토양, 기후, 포도 품종 등 여러 가지 조건을 혼합하여 만들기 때문에 가장 교과서적인 와인이라고도 불린다. 포트 와인 또한 셰리 와인처럼 혼합과 숙성 과정에 따라 와인의 특성과 품질이 결정된다.

포트 와인의 종류는 다음과 같다.

- 루비 포트(Ruby Port): 색상이 진하고 과일 풍미가 있으며 단기간(3년 이하) 숙성한 포트 와인이다. 숙성 기간이 최대 5년까지 늘어나면 리저브 루비 포트가 생성된다.
- 레이트 보틀드 빈티지(Late Bottled Vintage; LBV) 포트: 리저브 루비 포트와 비슷하지만 단일 연도에 수확한 포도로만 만든다.
- 빈티지 포트(Vintage Port): 병에서도 숙성할 수 있는 수명이 매우 긴 와인이다. 최고의 포도밭에서 수확한 포도로 만들며, 특별히 좋은 해에만 만든다. 타닌이 많고 과일 풍미가 강하며, 숙성 과정을 거치며 침전물이 많이 생기므로 마시기 전 반드시 디캔팅(Decanting)을 해야 한다.
- 토니 포트(Tawny Port): 포트 중 가벼운 스타일이며, 토피와 캐러멜 풍미를 지닌다. 숙성 기간에 따라 리저브 토니 포트가 제조되며, 최고급 상품은 숙성 기간을 명시한 토니 포트로 10, 20, 30년 혹은 40년으로 표기되어 있다. 이는 와인의 최소 숙성 기간이 아닌 평균 숙성 기간을 말한다.

9. 와인의 서비스 방법

1) 보관 방법

와인은 포도를 발효하여 만든 대표적인 양조주로 병입 후에도 계속해서 발효 및 숙성 과정이 이어질 수 있다. 따라서 종류에 따라 저장 기간을 짧게 하여 과일의 풍미를 신선하게 즐기는 숙성하지 않은 상태의 와인이 있고, 병입 후 오랜 숙성 과정을 거칠수록 맛이 부드러워지고 병에서 숙성한 후에 생기는 특별한 풍미를 지니는 숙성 잠재력이 있는 와인도 있다.

따라서 와인은 다른 알코올 음료보다 더 철저하게 환경 조건을 통제하여 보관하지 않으면 풍미가 변하고 와인에 결함이 생길 수도 있다. 와인은 빛과 열에 취약하므로 와인 생산업체에서는 지하 저장고를 만들고 서늘한 온도와 적절한 습도를 유지하는 환경에서 와인을 보관하고 있다. 이러한 시설이 불가능한 고급 레스토랑이나 호텔에서는 와인 전용 냉장고나 저장실을 이용하여 보관한다. 와인에 대한 대중의 관심이 갈수록 높아지면서 일반 가정에서도 와인 전용 냉장고인 와인셀러 등을 이용하는 일이 많아졌다.

다음은 와인 보관 시 유의해야 할 사항을 정리한 것으로 빛, 온도, 습도, 진동, 마개 유형 등 다양한 조건을 고려하여 보관하도록 한다.

- 빛과 온도: 직사광선을 피하고 약 10~15℃ 정도의 일정한 온도에서 보관하는 것이 좋다. 와인마다 서비스 적정 온도가 다르므로 서비스 전 해당 온도에 맞게 일정 시간 보관하여 제공한다. 햇빛과 인공조명은 와인을 가열하는 효과를 줄 수 있으므로 주의한다.
- 습도: 와인을 장기간 보관해야 할 경우, 습도에 유의해야 한다. 습도가 너무 낮으면 와인의 코르크가 마르고 수축하여 공기가 유입될 수 있으며, 심한 경우 와인이 코르크 밖으로 샐 위험이 있다. 반대로 습도가 너무 높은 경우, 와인의 라벨 등이 손상될 수 있다. 상대 습도 75% 정도가 유지되는 서늘한 공간이 와인 보관에는 이상적이다.
- 진동: 진동은 와인 안에 안정화되어 있는 각 요소의 균형을 깨고 와인의 침전물을 떠오르게 하는 등 와인에 좋지 않은 영향을 줄 수 있다. 따라서 와인을 보관할 때에는 와인이 흔들리지 않도록 진동이 없는 곳에 보관해야 한다.
- 코르크 마개: 코르크 마개로 봉인된 와인은 코르크가 와인에 계속 접촉할 수 있도록 수평으로 눕혀 보관해야 한다. 코르크가 마르면 수축하여 산화 과정이 일어나기 때문이다.

  ☞ 스크루 캡(Screw Cap) 마개로 되어 있는 와인은 수직으로 세워 보관해도 상관없지만 탄산 성분이 함유된 발포성 와인은 수직으로 세워 보관해야 한다.

2) 서비스 적정 온도

와인은 종류에 따라 서비스 적정 온도가 다르며, 해당 와인의 특징을 잘 드러내기 위해서는 서비스 전에 알맞은 온도로 준비하는 과정이 필요하다. 일반적으로 레드 와인은 실온(15~18℃) 상태로 마시는 것이 좋다고 알려져 있다. 그러나 냉난방 시설이 잘 갖춰진 요즘에는 실온 상태가 지나치게 높거나 낮을 수 있으므로 적정 서비스 온도를 잘 숙지하는 것이 중요하다.

화이트 와인은 시원하게 서비스될 수 있도록 준비하고, 발포성 와인은 매우 차가운 상태로 서비스한다. 단시간 안에 화이트 와인이나 발포성 와인을 시원하게 만들기 위해 얼음과 물이 담긴 통을 이용하며, 이때에는 와인의 라벨이 손상되지 않도록 유의해야 한다.

와인 서비스 적정 온도

종류	서비스 온도	온도에 따른 특징
발포성 와인 스위트 와인	아주 차게 (6~8℃)	발포성 와인과 스위트 와인은 가장 차갑게 마시는 와인이다. 샴페인 등의 발포성 와인은 병 자체가 두꺼워서 일반 와인보다 시원해지는 데 더 오랜 시간이 걸린다.
화이트 와인 로제 와인	차게 (6~12℃)	화이트 와인은 숙성 스타일에 따라서도 서비스 적정 온도가 달라질 수 있다. 바디감이 무겁고 오크 숙성된 경우에는 일반의 가벼운 화이트 와인보다 덜 차갑게 즐긴다.
가벼운 바디감의 레드 와인 (보졸레, 발폴리첼라 등)	약간 차게 (13℃)	레드 와인 중에서도 타닌 성분이 적고 바디감이 가벼운 레드 와인은 실온보다 약간 더 차가운 온도로 마시는 것이 신선한 과일향 등을 느낄 수 있어 좋다.
레드 와인	실온 (15~18℃)	무거운 바디감의 레드 와인은 차가운 온도로 마시게 되면 바디감이 가볍고 거친 느낌이 들 수 있다. 반대로 열기에 노출되어 18℃를 넘으면 신선함을 잃고 본래의 맛과 향이 사라지게 된다.

3) 서비스하기 전 준비

와인을 서비스하기 전에 먼저 와인 병을 오픈하고 브리딩과 디캔팅을 하여 와인의 풍미를 살려 주는데, 다음과 같은 순서에 따라 유의하여 실시하도록 한다.

PLUS 와인 병 오픈 방법

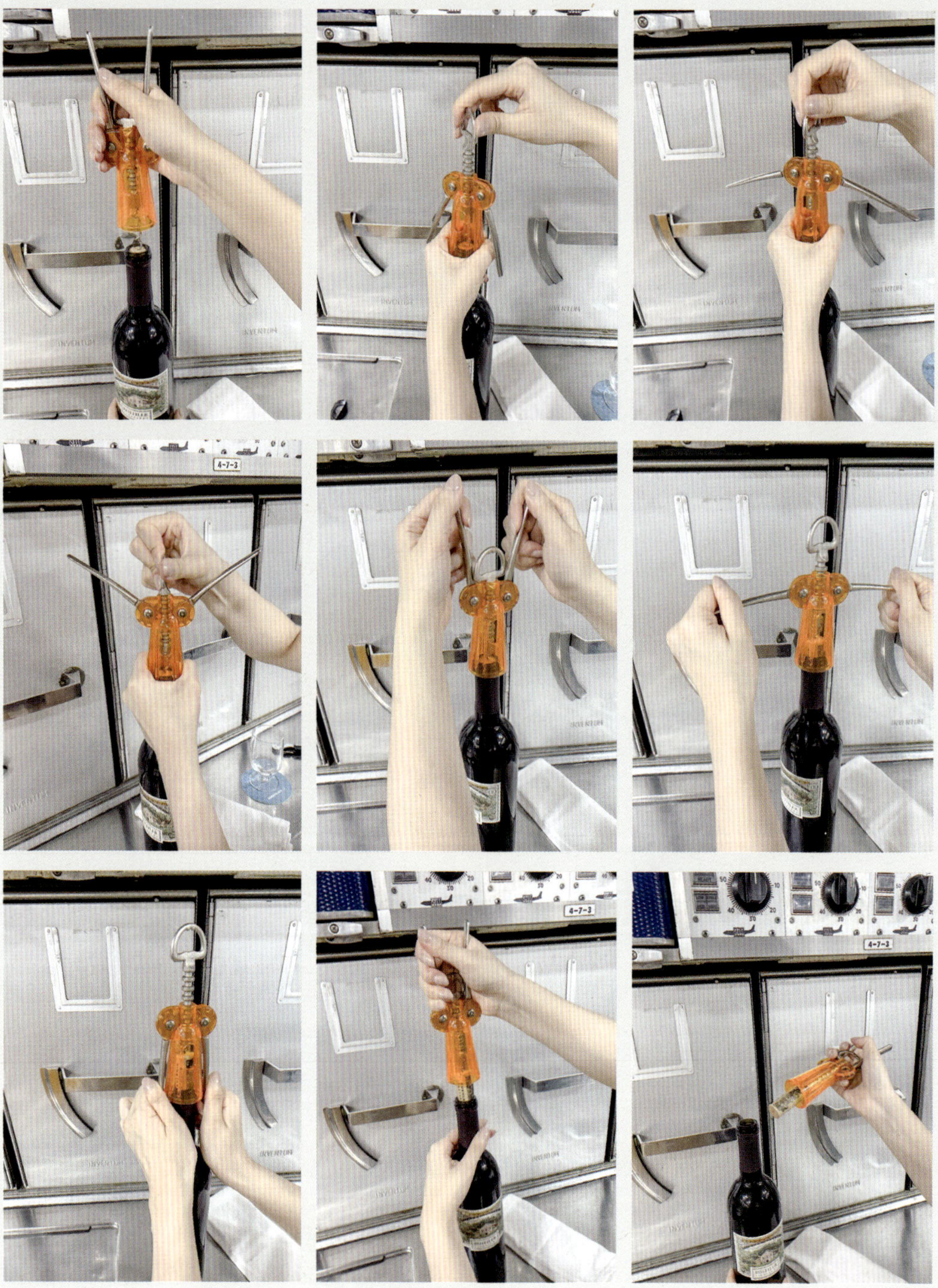

와인 병 오픈(순서대로 실시)

- 주문받은 와인의 캡슐(Capsule) 윗부분을 나이프를 이용하여 제거하고 리넨으로 병 입구를 깨끗하게 닦는다.
- 와인 오프너(Wine Opener)의 스크루 끝을 코르크의 중앙에 잘 맞춰 천천히 돌려 넣는다.
  - ☞ 코르크가 와인 오프너로 부서지거나 코르크 조각이 와인 병 안으로 떨어지지 않도록 주의한다.
- 나사를 천천히 돌려 코르크 마개가 약 1cm 남은 위치까지 도달하면, 양쪽으로 올라온 지지대를 아래로 눌러 코르크 마개를 제거한다.
- 코르크의 향을 맡아 이상 여부를 확인하고 손님이 원하면 코르크를 보여 드린다.
- 서비스 전에 와인 서비스용 리넨을 이용하여 병목 주위를 깨끗하게 닦는다. 와인의 종류에 따라 적절한 방법으로 와인 브리딩과 디캔팅을 실시한다.

와인 브리딩(Wine Breathing)

와인 오프너를 사용하여 와인 마개를 따고 난 후에는 와인이 공기와 접촉할 수 있도록 브리딩을 실시한다. 와인은 제조 과정 중 오랜 숙성 기간을 거치기 때문에 병 속에 가라앉은(잠재된) 여러 맛과 향을 공기와 접촉시켜 되살리는 과정인 브리딩을 거쳐야 한다. 상대적으로 오랜 숙성 기간을 거친 레드 와인은 브리딩 시간이 더 오래 필요하다.

와인별로 서비스 전에 브리딩하는 데 걸리는 시간이 다르므로 이를 잘 숙지하여 실수 없이 서비스할 수 있도록 한다.

- 화이트 와인: 10~30분 전
- 레드 와인: 최소 30분~2시간 전

와인 디캔팅(Wine Decanting)

좋은 품질의 레드 와인은 숙성되는 동안 자연스러운 현상으로 침전물이 형성된다. 이런 경우 와인 디캔터(Wine Decanter)를 이용하여 침전물을 제거하는 디캔팅을 실시한다.

일반적으로 병을 밝은 빛 앞으로 가져가서 디캔터에 와인을 따르다가 침전물이 병목 주변까지 오면 따르는 것을 멈추는 동작을 반복하며 와인 디캔팅을 실시한다. 기내 서비스 시에는 단시간에 디캔팅을 신속하게 수행하고, 와인의 라벨을 보여 주며 서비스할 수 있도록 디캔터에 따른 후 거름망으로 침전물을 걸러낸 후 와인 병에 재병입하여 서비스하고 있다.

4) 서비스하는 방법

와인을 서비스할 때에는 다음 각 사항의 내용과 순서를 잘 숙지하도록 한다.

① 포도 품종과 생산지 등의 기본 정보와 식사 메뉴의 조화를 고려하여 손님이 원하는 와인을 선택하실 수 있도록 적절히 안내한다.

☞ 상위클래스의 경우 준비된 와인 리스트를 활용하여 식전주용 와인과 식중주용 와인을 각각 주문받는다.

② 주문받은 와인은 서비스 전 공기와 접촉시켜 와인의 향미를 좋게 하는 브리딩을 실시한다.

③ 최상위클래스의 경우 침전물이 많은 레드 와인은 와인 디캔터를 사용하여 디캔팅을 진행한다.

④ 손님에게 주문한 와인의 라벨을 보여 드리며, 와인의 명칭과 생산지, 포도 품종 등을 안내한다.

⑤ 시음할 수 있도록 잔에 와인을 1oz 정도 따른다.

☞ 시음하는 동안 승객이 와인 라벨을 계속 보실 수 있도록 라벨을 승객쪽으로 향하게 한다.

⑥ 손님이 와인에 만족을 표하면 잔의 6~7부를 따르고 병목을 살짝 들고 옆으

PLUS 사진으로 정리하는 기내 와인 서비스 방법

일반석 서비스

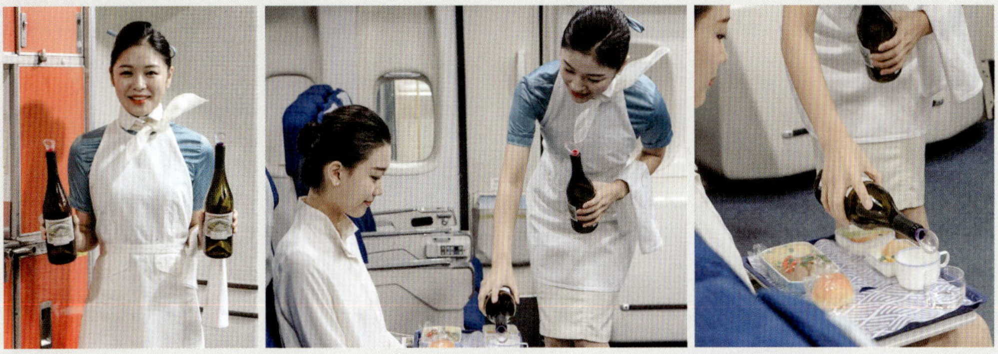

상위클래스 서비스

1. 와인 라벨을 승객에게 보여 드리며, 주문하신 와인이 맞는지 확인한다.
2. 시음하실 수 있도록 잔에 1oz 정도 따른다.
3. 시음하실 때에도 와인 정보를 확인하실 수 있도록 라벨을 계속 보여 드린다.
4. 기내용 상위클래스 와인 잔에 시음을 위해 1oz 따른 모습
5. 기내용 상위클래스 와인 잔에 와인을 정량 서비스한 모습

로 돌려 고여 있는 와인의 방울이 테이블에 떨어지지 않도록 한다.

☞ 와인 서버(Server) 사용 시에는 병목을 들고 옆으로 돌리는 일명 Stop & Twist를 시행하지 않는다.

⑦ 잔의 1/3 정도 남으면 리필(Refill) 서비스를 진행하며 디저트 코스(Dessert Course)까지 리필한다.

5) 와인과 음식의 조화

와인은 위산 분비를 도와 식욕을 촉진하고 주로 육류를 주요리로 하는 서양식 식사에서 기름진 음식의 맛과 와인의 산미가 잘 어우러져 풍부하고 산뜻한 맛을 살려 주는 역할을 한다. 서양식에서는 식사의 순서에 따라 와인을 즐기는 순서가 결정된다.

서양식 코스요리의 경우 양이 적은 전채요리로 시작하여 볼륨이 커지고 맛과 향이 다양한 주요리로 이어진다. 마지막에는 다시 단맛이 나고 소량으로 즐기는 디저트로 순서대로 진행된다. 이에 따라 와인도 식사와 함께 조화를 이루도록 아래와 같은 순서대로 즐기는 경우가 많다.

- 화이트 와인 → 레드 와인
- 드라이 와인 → 스위트 와인
- 가벼운 바디감 → 무거운 바디감
- 숙성이 덜 된 어린 와인 → 숙성된 와인

와인은 식전 음료 서비스인 Aperitif 코스부터 디저트 코스까지 빠지지 않고 계속 이어진다. 다만 비니거(Vinegar)를 사용한 드레싱을 곁들인 샐러드 코스에서만 와인을 권하지 않는데, 신맛이 극대화될 수 있기 때문이다. 식전주로는 드라이한 셰리 와인이나 샴페인 등이 잘 어울리며, 식중주로는 일반 테이블 와인 중에서 주요리와 어울리는 와인을 선택하면 된다. 디저트 코스에서는 당도가 높은 디저트 와인이나 아이스 와인 등이 잘 어우러진다.

일반적으로 고급 레스토랑이나 호텔 식음료 서비스 등에서는 손님에게 서비스하고 있는 메뉴와 가장 잘 어울리는 와인을 추천한다. 따라서 항공 여행을 하는 승객이 기내 식사 서비스 시 승무원이 식사 메뉴와 잘 어울리는 와인을 추천해 줄 것이라고 기대하는 것은 당연하다.

평상시 서비스되는 와인에 대해 설명되어 있는 와인 리스트의 내용을 잘 숙지하고 일반적으로 와인과 잘 어울리는 음식에 관심을 두고 이를 잘 기억해 두면 더 자신감 있게 와인을 추천할 수 있을 것이다.

와인과 음식의 조화(Pairing)

일반적인 와인과 음식의 조화

- 붉은빛이 도는 육류나 붉은색의 소스를 사용한 요리 → 레드 와인
- 해산물 또는 흰빛이 도는 육류(송아지고기, 닭고기 등) 요리 → 화이트 와인
- 디저트 등 단맛이 나는 음식 → 스위트 와인
- 전채요리 등 단맛이 없는 음식 → 드라이 와인
- 특정 지방의 요리에는 그곳에서 생산된 와인이 잘 어울린다.
  - ☞ 프랑스 요리 → 프랑스 와인
  - ☞ 이탈리아 요리 → 이탈리아 와인

와인과 잘 어울리지 않는 음식

- 감칠맛이 있는 음식: 와인의 타닌 성분을 강조하여 떫은맛과 쓴맛이 강해질 수 있다.
- 신맛이 강한 음식: 일반적으로 음식보다 산도가 더 높은 와인에만 어울리며, 그렇지 않으면 와인의 맛을 약화한다. (예: 레몬, 자몽, 오렌지 등 산이 있는 과일류)
- 달걀이 많이 들어간 음식: 노른자의 성분이 와인의 향을 느끼기 어렵게 한다.
- 국물 음식: 액체 성분으로 된 국물 음식은 또 다른 액체인 와인과 함께 하면 접점을 찾기 어려워 잘 어울리지 않는다.
- 매우 뜨거운 음식: 와인의 균형감을 무너뜨릴 수 있다.

10. 와인 시음 실습

지금까지 살펴본 와인의 여러 가지 이론적 지식을 바탕으로 기내에서 서비스하는 다양한 와인의 시음을 직접 실습해 보도록 하겠다. 이 시간을 통해 와인의 구성요소와 포도 품종, 생산지에 따른 특징까지 정리해 볼 수 있다.

이번 와인 시음 실습은 앞서 배운 이론적 지식을 활용하여 다양한 와인을 적절한 시음 방법에 따라 직접 체험해 보고 그 소감을 기록해 봄으로써 실제로 기내에서 전문적으로 와인의 특징을 소개하고 바르게 서비스할 수 있도록 하는 것을 목적으로 한다.

와인 시음 실습

TRAINING

실습 목적

와인 시음 방법에 대해 알아보고 실제로 와인을 시음해 보면서 와인의 구성요소와 포도 품종의 특징 등 이론적 지식을 적용할 수 있다.

실습 재료

테이블 와인 2종(Red & White Wine), 샴페인 1종, 주정강화 와인 2종(셰리 & 포트 와인), 생수, 와인 잔, 물잔, 와인 오프너, 리넨 등

실습 방법

① 5~6명씩 한 그룹을 이루도록 하고 그룹별로 각각의 와인이 담긴 잔과 생수 컵과 색깔 확인용 흰색 종이를 준비한다.

② 흰색 종이에 다섯 종류의 와인을 구분하여 올려놓고 교재의 워크시트를 준비한다.

③ 그룹별로 다섯 종류 와인의 명칭을 공개하지 않고 맛과 향 등을 직접 체험해 보고 앞서 배운 이론적 지식을 바탕으로 와인의 이름과 특징을 준비된 워크시트에 적는다.

④ 블라인드 테이스팅(Blind Tasting)으로 진행하고 알코올 음료 시음이 불가한 경우 색깔과 향으로 실습하도록 한다.

⑤ 아래 정리된 와인 시음 방법을 직접 실습해 보며 와인을 즐기는 방법과도 연관 지어 정리해 본다.

시음 노트 참고사항

1. Appearance(외관)
   - 강도: 연한/중간/진한
   - 색상: 자주–루비–가넷(레드 와인 계열)/초록–레몬–금색–호박색(화이트 와인 계열)

2. Nose(후각)
   - 상태: 깨끗한/변질된
   - 강도: 가벼운/중간/강렬한
   - 향 특성: 꽃향/과일향(초록과일, 감귤류, 핵과류, 열대과일, 붉은 과일, 검은 과일, 말린 과일 등), 허브향, 향신료, 효모 관련 향(빵, 토스트 등), 오크향(바닐라, 향나무, 정향, 초콜릿 커피 등)

3. Palate(미각)
   - 당도: 드라이 – 미디엄 드라이 – 스위트
   - 산도, 타닌, 알코올: 낮은–중간–높은
   - 바디: 가벼운 – 중간 – 무거운
   - 여운: 짧은 – 중간–긴

4. Conclusion(결론)

본인이 직접 체험한 와인의 특징을 전체적으로 정리해 본다.

와인 시음 실습 Worksheet

⭘ 실습 목표: 와인 시음 실습을 통해 와인의 기본적인 특징을 파악할 수 있다.

날짜	년 월 일	실습 과목명	
반/학번/이름	/ /	담당 교수	

와인 시음의 의미와 과정

와인 시음(Wine Tasting)의 의미

와인은 종류와 숙성 기간에 따라 특징적인 맛과 향을 지니기 때문에 와인을 마시기 전 와인의 색과 향, 맛을 시음하는 절차를 거쳐 원하는 와인을 선택하게 되는데, 이를 와인 시음이라고 한다.

1단계: 색과 선명도(Appearance)

와인의 색을 확인하기 위해서는 깨끗하고 투명한 와인 잔을 사용해야 하며, 와인 잔을 45도 정도 기울여 색을 확인한다.

2단계: 향기(Aroma)

와인의 향을 확인하기 위해 처음에는 전체적인 향을 가볍게 맡아 와인 향의 강도를 살펴본다.

그 후 와인 잔을 흔들어 가능하면 여러 향이 잘 발산되도록 한 후 포도 자체에서 나오는 고유의 향인 아로마 향과 오랜 숙성 기간 동안 생성된 부케(Bouquet) 향을 확인한다.

3단계: 풍미(Taste)

마지막으로 와인의 맛을 미각과 후각을 모두 활용하여 평가한다. 와인의 맛을 가장 분명하게 느끼기 위해서는 소량의 와인을 한 모금 마신 다음 입술을 통해 공기가 입안에 주입되도록 한다. 이 방법은 와인이 입안 전체에 닿게 하며, 향을 코 뒷부분까지 전달하여 정확한 풍미를 확인할 수 있게 한다.

<table>
<tr><th colspan="5">와인 시음 노트 작성</th></tr>
<tr><th>와인 종류</th><th>Appearance
(색상 등 외관)</th><th>Nose
(후각)</th><th>Palate
(미각)</th><th>Conclusion
(결론)</th></tr>
<tr><td>1.</td><td>강도

색상</td><td>상태/강도

향 특성</td><td>당도
산도
타닌
알코올
바디
여운</td><td>특징

평가 ☆☆☆☆☆</td></tr>
<tr><td>2.</td><td>강도

색상</td><td>상태/강도

향 특성</td><td>당도
산도
타닌
알코올
바디
여운</td><td>특징

평가 ☆☆☆☆☆</td></tr>
<tr><td>3.</td><td>강도

색상</td><td>상태/강도

향 특성</td><td>당도
산도
타닌
알코올
바디
여운</td><td>특징

평가 ☆☆☆☆☆</td></tr>
<tr><td>4.</td><td>강도

색상</td><td>상태/강도

향 특성</td><td>당도
산도
타닌
알코올
바디
여운</td><td>특징

평가 ☆☆☆☆☆</td></tr>
<tr><td>5.</td><td>강도

색상</td><td>상태/강도

향 특성</td><td>당도
산도
타닌
알코올
바디
여운</td><td>특징

평가 ☆☆☆☆☆</td></tr>
</table>

학습 정리 & Quiz

◉ 수업 목표: 와인에 대해 이론적 지식과 서비스 방법을 알 수 있다.

날짜	년 월 일	과목명	
반/학번/이름	/ /	담당 교수	

1. 와인의 분류 방법을 정리해 보세요.

제조 방법	색깔	당도	식사 순서
스틸 와인 (Still Wine)	•	•	식전주 (Aperitif Wine)
발포성 와인 (Sparkling Wine)	•	•	테이블 와인 (Table Wine)
주정강화 와인 (Fortified Wine)	•	•	디저트 와인 (Dessert Wine)

2. 각 와인 품종에 알맞은 특징을 연결해 보세요.

① 카베르네 소비뇽
② 메를로
③ 피노 누아
④ 가메
⑤ 시라

Ⓐ 프랑스 보졸레 지역에서 11월 셋째 주 목요일에 출시되는 와인이다.
Ⓑ 타닌과 산도 모두 높아 숙성에 적합한 품종이다.
Ⓒ 재배하기 까다로우며 주로 단일 품종으로 와인을 생산한다.
Ⓓ 카베르네 소비뇽과 블렌딩하여 부드러움과 바디감을 부여한다.
Ⓔ 프랑스 론 지방과 호주에서 주로 재배하며 호주에서는 다른 이름으로 불린다.

3. 레드 와인의 제조 방법을 참고하여 화이트 와인의 빈칸을 채워 보세요.

레드 와인 제조 방법	화이트 와인 제조 방법
① 포도 수확	① 포도 수확
② 제경 및 분쇄	②
③ 발효	③
④ 압착	④
⑤ 여과	⑤
⑥ 숙성	⑥
⑦ 병입	⑦ 병입

4. 와인 보관 시 유의사항을 정리해 보세요.

① 빛과 열	
② 습도	
③ 진동	

Beverage Story

가장 신선한 와인, 보졸레 누보

늘 새로운 와인
보졸레 누보

매년 11월 셋째 주 목요일에 세계 각지에서 출시되는 와인이 있다. 기내에서도 그 시점을 기해 일정 기간에만 만날 수 있는 특별한 와인, 바로 보졸레 누보(Beaujolais Nouveau)다.

프랑스 보졸레 지역에서는 매년 9월에 수확한 가메(Gamay)라는 포도 품종을 사용하여 그해 11월 셋째 주 목요일에 신선한 와인을 출시하고 있다. 양조 과정에서 포도를 으깨지 않고 포도송이 자체를 그대로 발효 통에 넣어 포도들이 서로 압력을 가하며 자연스럽게 즙이 흘러나오게 되고, 그 포도즙이 아래로 모여 탄산가스가 발생하며 효소에 의한 발효가 이루어지는데, 이를 '탄산 침용' 방식이라고 한다.

탄산 침용 방식으로 만들어진 보졸레 누보는 일반적인 레드 와인과 달리 타닌 성분은 적지만 포도 자체의 붉은 색상과 신선한 과일향이 강하며 숙성 잠재력이 없는 어린 와인으로 만들어진다. 가벼운 레드 와인으로 약간 찬 온도로 마시는 것이 좋으며, 신선한 매력이 가장 큰 특징이기 때문에 출시 후 다음해 4월까지만 마실 수 있는 와인이기도 하다.

와인 애호가들 중에는 이 와인을 숙성 과정을 거치지 않은 '미완성 와인'으로 여기며 가볍게 생각하는 사람도 있지만, 그해 수확한 포도로 만든 햇와인이라는 특별한 매력과 신선한 과일향으로 11월 출시일을 기다리는 사람도 많다. 올해의 빈티지가 찍힌 싱싱한 과일 아로마가 풍성한 와인을 만나 보고 싶다면 올해 11월 셋째 주 목요일의 보졸레 누보를 기다려 보자.

02 샴페인

1. 발포성 와인의 일반적인 특징

발포성 와인(Sparkling Wine)은 1차로 포도를 발효시켜 와인을 만든 다음 당분과 효모를 첨가한 후 2차 발효 과정을 추가하여 그때 발생한 탄산가스를 용해하여 제조한 와인을 말한다. 2차 발효 과정과 그로 인해 생긴 효모 앙금 배출 작업이 어떤 방식으로 이루어지느냐에 따라 와인의 특성이 달라진다. 프랑스의 샹파뉴 지방에서 전통 방식으로 병 안에서 2차 발효를 하여 만드는 최고급 발포성 와인을 '샴페인'이라고 부른다.

따라서 일반적으로 프랑스 샹파뉴 지방의 발포성 와인이 아니라면 '샴페인'이라는 명칭을 사용할 수 없으며, 프랑스 샹파뉴 지방에서도 전통적인 병 발효 방식으로 만들지 않았다면 '샴페인'이라는 명칭을 사용할 수 없다.

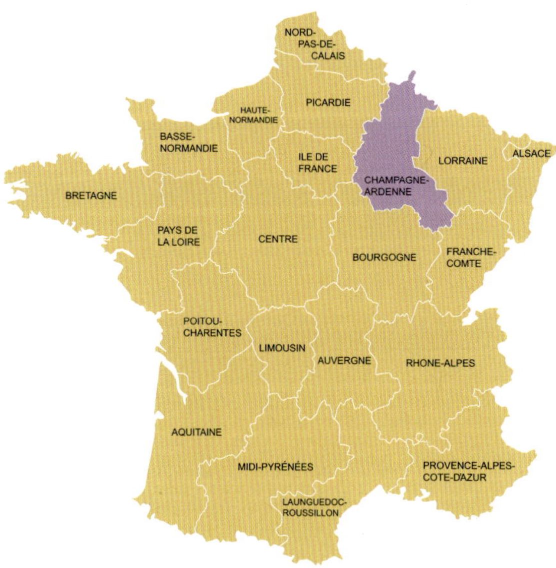

프랑스 샹파뉴 지역

우리가 흔히 '샴페인'이라고 부르는 알코올 음료는 '발포성 와인 또는 스파클링 와인'이라고 부르는 것이 정확하며, 항공사에서는 최고급 알코올 음료 서비스를 지향하므로 발포성 와인 서비스 중에서도 샴페인을 서비스하고 있다. 따라서 이 책에서는 발포성 와인 중에서도 샴페인을 중점적으로 하여 그 특징에 대해 알아보도록 하겠다.

2. 샴페인의 기원과 제조 방법

1) 샴페인의 기원

프랑스 샹파뉴(Champagne) 지방은 때때로 겨울에 기온이 큰 폭으로 떨어지곤 했다. 그런 맹추위 속에서는 포도주의 효모가 활동을 하지 못하다가 날씨가 풀리는 봄이 되면 포도주병 안에서 효모가 다시 발효를 시작하며 탄산가스가 발생하게 되는데, 그 압력을 이기지 못하고 병이 폭발하는 일이 속출했다.

당시 프랑스의 수도사였던 Dom. Perignon이 우연히 깨진 포도주병으로 흘러나온 액체를 맛보고 "형제님, 저는 지금 은하수를 맛보고 있어요."라고 말할 정도로 맛이 좋음을 알게 되었다. 그 후 탄산가스의 압력을 이겨 낼 수 있도록 병과 코르크 마개 등을 개발하여 상품화한 것이 오늘날의 샴페인이 되었다고 한다.

art4stock / Shutterstock.com

Statue of Dom Perignon at Champagne house Moët & Chandon in Epernay, France.

2) 샴페인의 제조 과정

포도 수확

9월 말이나 10월 초에 포도를 수확한다. 샴페인의 원료로 쓰이는 포도 품종은 샤르도네, 피노 누아, 피노 뫼니에 등이다.

포도 품종에 따른 샴페인 종류

- 블랑 드 블랑(Blanc De Blanc): 화이트 와인 품종인 샤르도네(Chardonnay) 품종으로 만든 샴페인이다.
- 블랑 드 누아(Blanc De Noirs): 레드 와인 품종인 피노 누아(Pinot Noir) 품종으로 만든 샴페인이다.

1차 발효

적포도 품종을 사용하는 경우 가능한 한 껍질에서 색소가 우러나오지 않도록 과즙을 짜내 발효시키는 과정을 신속하게 진행한다.

혼합

브랜드마다 고유의 샴페인 맛을 내기 위해 다른 와인과 혼합하는(Blending) 과정을 거친다.

1차 병입

1차 발효된 액을 각각의 병에 담고 가스 발생을 유도하기 위해 소량의 당과 효모를 투입하여 뚜껑을 막는다.

2차 발효

샴페인의 생명인 탄산가스를 생성하기 위해 병입한 채로 시원한 곳에서 (15℃ 이하) 2차 발효시킨다.

☞ 병 속에서 발생하는 탄산가스의 기압이 6기압이므로 병의 내구성과 코르크 마개 등을 이에 맞게 제조한다.

숙성

2차 발효가 끝나면 최소 1년 이상 숙성 기간이 필요하다.

병 돌리기(Ridding)와 앙금 빼기

찌꺼기를 제거하기 위해 거꾸로 병을 세워 6개월 이상 숙성시키면 침전물이 병 입구에 모이게 되는데, 이때 병 입구를 급속 냉동시켜 가스의 유출을 줄여 침전물을 제거한다.

☞ 이후 침전물이 배출되고 공간이 생긴 부분을 와인과 설탕의 혼합물로 다시 채우는데, 이때 더해진 당분의 양이 완성된 샴페인의 최종 당도를 결정한다.

전통 방식의 효모 침전물을 병목으로 옮기는 수작업 방식

Daan Kloeg / Shutterstock.com

효모 침전물을 기계(기로팔렛; Gyropalettes)를 사용하여 병목으로 옮기는 방식

밀봉

특수한 형태로 만들어진 코르크 마개로 병을 막고 철사로 고정한다.

3) 발포성 와인의 제조 방식과 특징

샴페인처럼 병에서 2차 발효가 일어나게 한 후 효모를 제거하고 다시 와인과 설탕의 혼합물을 채워 넣는 등 모든 과정을 병에서 진행하는 방식을 '전통 방식'이라고 하며, 사람의 수작업이 더 필요한 방식을 사용한 경우 대부분 라벨(Label)에 표기한다. 프랑스의 샴페인과 샹파뉴 지방 이외에서 만들어지는 크레망(Crémant), 스페인의 카바(Cava) 등이 모두 이러한 전통 방식으로 생산된다.

360b / Shutterstock.com

전통 방식을 의미하는 스페인어가 적힌 스페인의 발포성 와인 카바의 라벨

병에서 2차 발효는 했으나 효모 찌꺼기를 제거할 때 압력이 가해진 탱크에 부어 걸러 내고 당분과 와

인을 첨가한 후 다시 병에 넣기도 하는데, 병 발효 방식 중에서도 이런 방식은 '전통 방식'과 차별화하기 위해 '이전 방식'이라고 부른다. 호주, 남아프리카공화국, 캘리포니아 등에서는 제조 시 '전통 방식'과 '이전 방식'을 모두 사용한다.

마지막으로 아예 2차 발효를 탱크에서 하여 발포성 와인을 제조하는 경우도 있으며 이를 '탱크 방식'이라고 하는데, 이 방식은 이탈리아의 프로세코(Prosecco)와 독일의 젝트(Sekt) 같은 신선하고 과일 풍미가 강한 발포성 와인 생산에 적합한 방법이다.

발포성 와인의 제조 방식

- 전통 방식: 모든 과정이 병 안에서 이루어지며, 라벨에 '전통 방식'으로 제조되었음을 표기한다.
- 이전 방식: 효모 앙금을 압력이 가해진 탱크에서 배출하고 다시 병입하는 식으로 이루어지며, 라벨에 '병 발효 방식'으로 표기한다.
- 탱크 방식: 2차 발효가 탱크에서 이루어진다.

3. 샴페인의 특징과 분류

1) 샴페인 병의 특징

발포성 와인의 경우, 병 속의 탄산가스 압력을 분산시키고 이겨 낼 수 있도록 와인 병을 특별하게 제작하여 병은 다음과 같은 특징을 지닌다.

- 와인 병 자체의 두께를 두껍게 제작하여 내구성을 높인다.
  ☞ 시원하게 준비하는 데 일반 와인보다 더 오랜 시간이 소요된다.
- 와인 병 하단에 압력을 분산시킬 수 있도록 펀트(Punt)를 만든다.
- 코르크 마개는 일반 와인 코르크 마개와 다르게 병 입구에 밀착될 수 있도록 두께를 조절하여 특별 제작한다.
- 코르크 마개를 철사(Muselet)로 한 번 더 고정한 후 밀봉한다.

Ekaterina_Minaeva / Shutterstock.com

샴페인 철사 마개(뮈슬레)와 코르크

맨 우측만 일반 와인 코르크이며, 나머지는 샴페인 코르크로 모양이 확연히 다름을 알 수 있음

○ 펀트(Punt)

샴페인은 내부기압이 6기압이나 되므로 압력을 분산시키기 위해 병 바닥에 펀트를 만든다. 샴페인 병의 바닥을 만져 보았을 때 안으로 들어간 부분을 펀트라고 하며, 펀트는 병이 샴페인의 압력을 잘 견디게 해 준다.

샴페인 병은 일반 와인 병보다 더 두꺼우므로 마시기 전에 얼음과 물을 채운 아이스 버킷(Ice Bucket)을 이용하여 차가운 상태로 준비해야 한다.

2) 샴페인의 당도에 따른 분류

샴페인은 일반적으로 당도에 따라 분류할 수 있다. 샴페인의 당도는 2차 발효와 숙성의 결과물인 효모 찌꺼기를 배출한 후, 빈 곳에 와인과 당분을 보충하는 과정에서 첨가하는 당의 양에 따라 결정된다.

이때 첨가하는 당분을 도사주(Dosage)라 한다. 당분을 적게 첨가할수록 샴페인 본연의 맛을 느낄 수 있다고 여겨지기 때문에 보통 고급 샴페인은 당도가 낮은 드라이한 스타일로 제조된다. 일반 와인보다 당도의 종류가 더 다양하므로 샴페인을 고를 때에는 당도를 잘 고려하여 선택해야 한다.

당도에 따른 샴페인 분류

용어	당분의 양
브뤼 나뛰르, 브륏 나튜어 (Brut Nature)	• 잔류 당분이 0~3g/L로 '가당을 하지 않았다'는 뜻이다. • 샴페인 본연의 맛을 가감 없이 순수하게 즐길 수 있어 최고급 샴페인으로 여겨진다.
엑스트라 브뤼 (Extra Brut)	• 잔류 당분이 0~6g/L로 '단맛이 없음'이란 뜻이다. • 첨가된 당분의 함량이 적어 샴페인 본연의 맛을 즐길 수 있는 드라이한 샴페인이다.
브뤼 (Brut)	• 잔류 당분이 0~12g/L로 '미세한 단맛'을 띠거나 단맛이 거의 없다. • '브뤼'부터는 단맛이 거의 없는 드라이한 샴페인이라고 생각할 수 있다.
엑스트라 섹 (Extra Sec)	• 잔류 당분이 12~17g/L로 '약간의 단맛'이 있다. • 매우 드라이하다.
섹(Sec)	• 잔류 당분이 17~32g/L로 '적당한 단맛'이다. • 드라이한 편이다.
드미 섹 (Demi Sec)	• 잔류 당분이 32~50g/L로 '확실한 단맛'을 느낄 수 있어 디저트나 축배용 샴페인으로 적합하다. • 미디엄 드라이 샴페인이다.
두(Doux)	• 잔류 당분이 50g/L 이상으로 '단맛이 강한' 디저트용 샴페인이다.

360b / Shutterstock.com

당도 브뤼 등급의 샴페인

popovaphoto/iStock.com

당도 두 등급의 샴페인

4. 샴페인의 서비스 방법

1) 일반적인 서비스 전 준비

샴페인은 6~10℃로 아주 차갑게 즐기는 알코올 음료이다. 병이 매우 두꺼우므로 마시기 20~30분 전부터 물과 얼음이 든 Bucket에 넣어 두고 지속해서 시원한 온도로 유지하여 서비스해야 한다. 또한 마개를 개봉한 후부터는 탄산 성분을 보호하기 위해 샴페인 전용 Stopper를 사용하여 병 입구를 막아 두는 것이 좋다.

2) 기내 서비스 전 준비

주로 샴페인은 지상에서 승객 탑승 시점에 탑승을 환영하는 마음을 표현하며 서비스되고, 병이 두꺼워 시원해지는 속도가 더디므로 항공기에 탑승하자마자 가장 먼저 시원하게 보관해야 하는 음료 중 하나이다. 샴페인을 Ice Bucket에 넣고 물과 얼음으로 채워 주면 차갑게 온도를 낮출 수 있다.

얼음이 물에 의해 녹으면서 온도가 낮아지므로 얼음뿐 아니라 적정량의 물도 넣어 주는 것을 잊지 말아야 한다. 보통 샴페인 병의 라벨은 물과 얼음에도 내구성이 강한 재질로 만들어져 병 그대로 Ice Bucket에 넣고 차갑게 준비할 수 있으나, 라벨이 손상되는 것이 걱정된다면 비닐 랩 등을 이용하여 라벨을 감쌀 수도 있다.

3) 샴페인 병 오픈 요령

영화나 드라마에서 이벤트 효과를 극대화하기 위해 샴페인을 흔든 후 탄산가스를 분출시키듯이 오픈하는 방법은 기내 서비스를 위한 샴페인 오픈 방법으로는 적합하지 않다. 특히 기내에서는 안전사고로 이어지지 않도록 마개가 사람 쪽으로 향하지 않게 유의하며 갤리 주변의 승객이 놀라는 일이 없도록 최대한 소음 발생을 줄여서 오픈해야 한다.

- 적정 온도로 차갑게 하면 와인 병 속의 압력이 줄어들므로 차갑게 준비한다.
- 병목의 호일 부분을 벗긴 후 철사 망을 느슨하게 풀어 준다.
  ☞ 철사 망을 푸는 순간부터는 코르크가 튀어 나갈 위험이 있으므로 반드시 코르크를 꽉 쥐고 있어야 한다.
- 샴페인 병을 약 30도 정도로 기울여 한 손으로는 코르크를 계속 감싸서 누르고 다른 손으로는 병의 아랫부분을 잡는다.
- 코르크 쪽이 아닌 병의 아랫부분을 돌려 준다.
- 코르크를 계속 잡아 주며 천천히 병에서 빼내도록 한다.
- 코르크의 방향은 사람이 없는 벽 쪽을 계속 향하도록 한다.
- 코르크가 공중으로 날아가는 것을 방지하고 최대한 작은 소리와 함께 병 속의 가스가 빠져나오도록 하며 오픈한다.

4) 서비스하는 방법

샴페인을 비롯한 발포성 와인은 길이가 길고 입구가 좁은 플루트(Flute)형 전용 잔을 이용한다. 샴페인 플루트라고 부르는 이 잔은 기포가 잔 위에서 터지기 전에 더 많은 부분을 통과하게 하여 풍미를 높여 주고 기포를 천천히 즐길 수 있게 해 주어 발포성 와인 서비스에 적합하다.

와인과 마찬가지로 샴페인도 잔에 따라 서비스하지 않고 잔을 먼저 서비스한 후 샴페인 병과 리넨을 준비하여 준비된 잔에 천천히 따라 서비스한다. 특히 거품이 올라올 수 있으므로 샴페인은 여러 번에 걸쳐 조심스럽게 따르는 것이 좋다.

여러 종류의 샴페인을 서비스하는 경우에는 시음(테이스팅; Tasting)을 권하기도 하나 기내에서는 보통 최고급으로 준비한 한 종류의 샴페인을 서비스하므로 시음은 권하지 않고 라벨을 보여 드린 후 바로 따라서 서비스하는 것이 일반적이다. 또한 와인과 달리 따른 후 멈추고 병 입구를 살짝 올려서 돌려 주며 병 목의 와인 방울이 흐르지 않게 하는 일명 'Stop & Twist'를 하지 않아도 되므로 다 따른 후 마지막으로 병의 라벨을 한 번 더 보여 드리고 서비스를 마친다.

PLUS 사진으로 정리하는 기내 샴페인 서비스 방법

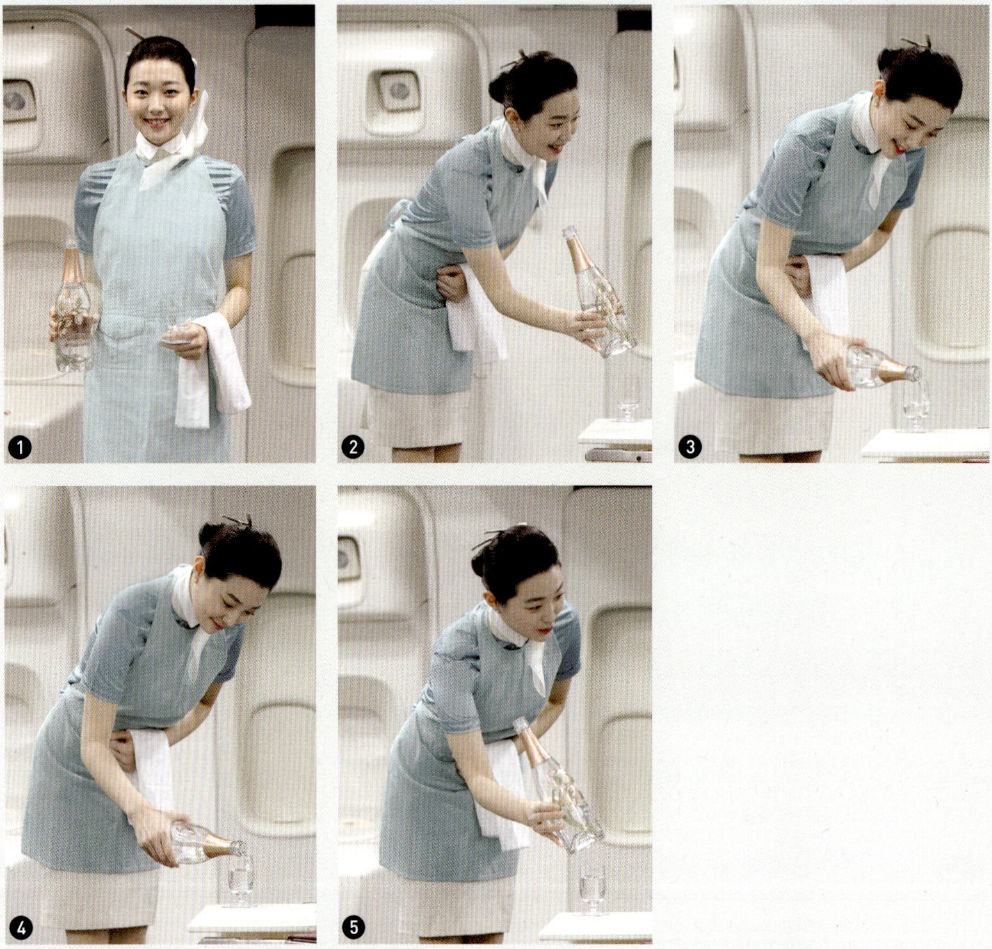

1. 한 손에는 샴페인 병을 라벨을 가리지 않게 들고 다른 한 손에 리넨과 코스터(Coaster), 샴페인 잔(Champagne Flute)을 준비한다.
2. 코스터와 잔을 먼저 서비스한 후 주문한 샴페인 병의 라벨을 보여 드리며 샴페인을 소개한다.

3~4. 기포가 올라오지 않도록 샴페인을 약 2~3회에 걸쳐 조심스럽게 잔에 따른다.

5. 마지막으로 샴페인 라벨을 한 번 더 승객에게 보여 드린다.
6. 잔의 1/3 정도 남은 경우 리필 서비스를 한다.
7. 잔에 남아 있는 샴페인이 오래되어 차갑지 않은 경우 잔을 회수하고 새 잔에 서비스할 수도 있다.

5) 보관 방법

샴페인도 일반 와인과 마찬가지로 서늘하고 빛이 없는 곳에서 흔들림이 없이 보관해야 한다. 그러나 수평으로 눕혀 코르크 마개와 액체를 닿게 하여 보관해야 하는 와인과 달리, 샴페인은 병목 부분의 이산화탄소가 코르크를 마르지 않게 해 주고 오히려 샴페인이 코르크와 닿게 되면 샴페인의 탄력성을 잃게 될 수 있어 수직 방향으로 세워서 보관해야 한다. 또한 마개를 개봉한 후에는 내부의 탄산을 유지하기 위해 샴페인 전용 Stopper를 사용하여 막아 두어야 한다.

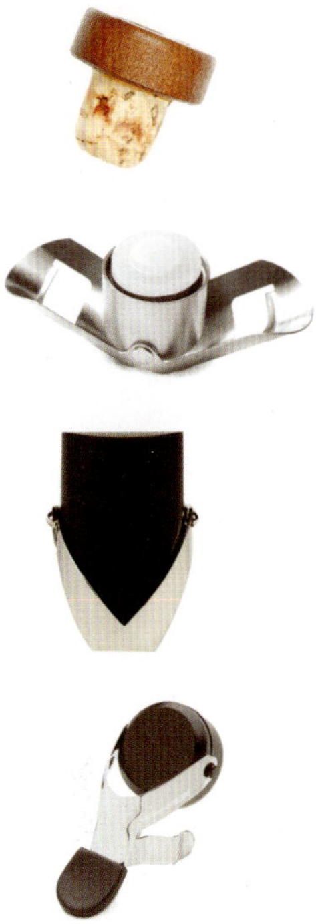

Stopper 사진

5. 발포성 와인의 종류

1) 국가별 발포성 와인의 종류

프랑스, 스페인, 이탈리아, 독일에서 생산되는 발포성 와인의 종류와 특징을 표로 정리하면 다음과 같다.

국가별 발포성 와인의 종류

국가명	와인명	와인의 특징
프랑스	샴페인 (Champagne)	• 프랑스 샹파뉴 지방에서 생산되는 전 세계에서 가장 유명한 전통 방식 발포성 와인이다. • 좋은 품질의 샴페인은 대체로 드라이하고, 산도가 높으며 과일의 향과 함께 빵, 토스트 등의 효모에 의한 복합적인 풍미도 나타난다.
	크레망 (Crémant)	• 프랑스 북동부의 특정 지명을 딴 와인이다. • 전통 방식으로 생산되는 발포성 와인을 말한다.
스페인	카바 (Cava)	• 스페인 지역 토착 품종을 원료로 하여 전통 방식으로 제조하는 발포성 와인을 일컫는 스페인어이다. • 스페인의 카탈루냐 지역에서 생산된다.
이탈리아	프로세코 (Prosecco)	• 주로 탱크 방식으로 생산된다. • 글레라(Glera)라는 토착 품종을 사용하여 과일향이 풍부하고 알코올 도수(11.5~12%)가 낮은 특징을 보인다.
	아스티 (Asti DOCG)	• 이탈리아 북서부의 피에몬테에서 생산된다. • 과일 풍미가 진하면서 가벼운 바디감의 스위트 발포성 화이트 와인이다.
독일	젝트 (Sekt)	• 발포성 와인을 뜻하는 독일어이다. • 탱크 방식으로 생산되며 가벼운 바디감에 대체로 꽃과 과일 풍미가 난다.

2) 샴페인의 일반적인 분류*

① Non Vintage/Multiple Vintage: 두 해 이상의 빈티지를 블렌딩하여 만들므로 빈티지는 거의 표기하지 않는다.

② Vintage: 한 해의 빈티지로만 제작하며, 해당 빈티지의 수확물 100%를 원료로 사용해야 한다.

③ Prestige Cuvee: 최상급 샴페인을 뜻하며 아래의 요건을 갖춰야 한다.

- 최상급 마을의 최상급 포도로 만들어야 한다.
- 포도의 첫 압착 즙으로 만들어야 한다.
- 논 빈티지 샴페인보다 오랜 기간 병 숙성 과정을 거쳐야 한다.
- 빈티지 해에만 만들어야 한다.
- 소량만 생산해야 한다.

3) 항공사별 일등석 샴페인의 종류

사실 이 순간에도 최상급 포도밭에서 재배한 포도를 원료로 하여 각 브랜드마다 노하우를 집대성한 최고급 샴페인이 만들어지고 있다. 특히 샴페인은 일반 와인보다 브랜드의 맛과 향 등 고유의 품질을 이어 나가기 위한 블렌딩 과정이 더 중요하다.

이번에는 품격 높은 기내 서비스를 위해 최고급 샴페인 리스트를 선정하여 서비스하고 있는 각 항공사의 일등석 샴페인 종류를 알아보자.

* 『와인 바이블』(케빈 즈랠리 저, 한스미디어)을 참고하여 재구성함.

항공사별 일등석 샴페인 종류(노선 및 항공사의 정책에 따라 와인 리스트는 변경 가능)

<table>
<tr><th>항공사</th><th>샴페인</th><th>특징</th></tr>
<tr><td>대한항공</td><td>Perrier Jouet, Belle Epoque</td><td>• '아름다운 시절'이란 뜻으로 샤르도네, 피노 누아, 피노 뫼니에가 블렌딩되어 레몬, 복숭아, 배 등의 과일향과 꽃향이 특징적이다.
• 에밀 갈레의 아네모네 그림이 병에 디자인되어 있어 샴페인의 꽃이라 불린다.
• 최상 품질의 청포도 품종 샤르도네 100%로 제조한 벨 에포크 블랑 드 블랑도 서비스하고 있다.</td></tr>
<tr><td>아시아나항공</td><td>Champagne Barons de Rothschild blanc de blanc</td><td>• 최고급 샤르도네의 섬세함과 정교함의 정수를 보여 주며 샴페인의 표본이라고도 칭송된다.
• 과일향과 아몬드, 말린 과일 향의 조화를 느낄 수 있다.</td></tr>
<tr><td>에미레이트항공</td><td>Dom Perignon 2008</td><td rowspan="2">• 샤르도네와 피노 누아를 블렌딩하여 만든 최고급 샴페인이다.
• 2008년은 프랑스 샹파뉴 지방에 샴페인 제조에 최적인 날씨가 이어진 해로 유명하다.
• 흰 꽃과 잘 익은 핵과류부터 견과류 등의 고소함까지 복합적이고 깊은 풍미가 특징적이다.</td></tr>
<tr><td rowspan="2">싱가포르항공</td><td>Dom Perignon 2009</td></tr>
<tr><td>Krug 2004</td><td rowspan="2">• 어떤 종류의 음식과도 조화를 이루며 풍부함과 신선함, 강렬함과 섬세함의 균형이 좋은 와인이다.
• 짙은 금빛 색을 띠며 섬세하고 활기찬 기포와 풍부하고 우아한 풍미를 특징으로 한다.</td></tr>
<tr><td rowspan="2">카타르항공</td><td>Krug Grande Cuvee Brut</td></tr>
<tr><td>Taittinger Prestige Rose Brut</td><td>• 반짝이는 밝은 핑크색을 띠며, 섬세하고 지속적인 기포가 매력적인 로제 샴페인이다.
• 붉은 과일 향의 신선함이 가볍지 않은 무거운 바디감과 섬세한 조화와 함께 우아하면서도 역동적인 느낌을 준다.</td></tr>
</table>

고객 VOC 사례로 살펴본 샴페인 서비스 시 유의사항

아래 가상의 고객 VOC 사례를 살펴보고 기내에서 샴페인 서비스 시 주의해야 할 사항을 다시 한번 생각해 보자.

항상 일등석에 탑승하면 평소 좋아하던 브랜드의 샴페인을 즐겨 마시는 편입니다만 이번 비행에서는 유독 더욱 시원하고 맛있게 즐길 수 있도록 서비스해 주어서 비행 내내 즐거웠습니다. 보통 기내에 탑승하자마자 제공되는 샴페인은 시원한 상태를 기대하기 어려운데, 이번 파리행에서는 지상에서부터 아주 차갑게 제공된 샴페인으로 제대로 된 환대를 받은 것 같아 기분 좋게 비행을 시작할 수 있었습니다.

식사 서비스 외에 비행 중에 제공되는 샴페인 역시 기포 상태나 온도 등이 아주 적절했습니다. 그뿐 아니라 음료에 대한 소개도 아주 전문적이어서 마시는 샴페인에 대한 여러 가지 이야기를 재미있게 들으며, 무심코 지나쳤던 샴페인 병의 라벨도 다시 살펴보고 즐겁게 비행할 수 있었기에 멋진 서비스를 해 준 ○○○ 승무원님께 감사의 마음을 전합니다.

국내 최고 글로벌 항공사의 일등석 서비스가 이 정도는 되어야 한다는 생각이 들어 이렇게 몇 자 적게 되었습니다. 앞으로도 귀사의 건승을 바랍니다.

사례 연구 노트

○ 사례 연구를 읽고 다음 질문에 대한 답을 써 보자.

1. 위의 칭송 사례에서는 기내 샴페인 서비스 방법 중 어떤 부분이 잘 지켜졌는지 생각해 보자.

2. 위의 칭송 사례를 통해 기내 샴페인 서비스 시 유의사항에 대해 다시 한번 정리해 보자.

학습 정리 & Quiz

○ 수업 목표: 샴페인에 대해 이론적 지식과 서비스 방법을 알 수 있다.

날짜	년 월 일	과목명	
반/학번/이름	/ /	담당 교수	

1. 샴페인이 다른 일반 발포성 와인과 다른 점은 무엇인가요?

생산지	제조 방식

2. 세계 여러 발포성 와인의 명칭과 특징을 연결해 보세요.

① 샴페인	Ⓐ 스페인의 토착 품종으로 만들어진 스파클링 와인
② 카바	Ⓑ 독일어로 발포성 와인이라는 뜻
③ 프로세코	Ⓒ 전통 방식으로 만든 세계 최고급 발포성 와인
④ 젝트	Ⓓ 향이 풍부한 스위트 발포성 와인
⑤ 아스티	Ⓔ 이탈리아 토착 품종인 글레라를 사용하여 만듦

3. 빈칸을 채우며 샴페인 병의 특징을 정리해 보세요.

① 내부 압력을 견딜 수 있도록 병 자체가 두껍게 제작된다.
② (　　　　)가 일반 와인과 다른 모양으로 제작되며, 철사(Wire)로 한 번 더 밀봉된다.
③ 병의 하단에 (　　　　)가 있어 내부 압력을 분산시키는 효과를 준다.

4. 샴페인 서비스 방법을 정리해 보세요.

서비스 준비 방법	기내 서비스 방법
	① ② ③ ④ ⑤

Beverage Story

아름다운 샴페인 이야기

샴페인의 꽃이라 불리는 페리에-주에(Perrier-Jouët)

ANADMAN BVBA / Shutterstock.com

우리나라 대표적인 FSC 항공사인 대한항공에서는 상위클래스에서 특별한 샴페인을 서비스하고 있다. 바로 유럽 왕실 샴페인으로 빅토리아 여왕과 나폴레옹 3세가 사랑했다는 페리에-주에 샴페인이다.

특히 유리 공예가 '에밀 갈레'가 그린 아네모네 그림이 그려져 있는 아름다운 샴페인 병으로 유명하여 샴페인의 꽃이라 불리기도 한다. 특히 프레스티지석에서 서비스하고 있는 페리에-주에 그랑 브뤼는 샴페인 역사상 최초로 선보인 브뤼 타입의 드라이한 샴페인으로도 알려져 있다.

일등석에서 서비스 중인 벨 에포크는 프랑스어로 '아름다운 시절'이라는 뜻으로, 19세기 말부터 1차 세계대전 전까지의 아름답고 우아한 시대를 추억하게 해 준다. 문화와 예술이 부흥하고 평화롭던 특별한 시절을 기념하는 샴페인을 하늘 위에서 맛본다니 그 특별함이 배가 될 것 같다.

일등석에서는 벨 에포크와 함께 '벨 에포크 블랑 드 블랑'과 '블라종 로제' 등을 노선에 따라 만나 볼 수 있다. 벨 에포크 블랑 드 블랑에서 '블랑 드 블랑'은 청포도 품종으로 만든 샴페인이라는 뜻으로, 최상급 포도원에서 재배한 우수한 품질의 청포도 샤르도네만 사용하여 만들기 시작한 최고급 빈티지 샴페인이다.

또한 페리에-주에는 '피에르 니콜라스 페리에'와 '아델 주에'가 자신들의 결혼식에서 영감을 받아 만든 샴페인으로 결혼식 피로연 축배용으로도 널리 사랑받으며 인생에서 가장 아름다운 축복의 순간을 빛내는 샴페인으로 각광받고 있다.

이렇듯 시각적으로도 아름답고 맛과 향도 최고급인 페리에-주에 샴페인으로 기내에서 자신만의 가장 '아름다운 시절'로 돌아가 보는 것도 좋을 듯하다.

CHAPTER

04

비알코올성 음료의 이해

1. 청량음료
2. 영양 음료
3. 기호 음료
4. 커피
5. 차

01 청량음료 - Cold Beverage

청량음료(Soft Drink)는 인간의 생명 연장 활동을 위해 반드시 섭취해야 하는 물을 비롯하여 이산화탄소를 함유하는 발포성 음료까지 널리 일컫는 말로 사용된다. 주로 청량감을 극대화하기 위해 온도를 차갑게 하여 마시거나 얼음과 함께 즐기며, 기내에서도 청량음료를 서비스하기 전에 각 클래스 규정에 맞는 방법으로 시원하게 칠링(Chilling)하여 보관해야 한다.

청량음료는 콜라, 사이다, 진저에일, 레모네이드 등 그 종류가 다양하며, 천연 광천수도 청량음료에 포함할 수 있다. 청량음료는 크게 청량감을 느낄 수 있게 만드는 탄산가스가 함유된 탄산음료와 무탄산음료로 나누어진다. 특히 탄산의 포함 여부는 음료 선택 시 중요한 고려사항이 될 수 있다. 그러므로 기내 서비스 시 승객에게 적절한 안내가 이루어지도록 청량음료를 각각의 특색에 맞게 잘 구분하여 숙지해야 한다.

1. 탄산음료의 특징*

탄산음료(Carbonated Drink)는 청량감을 주기 위해 탄산가스를 함유하여 마시는 음료를 말하며 탄산음료, 탄산수, 착향 탄산음료가 이에 속한다.

- 탄산음료: 마시는 물을 기본으로 하여 과일즙 등의 식품이나 식품 첨가물(착향료 제외)을 넣고 탄산가스를 주입한 음료이다.
- 착향 탄산음료: 탄산음료에 착향료가 포함된 식품 첨가물을 주입하여 만든 음료이다.
- 탄산수: 천연 탄산가스가 함유된 지하수를 정제하거나 일반적으로 마시는 물에 탄산가스를 주입하여 만든 음료이다.

* 『식품과학기술대사전』(2008. 4. 10., 한국식품과학회)을 참고하여 재구성.

© Getty Images Bank

탄산음료의 역사를 살펴보면, 유럽에서 의료용 목적으로 천연 광천수를 마시던 것이 발전하여 17세기 말부터 이산화탄소를 함유하는 탄산음료의 인공적 제조로 이어진 것으로 알려졌다.

이러한 탄산음료의 생명은 탄산가스로부터 오는 청량감이라고 할 수 있으므로 시원하게 준비하여 마시기 직전에 마개를 오픈하는 것이 중요하다. 또한 보관 시 거꾸로 세우거나 흔드는 경우 마개를 열 때 음료와 함께 탄산가스가 폭발적으로 분사될 수 있으므로 보관 시 유의하고 마개를 열 때는 항상 사람이 없는 방향으로 주의하여 열도록 한다.

2. 일반 탄산음료의 종류

1) 콜라

콜라는 열대지방에서 재배되고 있는 콜라 열매(Cola Nut)의 콜라 두를 가공하여 레몬, 오렌지, 계피, 바닐라 등의 향료를 첨가하여 만든 전 세계인이 즐겨 마시는 탄산음료이다. 미국의 대표적인 탄산음료로 알려진 콜라는 존 펨버턴(John Pemberton)이란 약사에 의해 초기에는 진통 등의 약용 효과를 위해 알코올이 함유된 와인과 비슷한 음료로 만들어졌다.

PhotoTodos / Shutterstock.com

그 후 미국에 알코올 음료를 금지하는 금주법이 생기자 알코올 성분을 제거하고 코카나무 잎과 콜라 열매의 추출액을 섞어 탄산음료처럼 만들었고 코카나무와 콜라나무에서 힌트를 얻어 최초의 콜라 제조 기업인 '코카콜라(Coca- Cola)'가 탄생하게 되었다.

PhotoTodos / Shutterstock.com

2) 사이다

콜라와 함께 전 세계적으로 판매되고 있는 무색투명한 탄산음료로, 여러 과일 엑기스를 혼합한 시럽에 증류수를 넣고 액화 탄산가스를 주입한 후 라임과 레몬 향을 가미해서 만든다. 한국에서는 '사이다(Cider)'라는 명칭을 사용하지만, 영어권 국가에서는 '사이다'라고 하면 사과 음료나 알코올 음료를 지칭하는 말로 사용되기 때문에 '스프라이트'나 '세븐업(7UP)' 등의 상표명으로 부르는 것이 일반적이다.

나라마다 선호하는 맛을 극대화하여 맛이 제각각 다른 편이며, 기호에 따라 탄산의 정도와 단맛의 강도를 달리하여 다양한 제품을 출시하고 있다.

3. 믹서류로 사용되는 탄산음료의 종류

1) 토닉 워터

Kelly Simone Photography / Shutterstock.com

토닉 워터(Tonic Water)는 영국에서 처음 개발된 무색투명한 음료로 레몬, 오렌지, 라임, 키니네(Quinine) 껍질 등의 진액에 당분을 배합하여 만든다. 무색투명한 색깔로 인해 칵테일의 믹서로 널리 사용되며, 우리가 잘 알고 있는 '진 토닉(Gin Tonic)' 칵테일의 믹서로 유명하다.

2) 소다 워터

천연 광천수 중 자연적으로 이산화탄소를 함유한 경우 특유의 청량감을 느낄 수 있어 인공적으로 이산화탄소를 함유하는 물을 만들어 낸 것이 바로 소다 워터(Soda Water)이다. 이산화탄소를 첨가하기 위해 소다를 사용하기 때문에 '소다수'라고 부르게 되었다.

Koy_Hipster / Shutterstock.com

수분과 이산화탄소만으로 만들어지기 때문에 특유의 청량감과 위장을 자극하여 소화를 돕는 효과를 얻기 위해 마시기도 하며, 무색, 무미, 무취에 청량감이 있기 때문에 칵테일의 믹서로 다양하게 활용된다.

FoodAndPhoto / Shutterstock.com

3) 진저 에일

진저 에일(Ginger Ale)은 에일이라고 불리지만 알코올 성분을 함유하지 않으며, 생강(Ginger)을 주재료로 하여 레몬과 고추, 계피, 정향 등의 향료를 섞은 후 캐러멜로 착색시켜 만든다. 콜라나 사이다처럼 음료 자체만을 시원하게 즐기기도 하지만 칵테일 제조 시 믹서로 첨가되어 알코올 성분을 희석하는 용도로 많이 사용된다.

4) 콜린스 믹서

콜린스 믹서(Collins Mixer)는 소다수에 레몬 주스와 당분을 혼합하여 만든 음료로 피즈(Fizz)나 콜린스(Collins)류의 칵테일을 제조할 때 사용된다.

4. 탄산수의 특징과 세계 유명 탄산수의 종류

1) 탄산수의 특징

탄산수는 이산화탄소가 함유된 지하수를 마시게 되면서 음료로 발달하기 시작했으며 현대에는 일반 물에 이산화탄소를 인공적으로 첨가하여 제조하기도 한다. 유럽에서는 일반적으로 마시는 물로 취급되어 판매되기 때문에, 구입할 때에는 무탄산 생수로 오인하여 잘못 구매하지 않도록 병의 안내 문구를 잘 살펴보아야 한다.

일반 생수보다 건강에 더 좋다는 등 탄산수가 건강에 미치는 효과에 대해서는 의견이 분분하나 아직 과학적으로 입증된 것이 없다. 다만 당분이나 카페인 같은 첨가물이 없으므로 탄산음료를 대신하여 탄산수를 선택하는 것이 당분 등을 줄이기 위한 건강한 습관이 될 수는 있을 것이다.

DenisMArt / Shutterstock.com

2) 페리에

페리에(Perrier)는 프랑스의 자연 광천수로 된 생수 브랜드명으로 물과 자연 탄산가스 모두 각각 따로 추출한 다음 물을 정수한 뒤 병에 채우는 과정에서 탄산가스를 다시 그대로 첨가하여 만든다. 그래서 병에 담긴 탄산의 농도가 수원지인 베르제즈 마을의 탄산 농도와 같은 수준이다. 특유의 '눈물방울' 모양을 한 초록색 병 디자인으로도 잘 알려진 페리에는 국내 항공사의 상위클래스에서 서비스되고 있다.

Emilio100 / Shutterstock.com

3) 보르섹*

100% 천연 탄산수로 유명한 보르섹(Borsec)은 루마니아 420여 년 전통의 수원지에서 탄산의 추가 주입 없이 그대로 병입된 탄산수이다. 탄산과 미네랄이 수원지와 동일하게 그대로 남아 있다는 특징으로 유명하다. 오랜 시간 동안 수많은 암석들을 통해 물과 수증기가 여과되는 수원지에서 채수한 천연 그대로의 탄산수이다.

4) 라우레타나**

라우레타나(Lauretana)는 이탈리아 북부 알프스 비엘라 산맥의 고도 1000m가 넘는 고산 지대인 몬테로사 빙하의 수문지에서 흐르는 청정 지역의 자연 광물을 함유한 깨끗한 물로 유명하다. 무압력 생산 방식, 즉 자연 중력에 의한 자발적 낙하 방식으로 생산하는 것이 특징이며, 화강암층에 의해 자연 여과되어 천연 미네랄 성분이 함유되었다.

* 동아일보 기사 '현대백화점, 유럽 프리미엄 탄산수, 생수 행사 주최'(2020.06.30., 최용석 기자)를 참고하여 재구성.

** 동아일보 기사 '현대백화점, 유럽 프리미엄 탄산수, 생수 행사 주최'(2020.06.30., 최용석 기자)를 참고하여 재구성.

5. 무탄산음료의 특징과 종류

인간이 생명을 유지하기 위해 마시는 일반적인 물은 음료의 분류에서 청량음료에 속하며 그중에서도 발포성이 없으므로 무탄산음료(Non-carbonated Drink)로 분류할 수 있다. 마시기 좋은 물은 깨끗하고 맑고 투명하며 냄새가 없어야 한다. 또한 공기의 함유량이 충분하고 끓이고 난 후에도 변질되지 않아야 한다. 무탄산음료를 대표하는 음료로 광천수가 있다.

1) 광천수의 특징

광천수(Mineral Water)는 미네랄이라고도 알려진 무기물질(광물질)이 일정 수준 이상 함유된 물을 말한다. 포함된 무기물질은 칼슘, 인, 칼륨, 라듐, 염소, 마그네슘, 철 등이라고 할 수 있다. 자연적으로 생성되는 경우가 많은데 이를 강조하기 위해 천연 광천수(Natural Mineral Water)라는 용어로 구분하여 사용한다. 유럽 등 수질이 나쁜 지역에서는 이러한 광천수를 인공적으로 제조하여 마시기도 한다. 광천수의 종류는 아래와 같다.

2) 광천수의 종류

에비앙 워터(Evian Water)

에비앙은 1995년 세계 최초로 물을 상품화한 기업의 이름이자 프랑스의 작은 마을 이름이다. 알프스에서 녹아내린 만년설이 빙하 퇴적물을 통과해 내려오면서 인체에 유익한 미네랄 성분을 다량 함유하게 되어 초기에는 약의 개념으로

MaraZe / Shutterstock.com

DenisMArt / Shutterstock.com

판매 전략을 세웠다고 한다.

셀처 워터(Seltzer Water)

1820년 독일의 위스바데 지방에서 발견된 천연 광천수로 위장병 등 약효가 좋은 물질이 함유되었다.

비시 워터(Vichy Water)

프랑스 중부 알리에(Allier)에 있는 비시라는 도시에서 나오는 광천수로 로마 시대부터 이용해 왔다. 중탄산 석회, 이온 등이 함유되었다.

바이칼 딥 워터(Baikal Deep Water)*

러시아 동부 시베리아 남쪽에 있는 바이칼 호수 430m 깊이에서 퍼 올리며 탈염 과정 등을 전혀 거치지 않은 천연 광천수이다. 일반 호수와 달리 수심 깊은 곳까지 산소가 공급되고 자체 정화 능력이 뛰어나기 때문에 바이칼호 심층수는 전 세계에서 유일하게 음용이 가능하다.

* 동아일보 기사 '현대백화점, 유럽 프리미엄 탄산수, 생수 행사 주최'(2020.06.30., 최용석 기자)를 참고하여 재구성.

02 영양 음료 – Cold Beverage

1. 영양 음료의 특징

영양 음료(Nutritious Drink)는 건강에 유익한 영양 성분이 함유된 음료를 말하며, 각종 과일과 채소를 재료로 하여 만드는 주스류와 우유류가 이에 속한다. 영양 음료는 종류가 다양하므로 서비스되는 영양 음료의 종류를 고객에게 잘 안내하고 주문을 받는 것이 필요하다. 특히 요즘에는 영양 음료 중 무설탕이나 유기농 성분 등을 엄격하게 확인하고 선택하므로 해당 사항을 잘 파악해 두어야 한다.

2. 영양 음료의 분류

1) 과즙의 함량에 따른 주스의 분류

주스(Juice)는 채소나 과일류의 과즙을 통해 우리 몸에 필요한 여러 가지 영양분을 공급해 주는 음료를 말한다. 채소나 과일을 단일 재료로 사용하기도 하지만 혼합해서 제조하기도 하므로 그 종류가 매우 다양하다.

현재 기내에서는 국내선과 국제선 노선에서 서비스되는 주스의 종류가 다르며 항공사마다 차별을 두고 있지만 주로 선호도가 높은 오렌지, 파인애플, 토마토, 사과, 구아바 주스 등을 서비스하고 있다. 과일 주스는 과즙의 함유 비율에 따라 아래와 같이 구분할 수도 있다.

과채 주스

과즙의 함량이 95% 이상일 경우 과채 주스로 분류할 수 있으며, 시판되는 과일 음료 중에서 과즙의 함유율이 가장 높다. 음료의 병에 표시된 식품 유형에서 확인할 수 있으며, 상표명에 과즙 100%라고 적혀 있어도 원재료명을 보면 과즙을 희석하기 위한 정제수가 포함되었고 과일의 향을 더해 주기 위해 착향료도 들어 있음을 알 수 있다.

과채 음료

과즙의 함량이 10~95%인 경우 과채 음료로 분류된다. 마찬가지로 식품 유형을 확인할 수 있도록 병의 라벨에 해당 내용이 기재되어야 한다.

혼합 음료

과즙의 함량이 10% 미만이면 혼합 음료로 분류된다. 해당 과일 성분의 맛과 향을 나타내기 위해 다양한 성분을 혼합하여 제조하며 식품 유형 표기를 통해 확인할 수 있다.

2) 함유된 당분에 따른 주스의 분류

2015년 한국 소비자원의 조사에 따르면, 시중에 판매 중인 일반 오렌지 주스 200ml 한 잔에 평균 18g, 즉 각설탕 6개 정도의 당 성분이 들어 있다는 조사 결과 발표 후 설탕이 덜 들어간 주스를 선호하는 소비자가 늘고 있다고 한다. 무설탕과 무가당 주스는 어떻게 다른지 아래와 같이 분류할 수 있다.

무설탕 주스

음료에 설탕 대신 단맛을 내기 위해 사용되는 인공 감미료나 올리고당, 액상 과당을 넣은 경우, '무설탕'으로 표기된다.

무가당 주스

과일을 원료로 한 주스일 경우, 원재료에 포함된 천연 당 성분은 포함하되 설탕이나 단맛을 내는 첨가당을 넣지 않았으면 '무가당'으로 표기된다. 현재 항공사의 최상위클래스에서는 무가당 주스를 서비스하는 경우가 많다.

3) 우유

우유는 탄수화물, 단백질, 지방, 칼슘, 각종 비타민 등의 영양 성분을 풍부하게 함유하여 완전식품으로 알려졌으며, 버터와 치즈 등 다양한 가공 유제품을 만드는 재료로도 사용된다. 현대 인류에게 중요한 식재료 중의 하나인 우유는 다음과 같이 종류를 구분할 수 있다.

일반 우유

일반 우유는 원유에 함유된 영양분의 손실을 최소화하기 위해 63~135℃ 정도의 온도에서 살균 처리하여 제조한 우유를 말한다. 신선한 맛을 그대로 느낄 수 있다는 장점이 있지만 유통기한이 짧다.

멸균 우유

멸균 우유는 일반 우유보다 더 높은 온도(135~150℃)에서 2~5초간 살균하여 제조하는 우유로, 상온에서도 약 1개월 이상 보관이 가능하다. 영양 면에서 큰 차이는 없지만 고온에서 살균 처리되기 때문에 우유에 포함되는 소량의 유익균 또한 제거될 수 있다.

저지방 우유

유지방 함량을 1% 정도로 줄인 제품으로, 유지방 섭취를 줄이고자 하는 소비자들이 주로 선택하는 우유이다.

유당 분해 우유

유당 분해 우유는 원유 속 유당 함량을 1% 이하로 낮춰 만든 우유이며, 해당 성분을 분해하는 효소(락타아제)가 부족하여 우유를 소화시키기 어려운 소비자들이 선택하는 우유이다.

가공 우유

원유에 특정 성분의 향과 색이 첨가된 우유를 말한다. 딸기, 초콜릿, 바나나 맛 우유 등이 있으며, 가공 우유를 선택할 때에는 원유 함량이 높은지 확인한다.

03 기호 음료 - Hot Beverage

1. 기호 음료의 특징

기내에서 청량음료와 영양 음료 등을 제공할 때 낮은 온도에서 음료를 보관하고 시원하게 준비하여 서비스하는 경우가 대부분이기 때문에 두 가지 음료를 시원한 음료(Cold Beverage)라고 할 수 있다면, 커피와 차는 따뜻한 물을 이용하여 추출하거나 우려내어 준비하기 때문에 따뜻한 음료(Hot Beverage)라고 할 수 있다.

또한 카페인(Caffeine) 성분을 함유하고 있으며, 식사 후나 간식 시간 등에 여유롭게 즐기는 경우가 많으므로 영양분을 얻기 위한 목적보다는 본인의 취향에 따라 즐기는 기호 음료(Fancy Taste)라고 할 수 있다.

2. 기호 음료의 종류

기호 음료에는 커피콩을 볶은 후 갈아서 뜨거운 물로 추출하는 커피(Coffee)와 식물의 잎을 볶거나 발효하여 더운물에 우려 마시는 차(Tea) 등이 있다. 기호 음료는 종류가 다양할 뿐 아니라 만드는 방법도 여러 가지다. 커피와 차는 다음 장에서 각각의 특징과 종류에 대해 자세히 알아보도록 하겠다.

기호 음료의 종류

기호 음료	종류
커피(Coffee)	• 일반 커피(Regular Coffee) • 카페인이 없는 커피(Decaffeinated Coffee)
차류(Tea)	• 홍차, 녹차, 카모마일, 페퍼민트 등

한눈에 정리

비알코올 음료의 특징

비알코올성 음료의 분류

비알코올성 음료(Non Alcoholic Beverage)		
청량음료	영양 음료	기호 음료
탄산음료(Carbonated) 콜라, 사이다, 진저 에일, 토닉 워터, 소다 워터, 페리에 등 **무탄산음료(Non Carbonated)** 제주 퓨어워터, 에비앙워터, 셀처워터, 비키워터 등	**주스류** • 과일 주스(Fruit Juice) 오렌지, 파인애플, 구아바, 사과 주스 등 • 야채 주스(Vegetable Juice) 토마토, 당근 주스 등 **우유** • 일반, 저지방, 무지방 우유 • 일반, 멸균 우유	**커피** 일반 커피(Regular Coffee) 카페인이 커피 없는 커피 (Decaffeinated Coffee) **차류(Tea)** 홍차, 녹차, 카모마일, 페퍼민트 등

청량음료

❶ 인간의 생명 연장 활동을 위해 반드시 섭취해야 하는 물을 비롯하여 이산화탄소를 함유하는 발포성 음료수까지 일컫는 음료 용어이다.

❷ 주로 청량감을 극대화하기 위하여 온도를 차갑게 하여 마시거나 얼음과 함께 즐기는 경우가 많다.

영양 음료

❶ 건강에 도움을 줄 수 있는 영양성분이 함유된 음료이다.

❷ 각종 과일과 채소를 재료로 하여 만든 주스류와 우유 종류가 이에 포함된다.

기호 음료

❶ 영양성분을 얻거나 수분 보충을 위해 섭취하는 목적보다는 심리적인 선호도가 반영되어 마시게 되는 음료를 말한다.

❷ 현대 사회에서는 삶의 여유를 누리기 위한 용도로 활용되기도 한다.

04 커피

1. 커피의 기원과 역사

커피에 대한 기원은 커피로 유명한 지역마다 다른 기원이 전해져 내려온다. 그 중 가장 유력한 기원은 목동이었던 칼디(Kaldi)가 특정 열매를 먹은 염소가 흥분하여 활발하게 뛰노는 것을 발견하고 이를 수도사에게 알렸는데 이를 계기로 커피 열매의 효능이 전해지기 시작했다는 에티오피아의 이야기이다. 수도사에게 전달된 커피 열매가 사람에게도 똑같은 효능을 보인 덕분에 수도사들은 피곤함을 물리치고 맑은 정신으로 밤새 종교 활동을 이어갈 수 있었다고 한다.

커피라는 말의 어원에 대해서도 다양한 이야기가 이어져 내려오고 있는데, 그 중 아랍어에서 시작되었다는 이야기가 가장 널리 전해졌다. 15세기 중반, 한 아랍인이 에티오피아를 여행하다가 우연히 커피 열매가 잔뜩 달린 나무를 장작처럼 이용하여 불을 피우게 되었다. 불에 익은 커피 열매가 좋은 향기를 풍겼고 아랍인은 향긋한 냄새에 이끌려 불에 탄 열매의 가루를 물에 타서 마셔 보게 되

커피의 국가별 명칭과 어원

지역	명칭	어원
영어권 국가	커피(Coffee)	아랍어 카와(Qahwa 또는 Khawah)
터키	카베(Kahveh)	
체코	카바(Kava)	
네덜라드	코피(koffie)	
이탈리아	카페(caffe)	
프랑스	카페(cafe)	
독일	카페(kaffee)	

었다. 결과적으로 커피 열매 가루는 물을 정화해 주고 풍미를 좋게 해 주며 피로 회복에도 효과가 있다는 것을 알게 되었고 더 널리 전파되기 시작했다. 이때부터 사람들은 커피 열매의 효능에 감사하는 마음으로 그 음료를 '카와'라고 불렀는데 이 단어는 아랍어로 힘과 에너지를 의미한다고 한다.

우리나라에서는 1896년 러시아 공사관에 머물던 고종 황제가 처음 커피를 접한 것이 시초라고 전해진다. 커피는 한동안 소수의 사람에게만 알려져 있었으나 8 · 15 해방과 6 · 25 전쟁을 거치면서 미군 부대로부터 원두 커피와 인스턴트 커피가 공급되면서 대중이 즐기는 기호 음료로 자리 잡게 되었다.

2. 커피의 원료 원두

1) 원두의 이해

커피는 아프리카 에티오피아가 원산지인 다년생 쌍떡잎식물인 커피나무의 열매로 제조한다. 파치먼트(Parchment)라 불리는 커피 씨앗을 심은 후 40~60일이 지나면 싹이 트며 3~4년이 지나면 커피를 수확할 수 있을 정도로 자란다. 커피는 기후나 토양 등 성장 조건에 따라 조금씩 형태가 다르지만, 보통 아라비카의 경우 5~6m, 로부스타의 경우 8~10m 정도 성장한다.

아라비카종과 로부스타종의 비교

구분	아라비카	로부스타
생장 조건	기후나 토양, 병충해에 민감하고 특히 열에 약하다. 평균기온 20℃ 전후, 일교차가 큰 고지대에서 생산된다.	아라비카보다 강인한 종자로 열악한 환경에서도 잘 자란다. 30℃ 이상의 온도에서도 7~8일 정도 견딜 수 있다.
특징	세계 생산량의 약 70%를 차지하며, 부드러운 맛과 향으로 고급 커피 제조 원료로 사용된다.	기생충과 질병에 대한 저항력이 매우 강하다. 많은 생산량으로 가격이 저렴하여 인스턴트 커피 제조에 많이 사용된다.
풍미	단맛, 신맛, 감칠맛, 향기(꽃 향, 과일 향 등)가 뛰어나 대체로 가격이 비싼 편이다.	커피 특유의 쓴맛이 강하다. 아라비카에 비해 향이 더 적다.
카페인 함량	로부스타보다 카페인 함량이 더 적다(0.8~1.5%).	아라비카보다 두 배 더 높은 카페인이 함유되었다(1.7~3%).

커피나무의 흰색 꽃송이가 개화 후 시들면 체리(Cherry)라는 붉은색 커피 열매가 열리게 된다. 커피의 품종은 크게 아라비카(Arabicas), 로부스타(Robustas), 리베리카(Libericas)의 세 가지로 분류되며, 세계적으로 가장 널리 재배되는 품종은 아라비카종과 로부스타종이다. 아라비카와 로부스타는 각각의 특징을 잘 나타내는 커피로 제조되거나 두 가지를 블렌딩하여 좋은 점을 결합해 제조되기도 한다.

2) 원두의 산지별 특징

남아메리카

- 전 세계 커피 생산량의 약 50%를 차지한다.
- 고산 지대 환경에서 표준 등급의 고품질 커피를 생산하고 있다.

중앙아메리카

- 2000년대 이래로 불안정한 정치 상황에서 품종 개량 대신 구 품종이 꾸준히 생산되고 있다.
- 생산량은 적은 편이지만 고급 품질의 커피로 인정받고 있다.

카리브해와 하와이

- 자연재해와 정치 분쟁으로 수확량이 적지만 뛰어난 품질을 지닌 최고급 커피로 여겨진다.
- 자메이카의 블루마운틴과 하와이의 코나 커피는 품질이 고르고 좋으나 가격이 매우 높은 편이다.

아프리카

- 세계 커피 생산량의 약 13%를 차지한다.
- 특색 있는 품질과 향이 풍부한 아라비카와 최고급 로부스타의 생산지로 유명하다.
- 에티오피아나 케냐 커피는 신맛이 강하고 향미가 좋아 고급 커피로 인정받고 있다.
- 예멘은 독특한 초콜릿 향을 지닌 모카 품종으로 최고의 명성을 누리고 있다.

아시아와 오스트레일리아

- 전 세계 커피의 약 20%를 생산한다.
- 베트남은 로부스타 품종의 최대 생산국이다.
- 인도의 몬순 커피와 인도네시아의 루왁 커피 등 우수한 스페셜티 커피가 생산된다.

원두의 지역별 생산국가

지역	생산국
남아메리카	브라질, 콜롬비아, 에콰도르, 페루, 베네수엘라, 볼리비아 등
중앙아메리카	코스타리카, 엘살바도르, 과테말라, 온두라스, 멕시코, 니카라과, 파나마 등
카리브해와 하와이	자메이카, 하와이 등
아프리카	에티오피아, 케냐, 예멘, 콩고, 우간다, 탄자니아, 앙골라, 잠비아 등
아시아와 오스트레일리아	중국, 인도, 인도네시아, 필리핀, 베트남

3) 블렌딩과 로스팅

커피의 원료가 되는 커피 열매를 수확한 후 불필요한 과육 부분을 제거하면 커피 제조에 필요한 씨앗인 생두를 얻게 되는데, 이를 커피콩 혹은 그린 빈(Green Bean)이라고 한다.

커피콩은 품종에 따라 서로 다른 맛과 향의 특성을 나타내기 때문에 커피의 특성과 개인의 취향에 맞게 혼합하는 블렌딩(Blending) 과정을 거친다. 블렌딩의 목적은 서로 다른 특징을 지닌 커피의 장점을 조화롭게 융합하여 질을 높이고 향상된 품질을 유지하는 것이라고 할 수 있다.

블렌딩 방법은 블렌딩할 커피콩을 혼합한 후 로스팅하는 로스팅 전 블렌딩 방법과 각각의 생두를 로스팅한 후에 블렌딩하는 로스팅 후 블렌딩 방법으로 나눌 수 있다. 커피콩을 가열하여 볶는 과정을 로스팅(Roasting)이라고 하는데, 이는 220~230℃의 열을 가하여 커피 특유의 맛과 향을 얻는 작업이라고 할 수 있다.

생두와 원두의 비교

커피콩의 특성에 맞게 로스팅하는 방법도 달라질 수 있다. 로스팅의 정도에 따라 색과 맛, 향 등이 결정되며, 로스팅을 마치면 녹색이었던 커피콩이 갈색의 원두로 변하게 된다.

3. 에스프레소 커피 추출 방법

1) 추출기구를 이용한 방법

터키식

터키식 침출법(Turkish Coffee)

가장 전통적인 커피 추출 방식이다. 먼저 로스팅한 원두를 수작업으로 매우 곱게 갈아 물에 넣고 끓여서 원두 가루를 가라앉힌 다음 따라 마시는 방식이다. 터키식 방식의 가장 큰 특징은 곱게 간 원두로 인해 커피 본연의 진한 맛을 느낄 수 있고 자연적으로 생성된 거품에서 커피의 진한 향을 음미할 수 있다는 것이다.

다양한 드리퍼

핸드드립(Hand Drip)

중력의 원리를 이용하는 가장 자연적인 추출 방식이다. 독일의 멜리타 벤츠(Melitta Bentz)에 의해 개발되었다. 원두 가루를 적당한 알갱이로 간 후 여과지에 넣고 뜨거운 물을 천천히 부어 추출하는 필터식 추출 방식이다.

모카 포트(Mocha Pot)

모카 포트는 에스프레소 머신과 가장 비슷한 커피를 제조할 수 있어 유럽에서는 가정용 에스프레소 머신이라고도 불리며 널리 이용된다. 곱게 간 원두와 물을 포트에 넣은 후 불 위에 놓고 끓여, 수증기가 원두를 통과하게 하여 에스프레소 원액을 추출하는 방식이다.

모카 포트

프렌치 프레스(French Press)

수동으로 추출하는 방법이다. 먼저 커피 가루를 뜨거운 물에 잠기게 한 후, 일정 시간 경과 후 플런저(Plunger)라는 부분을 눌러서 커피 찌꺼기를 분리하고 컵에 커피를 담아 마시는 침출식 방식이다. 원두의 오일을 걸러내지 않기 때문에 맛과 향이 더욱 풍부한 부드러운 커피를 추출할 수 있다.

사이펀(Siphone)/퍼콜레이터(Percolater)

아래위로 연결된 두 개의 진공 플라스크를 이용하여 아래쪽에는 물을, 위쪽에는 커피 가루를 넣고 열을 가한 후 압력 차이에 의해 추출하는 방식이다. 물이 끓으면서 압력 차이에 의해 위쪽 플라스크로 이동하여 커피 가루와 만난 후, 시간이 흐르면 자연적으로 압력이 변화하여 아래쪽에 커피가 추출된다. 우려내는 동안 제조 과정을 볼 수 있고 커피 향을 즐길 수 있다는 장점이 있으나 제조 과정에서 커피 향이 날아갈 수 있다는 단점이 있다.

2) 커피머신을 이용한 방법

1901년 이탈리아의 루이지 베제라(Luigi Bezzera)가 증기압을 이용한 커피머신을 처음 개발했다. 이후 지속적인 발전으로 현대의 수동식 머신부터 전자동 머신까지 다양한 기계를 이용한 커피 추출 방법이 발달했다. 커피 원두를 가늘게 분쇄한 후 뜨거운 물과 순간적인 높은 압력(9기압)을 가하여 진한 커피를 추출하는 방식이며, 그 방법은 아래와 같다.

① 커피 원두를 담을 수 있는 포타 필터를 분리하여 물기를 제거한다.

② 그라인더를 이용하여 커피 원두를 분쇄한 후 포타 필터에 담는다.

③ 손이나 도구를 이용하여 포타 필터에 담긴 커피의 표면을 고르게 한다.

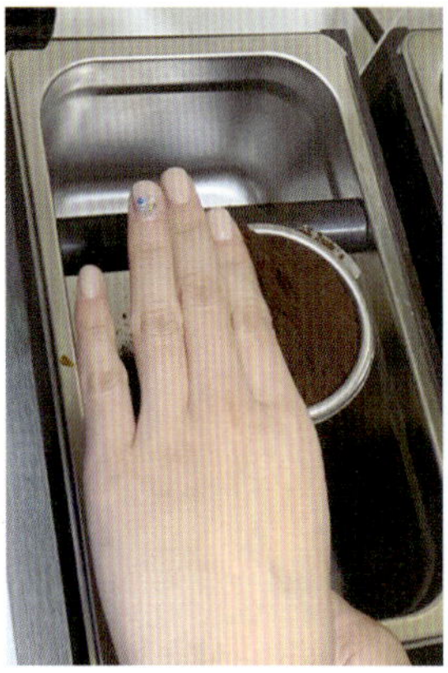

④ 그 후 도구를 이용하여 일정한 압력을 가해 커피 밀도를 균일하게 만든다.

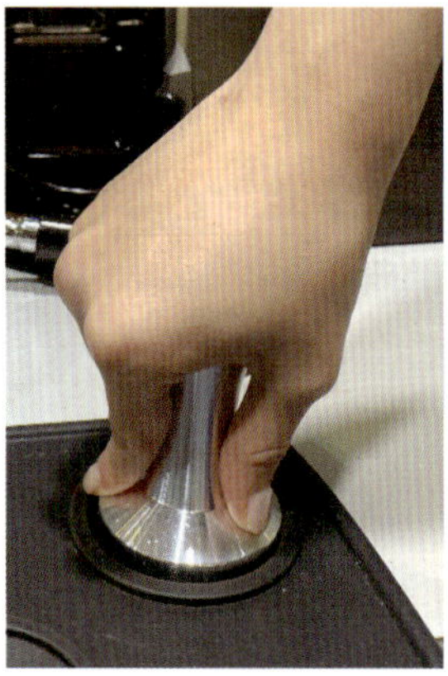

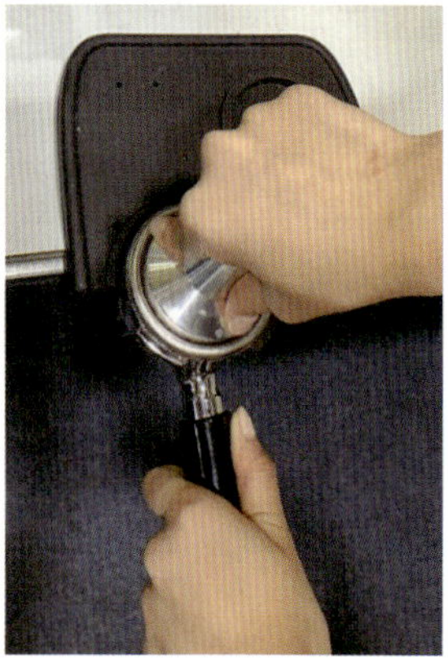

⑤ 추출 전 물을 흘려 주어 그룹헤드에 남아 있는 커피 찌꺼기를 제거한다.

⑥ 원두가 담긴 포타 필터를 그룹헤드에 결합한다.

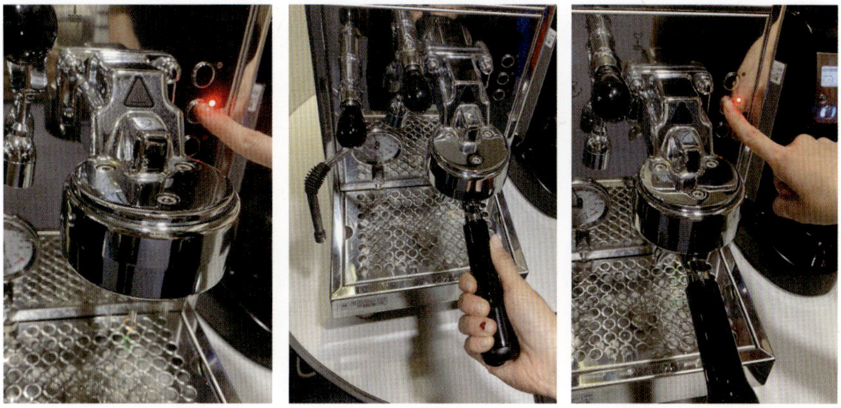

⑦ 추출 버튼을 눌러 추출을 시작하고 미리 따뜻하게 예열해 놓은 잔을 준비한다.

⑧ 추출이 끝나면 바로 포타 필터를 그룹헤드에서 분리하여 남아 있는 찌꺼기를 버리고 그룹헤드도 물을 흘려 보내 세척한다.

4. 커피 메뉴

커피머신을 이용하여 진한 커피를 추출한 후 따뜻하게 데운 우유 등을 활용하여 다양한 커피를 제조할 수 있다. 항공사에서는 상위클래스에서 에스프레소 머신을 이용한 다양한 커피 메뉴를 제공하고 있다.

서비스되는 커피 메뉴

메뉴	특징
 에스프레소 마키아토(Espresso Macchiato)	• 마키아토는 이탈리아어로 '얼룩진'이라는 뜻이며 추출한 에스프레소에 우유 거품을 얹어 얼룩이 진 모습으로 제조하는 커피이다. • 우리가 흔히 알고 있는 '캐러멜 마키아토'는 캐러멜 시럽이 첨가된 커피이며, 일반적인 에스프레소 마키아토는 단맛을 내는 성분을 함유하지 않는다.
 아메리카노(Americano)	• 아메리카노는 추출된 에스프레소에 뜨거운 물을 섞어 농도를 연하게 한 커피를 말한다.
 카푸치노(Cappuccino)	• 추출된 에스프레소에 스팀 우유와 우유 거품을 1:1:1로 넣은 후 취향에 따라 계피 가루를 첨가하여 만든 커피이다.
 카페라테(Cafe Latte)	• 추출된 에스프레소에 따뜻하게 데운 스팀 우유를 넣어 만든 커피이다. • 취향에 따라 설탕 등을 넣어 단맛을 추가하여 즐길 수 있다.
 플랫 화이트(Flat White)	• 우유를 미세한 입자의 거품 형태로 만들어 에스프레소에 넣고 제조하여 매우 부드러운 맛과 커피 향이 진한 특징이 있다. • 카푸치노의 우유 거품에 비해 거품이 평평하다는 특징 때문에 플랫(평평한)이란 명칭이 붙었다.
 베일리스 커피(Baileys Coffee)	• 추출된 에스프레소에 아이리시 위스키와 아이리시 크림이 들어 있는 리큐르인 베일리스를 소량 첨가하여 만든 커피이다. • 아이리시 위스키가 첨가되기 때문에 아이리시 커피라고도 하며, 알코올 성분이 함유되었다.
 에스프레소 로마노(Espresso Romano)	• 에스프레소에 레몬 조각을 넣어 마시는 커피이다. • 로마의 수질이 좋지 않아 식수에 레몬을 넣어 살균 작용 후 마시던 방식이 커피에도 이어진 것이다.

5. 커피의 서비스 방법

1) 기내 일반석 서비스 방법

- 서비스 가용시간이 적은 단거리 노선이나 국내선 서비스의 경우, Coffee Pot에 커피를 담아 카트 상단에 준비한다.
- 중장거리 노선의 경우, 설탕과 크림을 Small Tray 위에 기물을 사용하여 준비해 두고 내린 커피를 담은 포트를 이용하여 서비스한다.
  ☞ 보온성을 강화한 신형 Coffee Pot의 경우에는 상온의 물을 일정량 넣어 화상의 위험을 방지한다.
- 식사 서비스 이외의 시점에 개별적으로 서비스하는 경우에는 종이컵에 커피를 담아 제공한다.
- 커피를 주문받았을 때에는 크림이나 설탕 등의 여부를 주문받고, 크림이나 설탕과 함께 서비스 시에는 머들러를 제공한다.
- 서비스 시 뜨거우니 조심하시라는 기내 대화문을 꼭 활용한 후, 안정적인 위치에 내려놓아 화상이 생기지 않도록 주의한다.

1. 국내선 커피 서비스 2~4. 국제선 커피 서비스(식사 서비스 시점)

2) 기내 상위클래스 서비스 방법

- 커피 서비스 시 컵받침(Saucer)과 함께 제공하며 커피잔의 손잡이가 승객의 오른쪽을 향하도록 내려놓는다.
- 서비스 시 뜨거우니 조심하시라는 기내 대화문을 꼭 활용한 후, 안정적인 위치에 내려놓아 화상이 생기지 않도록 주의한다.
- 커피를 주문받았을 때에는 설탕과 크림을 함께 제공할지 여부를 여쭙고 그럴 경우 티스푼을 제공한다.
- 일등석의 경우 에스프레소 안내지를 별도로 제공하여 승객이 원하는 경우 개별적으로 서비스하도록 한다.
- 에스프레소 머신을 사용하는 경우 예열이 필요하므로 미리 전원을 켜고 세척해 두어야 한다.
- 일등석의 경우 일반 커피잔(Regular Coffee Cup)과 에스프레소용 커피잔(Espresso Coffee Cup)을 구분하여 서비스한다.
- 상위클래스에서 따뜻한 음료를 서비스하는 경우 잔도 따뜻하게(Warming) 준비한다.

1~2. 상위클래스 커피 서비스 모습

05 차

1. 차의 기원과 특징

차는 카멜리아 시넨시스(Camellia Sinensis)라는 식물의 잎을 볶거나 발효하여 뜨거운 물에 우려 마시는 기호 음료를 말한다. 차의 기원은 차를 즐겨 마시는 나라마다 다를 수 있으나, 차나무의 최초 원산지는 아열대 기후 지대로 연중 내내 따뜻한 온도를 유지하여 추위에 민감한 차나무가 생장하기에 최적의 지역인 중국의 서남부라고 알려졌다.

'차(Cha)'라는 명칭은 한국과 중국, 일본 등 아시아 국가에서 부르는 것이며, 서유럽 국가에서는 '티(Tea)'라는 명칭을 사용한다. 두 가지 모두 중국에서 차를 부르는 이름으로, 지역 방언에 따라 두 가지 음으로 불리던 것이다. 그러던 중 중국의 육로와 해로를 통해 이루어진 무역 경로의 차이에 의해 두 가지 발음으로 전파된 것으로 보고 있다.

차나무의 잎사귀인 찻잎을 가공하는 방법에 따라 색깔과 향미가 달라지며 여섯 종류로 구분할 수 있다. 이 중 우리나라에 잘 알려진 종류는 녹차와 홍차 두 종류이다. 병충해에 강하고 기후 변화에도 잘 생장할 수 있는 품종이 계속 개발되어, 현재는 차나무 품종이 500여 종이나 된다. 꽃과 과일 등을 말려서 우려 마시는 것은 허브차라고 할 수 있으며 일반적인 차와는 구별된다.*

* 『티 소믈리에가 알려주는 차 상식사전』(리사 리처드슨 저, 길벗)에서 인용함.

2. 차의 제조 방법에 따른 분류

차나무의 잎을 수확하여 가공하는 방법에 따라 차의 종류가 달라진다. 찻잎의 수분을 건조하기 위해 바람이 잘 통하고 그늘진 곳에서 찻잎을 말려야 하며, 이때 건조하는 정도에 따라 차의 종류가 달라진다. 녹차는 살짝만 건조한 것이지만, 홍차는 그보다 더 오랜 시간 말린 것이다.

차의 가공법에 따른 분류

종류	특징
	차나무 가지의 맨 위에 난 새싹을 이용하여 가볍게 말린 후 약간의 산화 과정만 거쳐 제조한다. 향기가 맑고 산뜻하며 희소성을 띤다.
	겉모습은 녹차와 비슷하나 녹차와 달리 발효 과정을 거치며 발효 후 특유의 노란 색상과 향을 지니게 된다.
	차를 수확한 후 찻잎을 열을 이용하여 볶아 주는 '덖는' 작업을 거쳐 만들며, 발효 과정을 거치지 않아 비발효 차로 분류되며 녹색 그대로의 색깔을 띤다.
	대만의 고산 지대에서 생산량 대부분이 제조되기 때문에 대만 차라고도 불리며, 찻잎을 반만 발효하여 만들기 때문에 반발효 차로 분류된다.
	찻잎을 발효한 후 완전히 산화하여 만드는 차이다. 떫은맛이 강하다. 세계 3대 홍차로 인도의 다즐링, 중국의 기문, 스리랑카의 우바가 있다.
	녹차 생산 과정을 그대로 거친 후 미생물 발효와 산화 과정을 추가로 거쳐 발효가 계속 이루어지게 만드는 후발효 차이다. 오래된 차일수록 가치가 높게 평가된다.

말리고 난 후의 찻잎을 뜨거운 열에 볶는 것을 '덖기'라고 하며, 이 과정에서 효소가 나와 맛을 좋게 변화시키고 뜨거운 열기는 잎의 산화를 막아 주어 색을 유지하게 해 준다.

3. 허브차의 종류와 특징

허브차는 차나무가 아닌 식물의 잎이나 꽃 등을 뜨거운 물에 우려내어 향미를 좋게 하여 마시는 차를 말한다. 종류에 따라 맛과 향 등이 다양하고 소화 촉진이나 두통 등을 경감시키는 특별한 작용을 하는 종류도 있다. 현재 항공사에서는 상위클래스의 경우 홍차와 녹차 외에 다양한 허브차의 서비스를 점차 확대하는 추세이다.

페퍼민트(Peppermint)

페퍼민트는 꿀풀과의 여러해살이풀이다. 멘톨 성분이 시원한 청량감을 주고 갈증 해소에 좋다. 진정 작용과 통증 완화 등에도 효과적이나 특유의 박하 향이 강하기 때문에 호불호가 갈린다.

카모마일(Chamomile)

카모마일은 국화과의 한해살이풀이다. 영국이 원산지이며 긴장을 풀어 주고 몸을 따뜻하게 하여 여러 가지 통증을 완화하는 효과가 있어 유럽에서는 약용으로 사용되기도 한다.

재스민(Jasmine)

재스민은 물푸레나뭇과의 덩굴성 식물이나 관목을 통틀어 이른다. 중국 차의 일종으로 체내에 쌓인 기름기를 제거하는 효능을 지닌다고 하여 음식과 함께 즐기는 경우가 많다. 특유의 향은 스트레스와 긴장을 완화하는 효과를 지니며 살균 효과와 각종 통증을 완화하는 효능도 있다고 알려졌다.

로즈메리(Rosemary)

로즈메리는 꿀풀과의 작은 관목으로 꽃과 잎을 우려낸 로즈메리차는 가장 대중적인 허브차이다. 풀 향기가 상쾌하여 차로 즐길 뿐 아니라 요리 재료로도 자주 사용된다. 집중력 향상과 면역력 강화에도 효과적이라고 알려졌다.

라벤더(Lavender)

라벤더는 꿀풀과의 상록 여러해살이풀이다. 특유의 향이 강해 맛보다는 향을 즐기는 허브차라고 할 수 있으며, 피로 회복과 불면증 해소에 도움이 되어 자기 전 숙면을 위해 마시는 차로도 잘 알려졌다.

레몬그라스(Lemongrass)

레몬그라스는 볏과의 여러해살이풀이다. 레몬 향이 가득한 차로 식후 소화를 촉진하기 위해 인도와 동남아 지역에서 즐겨 마시는 차이다. 항산화 작용과 빈혈에 도움이 되는 것으로 알려졌다. 생선이나 육류의 잡내를 잡아 주어 요리에도 활용된다.

로즈힙(Rose Hip)

로즈힙은 들장미 열매이다. 비타민 C와 비타민 A 등의 성분 등이 함유되어 피로 회복과 눈 건강에 유익한 것으로 알려졌다.

4. 차를 즐기는 방법

나라마다 차를 즐기는 방법이 다르지만, 보통은 끓는 물을 담고 티백이나 가루를 넣고 적정 시간 우려내면 맛이 잘 우러난다. 물의 온도는 70~75℃ 정도가 적당하다.

레몬티(Lemon Tea)

뜨거운 물에 홍차 티백을 넣어 우려낸 후 레몬 조각을 넣어 마시는 방법으로, 레몬으로 인해 산미가 높아지고 홍차의 색깔이 더욱 진해진다.

밀크티(Milk Tea)

뜨거운 물에 홍차 티백을 넣어 우려낸 후 따뜻하게 데운 우유를 넣어 마시는 방법으로, 기호에 따라 꿀이나 설탕 등 단맛을 추가하기도 한다.

☞ 홍차에 레몬과 우유를 동시에 넣어 마시면 레몬의 산성과 우유의 단백질 성분이 충돌하여 풍미가 오히려 떨어지므로 주의한다.

아이스티(Ice Tea)

잔에 얼음을 가득 담고 진하게 우려낸 차를 따라 마시는 것으로, 차를 우려낼 때에는 뜨거운 물로 천천히 우려내야 향과 맛을 제대로 낼 수 있다. 기호에 따라 레몬을 함께 넣어 마시기도 한다.

5. 차 서비스 방법

1) 기내 일반석 서비스 방법

- 서비스 가용시간이 적은 단거리 노선의 경우 티 서비스용 Pot에 티백을 우려서 준비한 후 Small Tray와 준비된 Tea Pot를 활용하여 서비스한다.
- 중장거리 노선의 경우 티백을 종류별로 가지런하게 Small Tray 위에 준비하고 뜨거운 물이 담긴 Pot를 이용하여 서비스한다.

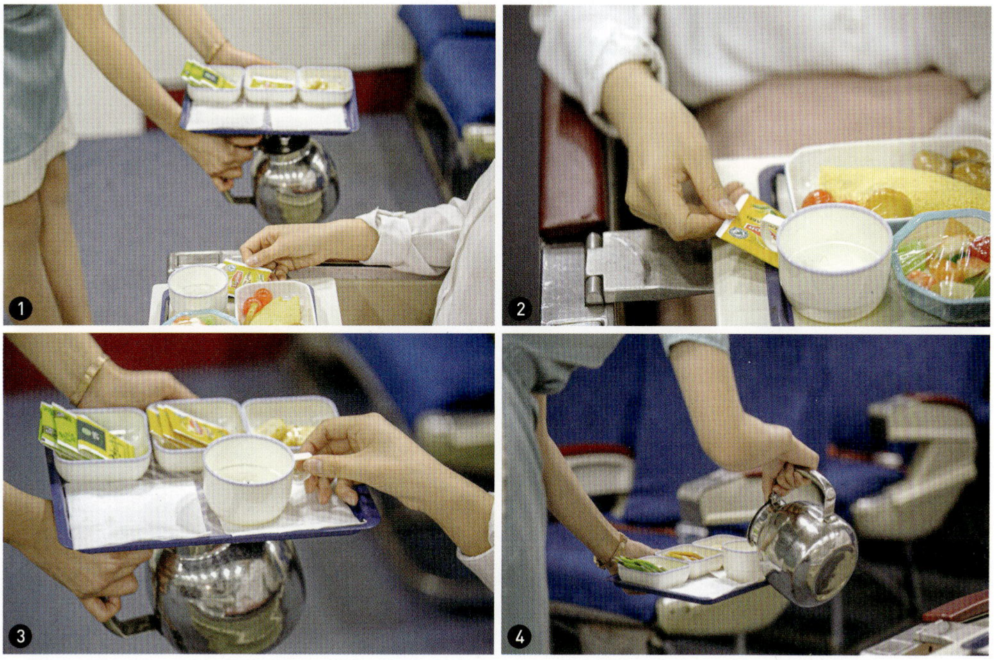

1~4. 식사 서비스 시 차 제공 방법(일반석)

- 식사 서비스 이외의 시점에 개별적으로 서비스하는 경우에는 주문받은 티백과 뜨거운 물을 종이컵에 담아 제공한다.
- 서비스 시 뜨거우니 조심하시라는 기내 대화문을 꼭 활용한 후, 안정적인 위치에 내려놓아 화상이 발생하지 않도록 주의한다.
- 홍차를 주문받았을 때에는 크림이나 설탕 등의 여부를 주문받고 제공 시 머들러를 함께 서비스한다.

2) 기내 상위클래스 서비스 방법

- 홍차를 주문받았을 때에는 레몬이나 우유와 함께 드실지를 확인하여 원하시는 경우 함께 제공할 수 있도록 한다.
- 크림이나 설탕을 함께 마시는 경우 티스푼을 함께 제공한다.
- 일등석에서는 개인용 Tea Pot 자체를 서비스한다. 또한 밀크티로 마시는 경우 Milk Pitcher를 사용하여 데운 우유를 함께 제공한다.
- 상위클래스에서 따뜻한 음료를 서비스하는 경우 잔도 따뜻하게(Warming) 준비한다.
- 서비스 시 뜨거우니 조심하시라는 기내 대화문을 꼭 활용한 후, 안정적인 위치에 내려놓아 화상이 생기지 않도록 주의한다.

상위클래스 홍차 준비 방법(밀크티)

고객 VOC 사례로 살펴본 Hot Beverage 서비스 시 유의사항

◘ 아래 가상의 고객 VOC 사례를 살펴보고 기내에서 Hot Beverage 서비스 시 주의해야 할 사항을 다시 한번 생각해 보자.

• • • • • • • • • • • • •

사례 1

식사를 거의 다 마치고 디저트와 함께 커피를 마시려고 주문했습니다. 승무원이 잔에 커피를 담아 주며 뜨거우니 조심하라고 했는데 마셔 보니 이미 내린 지 오래된 것 같았고 미지근한 온도의 커피였습니다.

저는 다시 준비해 달라고 요청하고 잠시 기다렸습니다. 이번에는 커피를 새로 뜨겁게 준비해 주었습니다. 이것까지는 좋았는데 굳이 커피를 제 옆자리에 앉아 있던 네 살짜리 딸아이 쪽에 놓는 순간, 아이가 컵을 치며 뜨거운 커피가 제 허벅지 쪽으로 쏟아졌습니다.

저는 담요를 덮고 있었고 두꺼운 청바지를 입고 있었기 때문에 큰 화상은 면했습니다. 하지만 만약 어린 제 딸에게 뜨거운 커피가 쏟아졌다면 어떻게 되었을까 생각하니 아찔하여 이렇게 글을 쓰게 되었습니다.

사례 2

평소 커피에 관심이 많아 에스프레소 안내지를 받은 후 궁금한 점을 질문했습니다. 생소한 커피 명칭이 있어 승무원에게 물어보았는데 "저도 사실은 전문가가 아니어서요. 잘 만들어 드릴 수 있을지 모르겠습니다."라는 답변 후 "카푸치노는 어떠십니까?"라며 질문한 커피와 다른 메뉴를 권하는 것이었습니다.

그럴 거면 왜 굳이 커피의 여러 종류를 설명한 안내지를 주고 선택하라고 했는지 이해가 되지 않았습니다. 최고의 서비스가 이루어져야 하는 최상위클래스에서 기본적인 식음료 메뉴도 숙지하지 않은 승무원이 근무한다는 것도 어울리지 않는다고 생각합니다.

사례 연구 노트

사례 연구를 읽고 다음 질문에 대한 답을 써 보자.

1. 이 사례에서 불만이 발생한 원인이 무엇인지 기내 커피 서비스 규정을 활용하여 생각해 보자.

2. 이와 같은 불만 사례가 재발하지 않도록 방법을 생각해 보자.

학습 정리 & Quiz

수업 목표: 비알코올 음료에 대해 이론적 지식과 서비스 방법을 알 수 있다.

날짜	년 월 일	과목명	
반/학번/이름	/ /	담당 교수	

1. 빈칸을 채우며 비알코올 음료의 종류를 정리해 보세요.

	청량음료	영양 음료
Cold Beverage		
	커피류	차류
Hot Beverage		

2. 아래 표를 채우며 에스프레소 커피 메뉴를 정리해 보세요.

	카푸치노		베일리스 커피
에스프레소를 추출한 후 뜨거운 물을 섞어 농도를 연하게 하여 마시는 방법이다.		카푸치노보다 우유 거품이 미세하고 평평하여 부드러운 맛이 특징이다.	

3. 일반석 커피 서비스를 정리해 보세요.

4. 일반석 차 서비스를 정리해 보세요.

Beverage Story

우리나라에만 있는 특별한 음료 이야기

다섯 가지 맛이 난다는 신비로운 전통 음료와 건강에 좋은 전통차 이야기

우리나라의 대표적인 FSC 항공사인 대한항공에서는 상위클래스에서 특별한 전통차를 서비스하고 있다. 장거리 노선의 경우 일등석에서는 오미자차 서비스가 이루어지며 일부 단거리 노선에서는 전체 상위클래스에서 홍삼차 서비스가 시행되고 있다.

오미자차는 오미자의 열매를 달인 차로 다섯 가지 맛인 단맛, 신맛, 쓴맛, 짠맛, 매운맛을 고루 함유한 차로 유명하다. 특히 전통적인 방법으로 잣을 위에 띄우고 배 화채를 곁들여서 고전적 향취를 더하고 배의 시원한 단맛을 가미하여 서비스하고 있다. 이때 고전미를 물씬 풍기는 도자기와 고유한 아름다운 붉은 빛깔의 오미자차 전용 잔에 서비스하여 눈으로 보는 즐거움까지 선사하고 있다.

홍삼차는 전통차라는 이색적일 뿐만 아니라 면역력 증진 등의 효과로 해외에서도 주목받는 특산품인 홍삼을 활용한 음료로, 외국인 승객에게 특별한 체험을 주는 고급 음료 서비스이다. 특히 일등석에서는 전통적으로 쓴맛이 나는 차를 마신 후 입가심으로 먹는 곶감말이를 곁들여서 홍삼 특유의 쓴맛을 어려워하는 승객도 곶감과 함께 맛있게 즐길 수 있도록 하고 있다.

점차적으로 전체 클래스에서 한국의 전통차 서비스를 더욱 활발하게 선보이길 바라며, 외국인의 입맛을 고려하여 레몬차와 비슷하나 단맛이 가미된 유자차나 영양 음료로 손색없는 율무차 등 다양한 전통차 메뉴를 기내 기호 음료 메뉴로 개발해 보면 좋을 듯하다.

CHAPTER

05

항공 기내 음료 서비스의 이해

01 기내 음료 서비스의 원칙과 방법

지금까지 기내에서 서비스하는 각종 음료에 대해 기원과 역사, 제조 원료와 방법 등 다양한 특징을 알아보고 서비스하는 방법에 대해서도 살펴보았다. 그럼으로써 NCS 능력 단위 요소인 '기내 음료 파악하기'와 '기내 음료 제공하기'와 관련된 내용을 자세히 알 수 있었다.

이 장에서는 앞서 배운 이론적 지식을 토대로 기내 음료 서비스라는 실무 지식을 총정리하고자 한다. 또한 기내 서비스의 전체 과정 중에서 음료 서비스와 관련된 절차를 연관 지어 살펴보고 노선별 식음료 서비스 내용과 수행 방법을 파악할 수 있도록 정리해 볼 것이다.

한편, 최근 식음료와 관련된 대중문화 콘텐츠의 발달로 식음료 서비스에 대한 일반 승객의 관심이 갈수록 증가하고 지식이 전문화되고 있다. 따라서 기본

적인 음료 서비스 방법뿐만 아니라 예상되는 고객의 전문적인 식음료에 대한 질문에 즉각적인 적절한 응대를 위한 심화 학습도 필요할 것이라고 여겨진다.

먼저 식음료 서비스에 대한 고객 불만을 방지하고 만족도를 높이기 위해 기내 음료 서비스의 기본 원칙을 바르게 정립해야 한다. 동시에 기내 음료 서비스에 대한 고객의 추가적인 요구사항과 개별적인 질문 등에 대해서도 고객의 입장에서 생각해 보아야 할 것이다. 더 나아가 항공기 기내 환경과 조건이 동일한 비행 실습실에서 직접 음료를 서비스하는 실습을 해 보고, 승객의 역할을 하면서 고객 만족을 높이기 위한 식음료 서비스 방안도 생각해 볼 수 있다.

1. 음료 서비스 단계별 원칙

항공사마다 자사의 정책과 노선별 특색에 맞는 별도의 기내 식음료 서비스 규정과 원칙을 갖고 있으나 여러 항공사에서 공통되는 기본 원칙이 있다. 여기서는 음료 서비스를 식음료 준비, 식음료 서비스, 식음료 회수라는 세 단계로 나누어 공통되는 기본 원칙을 알아본다.

1) 식음료 준비

- 서비스 온도에 주의하여 따뜻하게 제공해야 하는 음료는 따뜻하게, 시원하게 제공해야 하는 음료는 시원하게 준비한다.
- 음료가 지나치게 뜨거운 경우 화상을 입을 수 있다. 그러므로 보온성이 뛰어난 신형 음료 서비스용 Pot를 사용할 때에는 서비스 전 상온의 물로 서비스 적정 온도를 맞추어 놓는다.
- 음료를 지나치게 차갑게 보관할 경우 음료가 얼어 있는 상태로 제공할 수 있다. 그러므로 기내 냉장고와 얼음 Drawer를 이용하여 적절한 온도로 칠링(Chilling)하여 준비하며, 냉장고의 냉동기능 사용은 지양하며 드라이아이스를 이용하는 경우 더욱 주의를 기울인다.
- 과일 주스나 우유 등 유통기한이 정해져 있는 음료는 서비스 전 유통기한이나 제조일자를 확인하고, 기타 알코올 음료도 상태를 점검해야 한다.

음료 서비스 준비(Tray Basis)

서비스 전 기물의 청결도 확인

- 기물을 사용하여 제공하는 경우 해당 기물의 청결도를 점검한 후 음료를 담아 준비한다.
- 음료를 서비스할 때에는 반드시 컵의 상태를 살펴보아 파손 및 청결 상태를 점검한다. 특히 Tray Basis 서비스 음료를 준비할 때에는 승객에게 제공하기 직전에 확인할 수 없으므로 갤리에서 꼼꼼하게 상태를 확인해야 한다.
- 승객에게 안정감 있게 서비스할 수 있도록 카트 상단이나 Tray 위에 놓여 있는 음료가 쏟아지지 않게 주의한다.
- Cart Presentation 서비스의 경우 음료의 로고가 승객을 향하도록 하여 승객이 직접 다양한 음료를 보고 선택할 수 있도록 한다.

2) 식음료 서비스

- 따뜻한 음료를 서비스할 때에는 화상의 위험을 방지하기 위해 반드시 복도에서 음료를 따르고 승객에게 건네기 전에 화상에 주의할 것을 안내한다.
- 창 측 좌석의 승객부터 주문을 받아 안쪽 승객부터 차례로 서비스하며, 어린이나 노약자 승객의 경우 상황에 따라 먼저 주문받고 우선 제공하는 것이 가능하다.

- 창 측 또는 안쪽 승객에게 서비스할 때 통로 측 승객의 개인용 모니터 등을 가리게 될 경우 사전 양해를 구한다.
- 서비스하기 전에 해당 음료의 특징을 잘 숙지하고 종류가 다양한 경우 종류를 적절히 안내하고 주문을 받아야 한다.
- 승객 방향의 손으로 음료를 제공하여 바른 자세로 안정감 있게 서비스해야 하나 뜨겁거나 무거운 것을 제공할 때에는 사용하기 편한 손으로 해도 무방하다.
- 편승 승무원을 포함하여 근무 중인 승무원과 제복을 착용한 항공사 직원에게는 알코올성 음료를 제공하지 않는다.
- 만 19세 미만 미성년 승객에게는 알코올성 음료를 제공하지 않으며 확인이 필요한 경우 정중하게 여권 등의 신분증 확인을 요청할 수 있다.
- 기내에서 서비스로 제공한 알코올성 음료를 기내에서 마시지 않고 항공기

밖으로 반출하려는 의도를 가진 승객에게는 알코올성 음료를 제공하지 않음을 정중히 안내한다.

- 기내에서 제공하지 않은 알코올성 음료 또는 승객이 외부에서 반입하거나 기내 면세품으로 구입한 알코올성 음료는 기내에서 마시지 않도록 안내한다.
- 음료를 서비스할 때에는 컵의 하단이나 와인 잔의 Stem 부분을 잡으며 음료가 담긴 부분이나 승객의 입이 닿는 잔의 상단 부분은 만지거나 손이 닿지 않도록 주의한다.
- 음료는 보통 잔의 7~8부를 제공한다. 기내 난기류 발생 시나 어린이 승객에게 제공할 때에는 컵의 1/2 또는 2/3 정도만 따르고 잠시 후 더 제공할 것을 안내한다. 추가 제공 시 같은 양을 서비스한다.

3) 식음료 회수

- 음료를 다 마신 승객에게는 만족도와 더 드실지를 확인한 후 회수하며, 서비스를 시작한 방향과 동일한 방향으로 회수하도록 한다.
- 일반적으로 회수 시에는 Tray를 사용하여 승객이 이용한 컵 등을 회수하도록 규정하고 있으나 일반석에서는 Drawer를 사용하여 회수할 수 있다.
- 서비스 순서와 반대로 통로 측 승객부터 회수한 후 안쪽의 창 측 승객 순으로 회수한다.

Tray를 사용하여 회수하는 모습

Drawer를 사용하여 회수하는 모습

- 회수 시에는 Meal Cart나 Tray 위에 냅킨이나 Paper Towel을 비치해 두어 필요한 경우 승객의 Tray Table을 닦아 드린다.

2. 음료 서비스 방법의 구분

기내에서 음료를 서비스하는 방법은 크게 세 가지로 나눌 수 있다. 첫째는 Meal Cart 상단이나 Serving Cart 등을 이용하여 서비스하는 Cart Presentation 방식이다. 둘째는 Large Tray를 이용하여 세 가지 정도의 음료를 따라서 냅킨과 함께 제공하는 Tray Basis 방법이다. 마지막으로 앞의 두 방법과는 달리 승객이 먼저 요청할 경우 개별적으로 서비스하는 방법인 Small Tray를 이용하는 개별 서비스 방식이 있다.

1) Cart Presentation을 이용한 서비스

Cart Presentation 방식은 카트 상단에 각종 음료와 음료 서비스 시 필요한 소모품을 갖추어 놓고 승객이 직접 다양한 음료를 보고 선택할 수 있다는 점과 다수의 승객에게 다양한 음료를 안정감 있게 서비스할 수 있다는 특징이 있다.

국제선의 경우 이륙 직후 기내식을 제공하는 비행편에서는 Meal Cart 상단에 음료를 준비하여 식사와 함께 제공한다. 하지만 보통은 카트 내부의 Meal Tray

Cart Presentation을 이용한 서비스

를 먼저 제공한 후 식사와 함께 즐길 수 있는 와인이나 그 외 음료를 주문받는다.

한편 상위클래스에서는 식사 전 Aperitif 서비스를 제공하는데, 노선에 따라 Serving Cart를 이용하여 Presentation 방식으로 하고 있다. 상위클래스에서는 더욱 다양한 종류의 음료가 서비스되기 때문에 Cart Presentation 방식이 효과적이며, 특히 여러 종류의 음료를 담을 수 있는 Serving Cart에 Cart Mat 등을 깔고 사용한다.

Cart Presentation으로 음료 서비스를 할 때는 승객에게 음료의 종류가 잘 보여야 하고 상품 로고가 승객 쪽을 향하도록 카트 상단에 준비해야 한다. Serving Cart를 이용하는 경우 상단과 중단을 이용하여 서비스하며, 하단은 승객의 시선이 머물기 어렵기 때문에 회수 시에만 사용한다.

Cart Presentation 서비스 시 유의사항

- 안전과 관련된 Cart Handling 방법에 유의하여, 사용하지 않을 때는 반드시 고정 상태로 (Locking) 해 둔다.
- 카트를 손으로 잡거나 카트에 기대어 서비스하지 않도록 한다.
- 음료를 따를 때에는 카트 바깥에서 자세를 낮추어 따른다.
- 카트에서 음료를 준비할 때에도 표정을 밝게 유지한다.
- 카트에 놓은 음료가 쏟아지지 않도록 주의하고 심한 난기류가 발생하여 서비스를 중단할 때에는 따뜻한 음료를 카트 안쪽으로 옮기고 침착하게 카트를 갤리 원위치에 갖다 놓는다.
- 심한 난기류가 발생했는데 카트를 갤리로 원위치시킬 수 없는 경우 통로에 대각선으로 고정하고 승무원들도 근처 빈자리에 앉아 좌석벨트로 몸을 고정하거나 빈 좌석이 없는 경우 팔걸이에 몸을 고정한다.

2) Tray Basis를 이용한 서비스

Cart Presentation 방식으로 음료 서비스를 하기 위해서는 카트 상단을 준비할 시간과 승객이 음료 등을 충분히 살펴보고 선택할 수 있는 서비스 시간이 확보되어야 한다. 따라서 국내선 노선 중 비행시간이 30분이 채 되지 않는 구간에서는 카트 대신 Tray를 이용하여 음료 서비스를 진행한다.

PLUS 사진으로 정리하는 Cart를 이용한 음료 서비스

Cart 사용 기본 방법

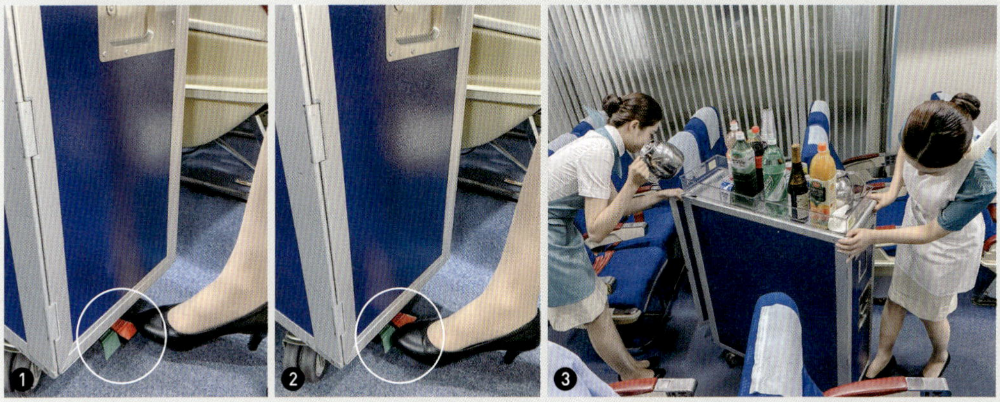

1. **카트를 고정시키는(Locking) 모습:** 서비스 시에는 하단의 붉은색 페달을 밟아 카트를 고정해 둔다.
2. **카트의 고정장치를 해제하는 모습:** 카트를 이동시킬 때에는 녹색 페달을 밟아 고정장치를 해제한다.
3. **난기류(Turbulence) 발생 시 대처 모습:** 심한 난기류 발생 시에는 음료 서비스를 중단하고 따뜻한 음료를 카트 안쪽으로 옮기고 카트를 고정한 후 승무원도 가까운 빈 좌석에 착석하여 좌석벨트를 착용한다.

Cart Presentation 서비스 종류

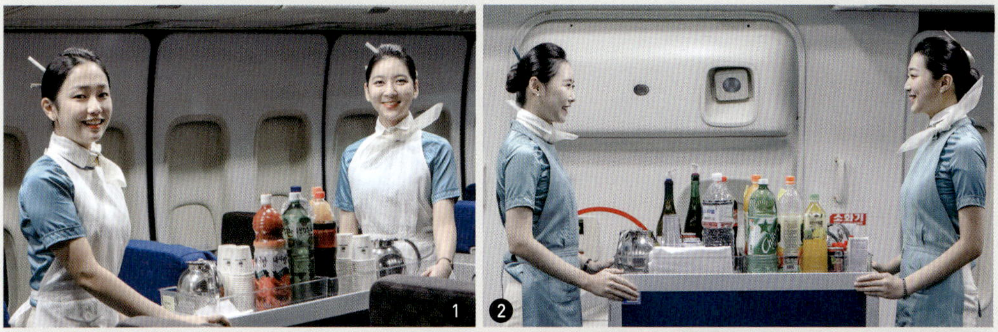

1. 국내선 음료 서비스
2. 국제선 일반석 음료 서비스
3. 프레스티지석 식사 시 와인 서비스
4. 프레스티지석 Pre-Drink 서비스

Cart Presentation 방식이 승객이 직접 다양한 음료를 보고 선택할 수 있으며 다수의 승객에게 다양한 음료를 서비스하기에 수월한 방법이라면, Tray Basis 방식은 다수의 승객에게 선호도가 높은 서너 가지 음료를 신속하게 제공할 수 있다는 장점이 있다.

보통은 Large Tray에 음료수가 담긴 컵을 승객이 직접 집기 편하게 일정 간격을 띄어 올려놓은 후 음료의 종류별로 일렬로 가지런히 정렬한다. 냅킨을 함께 준비하며, 승객이 원하는 음료를 바로 알아보고 안정감 있게 집을 수 있도록 Tray 장축의 가운데 부분을 균형감 있게 잡으며 서비스 시 승객의 팔걸이까지 Tray를 낮춘다.

서비스 직전에 컵의 청결도와 파손 여부를 확인하기 어려우므로 갤리에서 준비할 때 컵 상태를 꼼꼼하게 점검해야 한다. 승객이 음료를 집을 때 다른 컵을 쳐서 쓰러뜨리지 않도록 컵을 Large Tray에 올려놓을 때 간격을 유지하고 여러 잔에 음료가 담겨 있으므로 쏟아지지 않도록 주의한다.

국제선의 Tray Basis 음료 서비스

- 도착 전 기내식을 제공하는 동남아 심야 출발편 등의 노선의 경우, Tray Basis 방식으로 음료를 서비스한다.
  ☞ 승객의 휴식 시간을 확보하기 위해 이륙 후 간단한 스낵 대용으로 견과류 등과 함께 음료를 Tray Basis 방식으로 서비스한다.
- 장거리 두 번째 식사 서비스 전이나, 중거리 도착 전 기내식이 서비스되기 전에 비행 중 스낵과 함께 음료를 제공하는 경우, Tray Basis 방식으로 음료를 서비스한다.

Tray Basis 서비스 시 유의사항

- 음료를 준비할 때 컵의 청결도와 파손 여부를 한 번 더 꼼꼼하게 점검한다.
- 바스켓에 견과류 등 스낵류를 함께 준비하여 제공한다.
- 준비되지 않은 음료를 주문할 경우 갤리에서 별도로 준비하여 제공한다.
- 갤리 담당 승무원은 음료 서비스가 진행되는 동안 음료에 대한 승객의 선호도 및 추가 리필 사항 등을 수시로 살펴보고 지원한다.

1. 일반석 Tray Basis 준비 모습: 환경 보존을 위해 플라스틱 컵 대신 종이컵 사용이 권장된다.
2. 일반석 견과류 바스켓 준비 모습(일부 심야 출발 노선)
3. 상위클래스 스낵과 음료 서비스(Tray Basis)

- 안정감 있게 제공할 수 있도록 Tray를 팔걸이 위치까지 낮춘 후 승객이 직접 원하는 음료와 냅킨을 집도록 안내한다.

3) Tray를 이용한 개별 서비스

비행 중 개별적으로 승객이 요청하는 경우에는 Small Tray를 사용하여 주문받은 음료를 서비스할 수 있다. Small Tray는 여러 가지 서비스 물품을 제공할 때 사용할 수 있는 기물로 식음료 제공 시에는 청결하게 준비하여 사용한다.

Tray 사용 방법 및 서비스 시 유의사항

- Tray는 사용 전에 Tray Mat를 함께 준비하여 서비스 용품이 미끄러지지 않도록 한다.

- Tray는 직사각형 형태로 되어 있으므로 사용할 때에는 길이가 긴 쪽(장축)을 양손으로 잡아 통로와 평행이 되도록 한다.
- Tray를 들고 이동할 때에는 가슴과 수평이 되도록 하고, 서비스를 끝내고 빈 Tray로 이동할 때에도 수평으로 들어야 한다. 이때 Tray를 수직으로 세우거나 밑면이 보이게 들지 않도록 한다.
- Tray는 통로(Aisle) 쪽에 위치하도록 하며 서비스 시에는 Tray 위치를 팔걸이까지 낮춰서 안정감 있게 서비스한다.
- Tray를 사용하여 물품을 회수할 때에는 몸의 가까운 안쪽부터 물품을 놓고 무겁거나 부피가 큰 물품은 안쪽에 놓아야 Tray의 무게 중심이 바깥으로 쏠리지 않아 안정감을 유지할 수 있다.

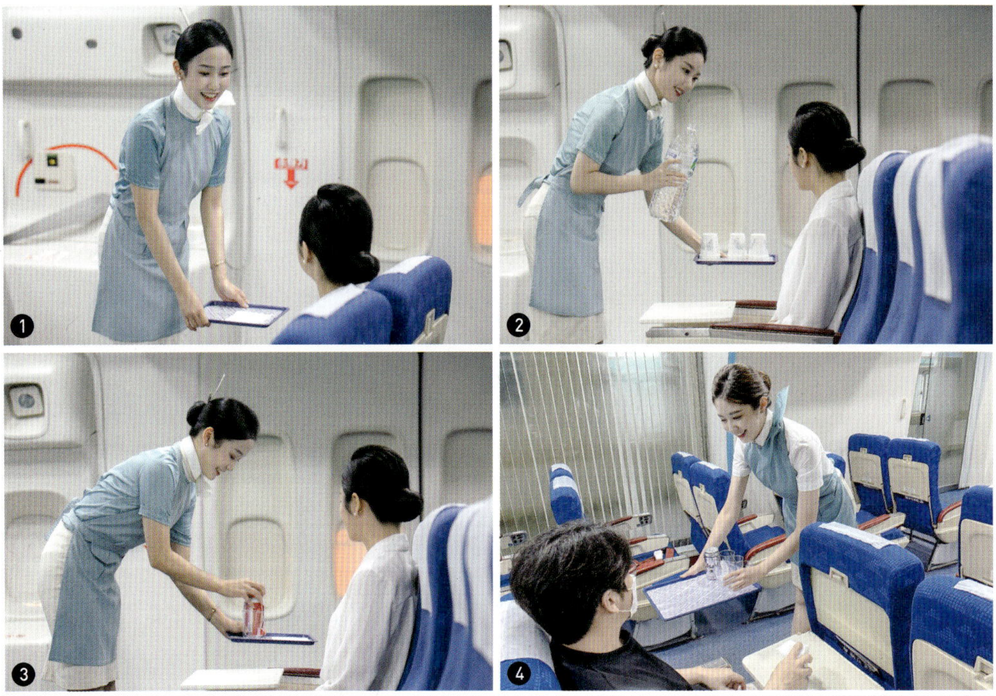

Small Tray를 이용한 개별 서비스

1. 고객 요청 주문접수
2. 승객 휴게 시 생수 서비스
3. 맥주 개별 서비스
4. 회수 서비스

02 기내 음료 서비스의 절차

이번에는 앞에서 살펴본 기내 음료 서비스와 관련된 기본 원칙을 바탕으로 비행 시점에 따른 음료 서비스에 대해 살펴보도록 하겠다. 항공 서비스 기본 과목에서 학습한 객실 승무원의 비행 시점별 업무를 정리해 보며 이와 관련된 음료 서비스 업무와 방법에 대해 알아보자.

시점별 객실 서비스 및 음료 서비스 업무

객실 서비스 업무	기내 음료 서비스 관련 업무
비행 전	
비행 전 객실 브리핑 참석	• 브리핑에서 식사 메뉴와 와인 종류 등 노선별로 제공하는 식음료 서비스와 관련된 정보를 공유한다.
승객 탑승 전 안전 보안 업무 및 서비스 물품 탑재 확인	• 물품의 봉인(Seal) 상태를 전체 물량의 20%에서 확인하여 기내식 탑재와 관련된 보안을 점검한다. • 음료 및 서비스 기물의 경우 수량, 상태, 위치 등 탑재 관련 사항을 확인하고 보고한다. • 시원한 음료(Cold Beverage)는 칠링(Chilling)해 둔다.
승객 탑승 시 업무	• 상위클래스에서는 Welcome Drink 서비스를 실시한다.
이륙 전 안전 업무	• 이륙 전에 컵 등을 회수하고, Tray Table의 원위치 상태, 갤리 내 카트 등 유동물의 고정 상태를 확인한다.
비행 중	
이륙 후 업무	• 이륙 후 갤리 브리핑을 실시한다. • 기내식 및 음료 서비스를 준비한다.
비행 중 업무	• Pre Drink 서비스(상위클래스)를 실시한다. • 기내식 및 음료 서비스를 제공한다. • 승객 휴게 시점에 스낵 및 음료 서비스를 제공한다.
비행 후	
착륙 전 준비 업무	• 착륙 전 갤리 브리핑을 실시한다. • Liquor List를 작성하고 봉인한다(Red Seal). • 서비스 용품 인수인계서를 작성한다. • 주무셨던 승객 등 기내식 미취식 승객을 확인하고 응대한다. • 착륙 준비를 위해 컵 등을 회수하고, Tray Table의 원위치 상태, 갤리 내 카트 등 유동물의 고정 상태를 확인한다.

1. 지상 업무

객실 승무원은 비행 전 사전준비부터 탑승하기까지 수행할 일이 많지만 여기서는 음료 서비스와 관련된 지상 업무에 대해 알아본다. 확인 및 점검할 사항으로 서비스 물품의 탑재 상태와 갤리 설비에 대해 살펴보고, 지상 서비스 및 이륙 전 안전 업무를 파악하도록 한다.

1) 서비스 물품 탑재 확인

기내 식음료와 관련된 서비스 물품은 기내에서 서비스 용도로만 사용되는 물품으로 기용품이라고 한다. 기용품은 기내식 보관 창고에 적재하고 있다가 비행 편수별로 필요량을 파악하고 검수 작업을 거쳐 기내에 탑재한다. 항공기 보안을 위해 모든 서비스 물품은 Seal로 봉인되어 기내에 탑재되며, 객실 승무원은 탑재된 서비스 물품의 Seal 번호와 상태를 총 물량의 20%에서 확인하는 것으로 보안 점검을 시행한다.

Seal 번호가 Seal Check List의 번호와 다르거나 Seal이 뜯겨 있는 경우에는 객실 사무장에게 보고하고 케이터링 담당자와 상호 확인 절차를 거쳐야 한다. Seal 상태 확인이 끝난 후에는 Seal을 개봉하고 탑재된 내용을 확인한다. 음료의 경우에는 종류별로 서비스 수량이 충분하게 실렸는지와 유효기간 혹은 제조일자를 확인하여 서비스 가능 여부를 점검해야 한다.

Seal 번호 확인

Seal 상태 확인

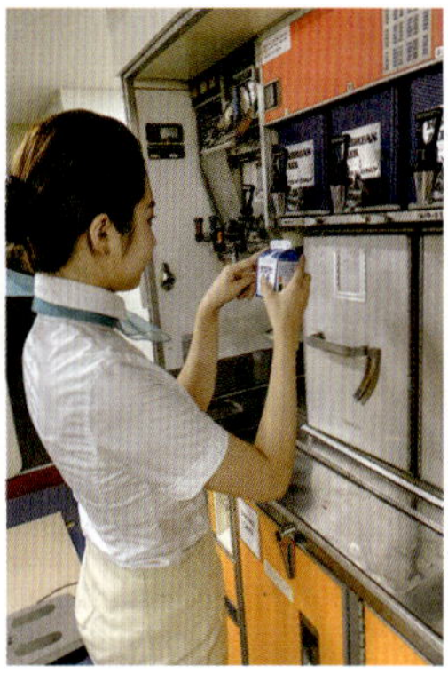
유통기한 확인

지상 서비스 준비

2) 갤리 설비 점검

항공기에 탑승한 후에는 갤리 내 설비 시설의 전원을 켜고 각 기기의 작동 여부를 빠짐없이 점검해야 한다. 여기서는 주요 시설을 중심으로 살펴본다.

워터 보일러와 커피 메이커(Water Boiler & Coffee Maker)

기내에서 뜨거운 물을 공급하는 장치인 워터 보일러나 커피 메이커는 전원을 켜기 전에 기포가 없는 물이 나올 때까지 물을 빼내는 에어 블리딩(Air Bleeding)을 반드시 실시해야 한다.

드레인(Drain)

비행 중 갤리에서 사용하고 남은 물을 버리는 장치인 드레인에는 순수한 물만 버려야 한다. 드레인에 버려진 물이 항공기 외부 밑부분에 설치된 드레인 마스터를 통해 외부로 배출되기 때문에 지상 주기 중에는 드레인에 오물을 버리지 않도록 하며 청결 및 배수 상태 등을 확인한다.

쓰레기 압축기와 쓰레기통(Trash Compactor & Trash Bin)

기내에서 수거된 쓰레기를 효율적으로 처리하여 부피를 줄이는 쓰레기 압축기인 Trash Compactor의 작동 여부를 점검하며, 교체용 빈 상자가 별도로 탑재되었는지 확인한다. 쓰레기통 등은 지상 조업사에 의해 깨끗하게 비워졌는지 확인하여 이륙 후 식음료 서비스를 회수할 때 원활하게 회수 물품이 정리될 수 있도록 한다.

전원 작동

Air Bleeding 실시

3) 지상 서비스 및 이륙 전 안전 업무

상위클래스에서는 지상에서 탑승을 환영하는 마음을 담아 Welcome Drink를 Tray를 이용하여 서비스하고, 일반석에서는 개별적으로 음료를 주문하는 승객이 있을 때 Small Tray를 이용하여 개별 서비스를 수행한다.

상위클래스 Welcome Drink 서비스를 제공하기 위해서는 항공기 탑승 후 샴페인과 주스 등을 시원하게 칠링(Chilling)해 두어야 하며, 서비스 후 이륙 전에는 사용하고 난 컵 등을 반드시 회수해야 한다. 또한 지상에서 음료 서비스 등을 위해 Tray Table을 펴 놓은 경우 원위치하여 접도록 안내한다.

Welcome Drink 서비스(상위클래스)

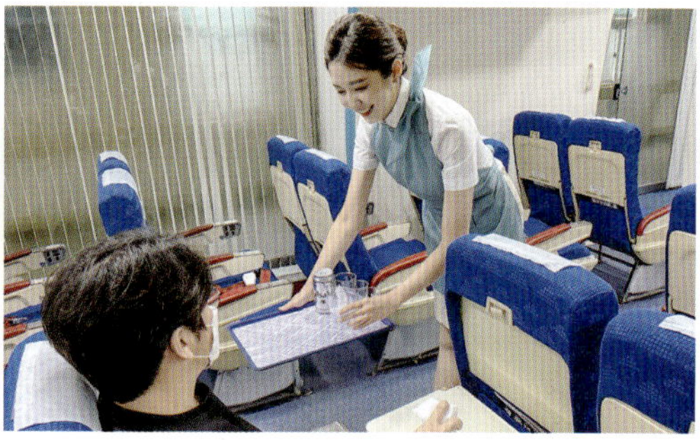
이륙 전 서비스 물품 회수(일반석)

2. 이륙 후 기내 식음료 준비 및 서비스 수행

이륙 후 이루어지는 식음료 서비스와 관련된 업무에 대해 알아본다. 먼저 서비스 절차를 다시 한 번 숙지하고 서비스 정보를 공유하는 갤리 브리핑부터 실시하며, 브리핑이 끝난 후 서비스 준비가 시작된다. 이번 장에서는 음료의 서비스 방법까지 살펴보도록 하며, 종류별로 음료를 구분하여 알아보도록 한다.

1) 갤리 브리핑 실시

이륙 후 좌석벨트 사인이 꺼지면 객실 승무원은 담당 구역(Zone) 갤리에 모여 갤리 브리핑을 한다. 기내 서비스와 관련된 종합적인 내용을 공유하여 고객 불만을 방지하고, 팀워크를 발휘하여 서비스가 원활하게 이루어지게 하기 위함이다.

갤리 브리핑

이륙 후 갤리 브리핑

시점	Fasten Seat Belt Sign Off 시점
목적	탑승객 정보와 기내식 관련 정보 공유를 통한 만족도 높은 기내식 서비스 수행
내용	• 기내식의 내용과 탑재 수량, 위치 등 • 특별식 관련 사항(특별식 종류와 지상에서의 승객과 주문 사항) • 승객과 관련된 기타 특별 사항

2) 식음료 서비스 준비

이륙 후 갤리 브리핑을 마친 후에는 본격적으로 식음료 서비스 준비를 시작한다.

- 국제선의 경우에는 데워진 식사를 카트 내부의 Meal Tray에 세팅한 후 Meal Cart 상단에 서비스할 음료를 담는다.
- 이륙 후 식사 서비스가 바로 이루어지지 않는 노선에서는 Tray Basis와 견과류 바스켓을 준비한다.
- 국내선의 경우에는 식사 서비스가 제공되지 않기 때문에 이륙 후 바로 카트 상단에 서비스할 음료와 냅킨 등의 소모품류를 올려놓고 서비스할 준비를 한다.
- 상위클래스의 경우에는 식사 전 음료 서비스가 별도의 코스로 이루어지기 때문에 Serving Cart를 이용

카트를 준비하는 모습

하여 샴페인, 와인, 위스키 등의 주류와 주스류 등 각종 음료를 준비한다.

3) 음료별 서비스 방법

음료는 특징에 맞는 온도로 준비되어야 한다. 따라서 시원하게 즐겨야 하는 청량음료나 영양 음료 등은 차갑게 칠링하여 준비하고 따뜻한 커피나 차는 화상에 유의하여 적정 온도로 승객에게 제공될 수 있도록 유의하여 서비스 준비가 이루어져야 한다.

음료의 분류와 종류별 서비스 방법(비알코올 음료와 알코올 음료)

비알코올 음료	
생수	• 생수는 시원하게 준비하여 얼음 없이 제공한다. • 남은 양이 1/2 이하인 경우 더 제공한다.(Refill)
주스	• 시원하게 준비하여 얼음 없이 제공하는 것을 원칙으로 한다. • 다만 승객이 원할 경우 시원하지 않은 음료에 한해 얼음을 넣어 제공할 수 있다.
소프트 드링크	• 시원하게 준비하여 얼음과 함께 제공한다. • 얼음이 담긴 잔과 캔을 함께 서비스할 때에는 캔은 왼쪽에, 잔은 오른쪽에 서비스한다.
우유	• 항상 차갑게 보관하며 유통기한을 확인한 후 제공한다. • 우유팩과 빈 잔을 함께 제공한다. • 따뜻한 우유를 주문받은 경우 뜨거운 물에 우유를 팩째 넣고 데워서 제공한다.(우유를 끓이지 않는다.)
알코올 음료	
와인, 샴페인	• 와인은 종류별로 적합한 온도로 준비한다. • 샴페인은 얼음과 물이 담긴 Ice Bucket에 시원하게 칠링하여 준비한다. • 와인 잔을 먼저 서비스한 후 리넨과 와인 병을 준비하고 주문받은 와인의 라벨을 보여드린 후 서비스한다. • 상위클래스에서는 코스터(Coaster)를 잔 밑에 받칠 수 있도록 함께 서비스하며, 시음 의사가 있는지 여쭙는다.
위스키	• 얼음과 함께 마실지 여쭙고, 얼음 없이 스트레이트(Straight)로 마실 때 함께 마실 음료인 체이서(Chaser)도 주문을 받는다. • 온더록스(On the Rocks)에는 '2oz', 스트레이트에는 '1oz' 정도의 양이 적당하다. • 일반석의 경우 Miniature Type으로 제공하며, 제공 시 잔(Cup)에 따른 후 병을 제외하고 제공한다.
맥주	• 맥주 제공 시 거품이 튀지 않도록 유의하며 Open하여 제공한다. • 일반석에서는 잔(Cup) 사용 의향을 문의하여 요청 승객에게 제공하고, 상위클래스에서는 잔의 절반 정도를 따라서 잔과 캔을 함께 제공한다.
칵테일	• 갤리에서 주문받은 칵테일을 제조하여 제공한다. • 서비스 후에는 만족도를 확인한다.

음료의 분류와 종류별 서비스 방법(Hot Beverage)

커피	
Brewed Coffee	• 커피 브루(Brew) 전에 Coffee Pot를 세척해 둔다. • 커피는 서비스 직전에 내려서 신선하고 뜨거운 상태로 제공한다. • 내린 지 20분 이상이 경과한 커피는 제공하지 않는다. • 커피는 크림과 설탕을 주문받아 함께 제공한다.
Espresso Coffee	• 최상위클래스에서 에스프레소 머신을 이용하여 만들며 종류별로 제조 방법을 잘 익혀 서비스한다. • 설탕과 크림을 주문받아 함께 제공한다.
Decaffeine Coffee	• 뜨거운 물과 커피팩을 함께 제공한다. • 또는 팩을 뜯어 잔에 커피 가루를 담고 뜨거운 물을 부어 제공한다.
Instant Coffee	• 가루로 된 커피에 뜨거운 물을 적정량 부어 충분히 저은 다음 제공한다.
차	
홍차	• 일반 홍차를 주문한 경우 뜨거운 물과 티백(Tea Bag)을 제공한다. • 우유나 레몬을 곁들일지 여쭙고 필요시 함께 제공한다.
녹차	• 잔에 뜨거운 물을 따르고 티백을 따로 제공한다.

3. 비행 중 특수상황 응대

비행 중에는 여러 가지 예상하지 못한 일이 발생한다. 기내 음료 서비스와 관련하여 아래와 같은 상황이 발생하면 어떤 업무 절차가 필요한지 살펴보고 실제로 실습할 때적용해 보도록 하겠다.

1) 승객이 수면 중인 경우

식음료 서비스 시 승객이 수면 중이거나 자리를 비워 부득이하게 서비스하지 못한 경우, 원하는 때에 말씀해 달라는 내용이 적힌 서비스 스티커를 앞좌석에 부착한다. 승객이 해당 내용을 확인하지 못할 수도 있으므로 기내 순회(Walk Around) 시 승객의 상황을 살피도록 한다.

서비스 스티커를 부착한 경우 좌석 번호를 메모하여 다른 승무원과 공유하고 착륙 40분 전에는 해당 승객에게 식사와 음료의 취식 의사를 확인해야 한다. 주무셨던 승객이 기상한 경우, 시원한 물 등의 음료를 준비하여 제공하며, 식사

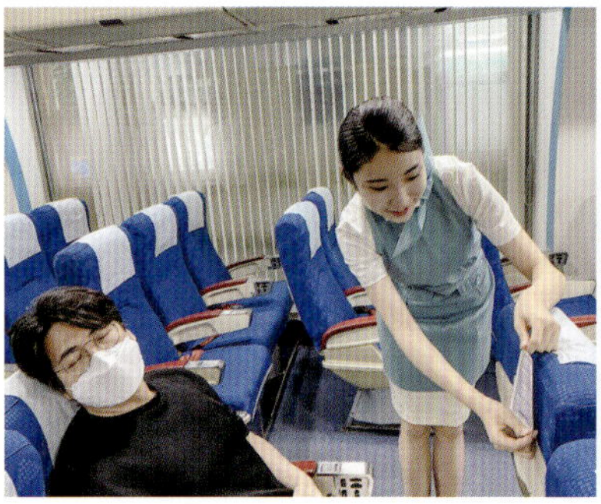

서비스 시 승객이 주무시거나 부재 중인 경우에는 앞좌석에 서비스 스티커를 부착한다.

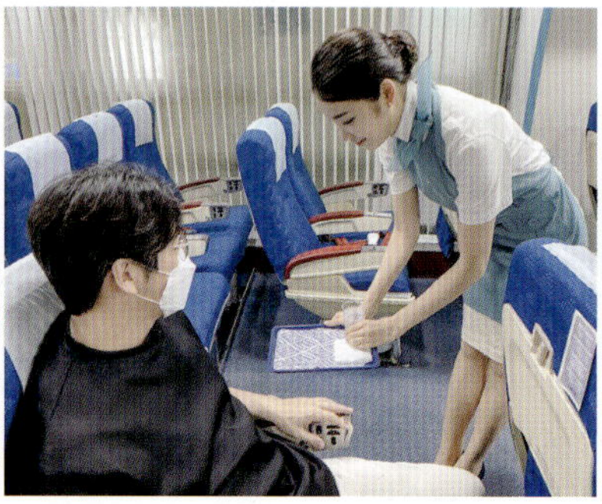

주무셨던 승객이 일어난 경우 시원한 물 등 음료를 먼저 제공한 다음 식사 제공 여부 등을 여쭙는다.

고객 응대 후에는 서비스 스티커를 제거한다.

취식 여부를 여쭙고 서비스 스티커를 제거한다.

2) 알코올 음료 서비스의 경우

기내는 지상과 달리 특수한 상황인 만큼 알코올 음료를 서비스하는 경우 다음 규정에 유의해야 한다.

- 만 19세 미만의 미성년자에게는 알코올 음료를 서비스할 수 없으며, 필요시 여권 등의 정보를 확인한 후 알코올 음료를 제공한다.
- 기내에서 서비스한 알코올 음료를 외부로 반출하려고 하는 경우에는 알코올성 음료를 제공할 수 없음을 정중히 안내한다.

미성년자 승객의 여권을 확인하는 모습

승객에게 서비스 음료의 외부 반출 금지를 설명하는 모습

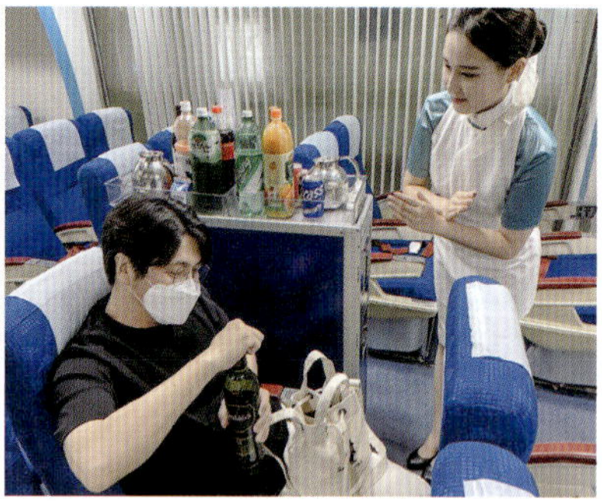

기내에서 제공하지 않은 알코올 음료는 섭취할 수 없음을 정중히 안내하는 모습

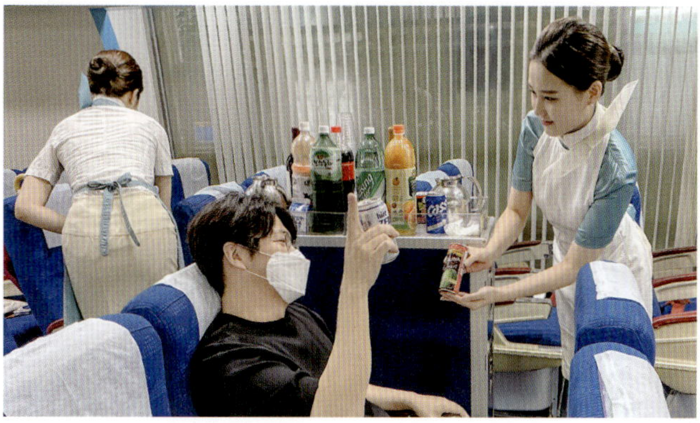

과음한 승객에게 비알코올 음료를 권하는 모습

- 기내에서 제공하지 않은 알코올 음료는 개별적으로 마시지 않도록 정중히 안내한다.
- 3회 이상 연속해서 알코올 음료를 제공받은 승객에게는 이후 대화를 하면서 승객의 행동을 관찰하고, 과음으로 인한 기내 난동 행위 등을 방지하기 위해 필요시 알코올 음료 서비스를 중단할 수 있다.

3) 음료를 쏟은 경우

승무원의 실수나 주변 승객의 부주의로 음료를 쏟은 경우 물수건 등을 이용하여 바로 닦아 내고 피부 상태를 살펴 화상을 입지 않았는지 확인한다. 승무원이 음료를 쏟은 경우 즉시 사과하고 의복을 세탁할 수 있는 쿠폰 등 추가적인 서비스를 제공한다.

먼저 신속하게 음료를 닦아 드리고 필요한 조치를 취한 뒤 승무원의 잘못일 경우 정중하게 사과를 드린다.

◯ 클리닝 쿠폰(Cleaning Coupon)

기내에서 의복이 오염된 경우 의복의 훼손과 오염 정도에 따라 1~3매 발급한다. 그 정도가 심해 USD 30을 초과할 때에는 초과비용에 대한 영수증을 첨부하면 추가 배상도 가능하다. 승객이 해당 쿠폰을 원하는 경우, 객실 사무장은 조종실의 항공사 무선전화(Company Radio)를 통해 도착지점에 통보하고 해당 승객을 운송 직원에게 인계한다.

4) 서비스된 식음료에서 이물질이 발견된 경우

- 식음료 서비스 도중 이물질이 발견된 경우 승객에게 사과의 말씀을 드린 후 새 음료로 교체하여 제공한다.
- 이물질이 나온 식품을 잘 밀폐하여 Cabin Report Tag를 부착하고 모기지에서 케이터링 직원에게 인계되도록 한다.
  ☞ 해외 스테이션의 경우 일반적으로 최상위클래스 Liquor Cart 내부에 인계한다.
- 객실 사무장은 해당 사건에 대해 Report를 작성하여 인수인계를 확인하고 관련된 부서에서 추후 조치가 잘 이루어질 수 있도록 한다.

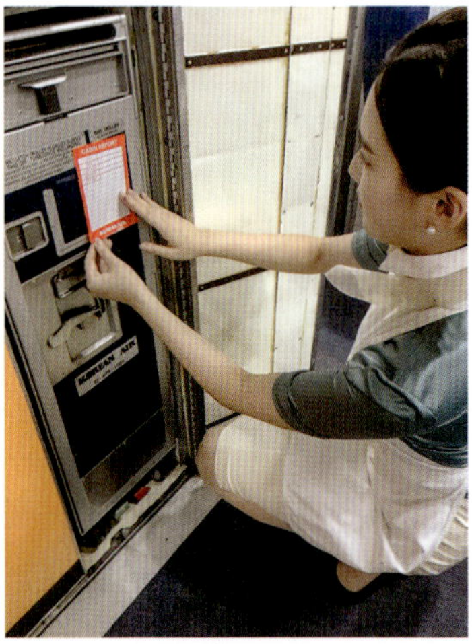

Cabin Report Tag를 부착하여 이물질을 인수인계하는 모습

4. 착륙 전 업무 절차

- 기장의 도착 전 안내방송이 나오면 이륙 후와 마찬가지로 갤리 브리핑을 실시하고 착륙 전에 수행해야 하는 업무에 대해 정보를 공유한다.
- 갤리 브리핑 후에 Tray Basis로 음료 서비스를 시행하는데, 착륙 전에 이루어지는 음료 서비스이므로 일반적으로 'Landing Beverage'라고 한다.
- 특히 식음료 서비스와 관련해서는 미취식 승객의 상황을 살펴보고, 남은 음료 등 물품의 수량과 특이 사항을 인수인계서에 작성하여 다음 편수 승무원에게 전달하도록 한다.
- 미국행 항공기의 경우 Liquor List를 작성하고 알코올 음료가 있는 곳은 Red Seal로 봉인해야 한다.

Liquor List 작성 방법

미국은 자국으로 입국하는 모든 항공기에 대해 알코올 음료의 재고 수량을 철저히 파악하여 Liquor List에 적고 알코올 음료가 탑재된 카트는 Red Seal로 잠그고 그 번호도 기록하도록 규정하고 있다. Liquor List가 잘못 기재되거나 Seal이 뜯겨 있는 경우, 기내에서 알코올 음료가 별도로 발견된 경우, 항공사가 벌금을 내야 하므로 해당 업무는 미국행 항공기의 착륙 전 업무에서 매우 중요한 업무이다.

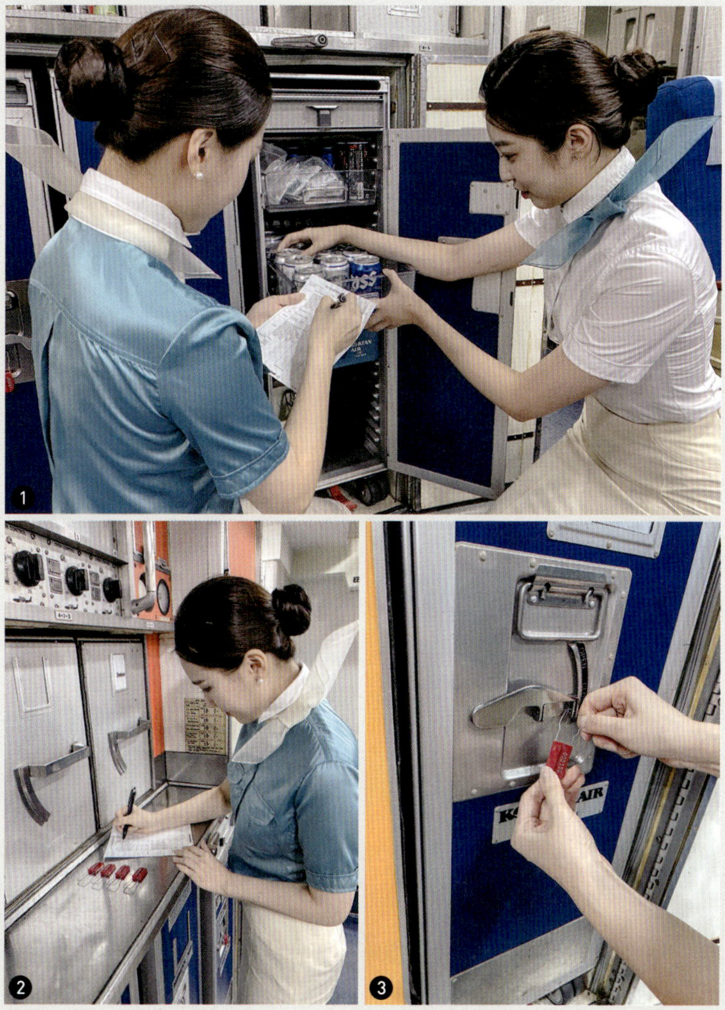

1. Liquor List 작성을 위한 재고 파악
2. Liquor List 작성
3. 카트 실링

03 기내 음료 서비스의 내용

이번 장에서는 항공사마다 추구하는 기업의 가치와 목표에 따라 다양하게 이루어지는 기내 음료 서비스에 대해 알아본다. 특히 저비용 항공사인 LCC(Low Cost Carrier)에서는 이륙 후 Tray Basis로 생수를 제공하고 승객이 그 외에 다른 음료를 원하는 경우 책정된 가격을 지불하고 구매해야 서비스를 받을 수 있다.

따라서 LCC 항공사에서는 음료 서비스가 기본적인 비행 중 서비스가 아니라 '기내 음료 판매 서비스'의 개념이므로 여기에서는 FSC(Full Service Carrier) 항공사의 기내 음료 서비스를 위주로 살펴보고자 한다. 국내 FSC 항공사에서는 음료 서비스를 노선과 클래스별로 구분하여 실시하고 있다.

1. 국내선 음료 서비스

국내선 서비스의 경우 비행시간이 짧아 서비스 가용시간이 충분하지 않기 때문에 국제선 노선과 비교하여 서비스하는 음료의 종류 및 절차가 간소화되어 있다. 특히 비행시간이 30분도 채 나오지 않는 구간에서는 카트에 음료를 준비할 시간이 부족하므로 Tray Basis를 이용하여 서비스하며, 이때 Apron도 착용하지 않는다.

그 외의 구간에서는 아래와 같이 내부가 비어 있는 Meal Cart 상단에 음료를 세팅하여 카트를 이용한 음료 서비스를 진행한다.

1) 카트 서비스 준비 방법

- 국내선 음료 서비스의 경우 내부가 비어 있는 Meal Cart 상단에 투명 Drawer를 2개 올리고 그 안에 서비스 물품을 안정감 있게 담아 배열한다.
- 서비스하는 따뜻한 음료로는 커피가 있으며, 항공사에 따라 녹차 등을 추가

로 서비스하는 경우도 있다. 시원한 음료로는 주스와 탄산음료를 선호도가 높은 음료로 선별하여 최소 종류로 서비스하며, 생수 등을 카트에 싣는다.

- 커피는 Pot에 인스턴트 커피 2개를 넣고 물을 적정량 부은 뒤 머들러를 이용하여 잘 저어 둔다.

  ☞ 국제선과 달리 서비스 준비 시간이 부족하여 Brewed Coffee 대신 Instant Coffee를 서비스한다.

- Muddler Box 안에는 커피 서비스 시 필요한 설탕과 크림, 머들러(Muddler) 등을 적절히 준비하고 어린이 승객 서비스 시 필요한 컵 마개(Cup Lid)와 빨대(Straw)도 준비한다.

  ☞ 따뜻한 차 서비스 메뉴가 있는 경우에는 티백(Tea Bag) 종류도 함께 준비한다.

- 국내선 구간의 일부 기종은 탑승 인원이 3명이므로 1명이 카트를 이용하여 서비스하는 경우 커피는 카트 상단의 한쪽에만 배열해 둔다.
- 카트 안에는 Drawer나 Large Tray를 이용하여 여분의 음료를 준비해 둔다.
- 카트 양쪽에는 회수용 Plastic Bag을 손잡이에 고리로 걸어 둔다.

① 투명 Drawer 2개, ② Coffee Pot, ③ Cocktail Napkin, ④~⑧ Cold Beverage, ⑨ Muddler Box, ⑩ Paper Cup

❶

❷

❸

1. 국내선 카트 차림 도해도
2. 서비스 준비를 마친 카트
3. 회수용 Plastic Bag을 매단 국내선 음료 서비스 카트 모습

식음료 서비스 시 Apron을 착용한 모습

어린이 승객을 위한 컵리드(Cup Lid) 서비스

2) 서비스 방법

- 카트로 서비스하는 경우 국제선과 동일하게 이륙 후 좌석 벨트 사인이 꺼진 후 여 승무원은 Apron을, 남 승무원은 Vest를 착용한다.
- 음료를 주문받아 냅킨과 함께 제공한다.
- 커피를 주문받은 경우 설탕과 크림을 함께 주문받아 서비스한다.
- Hot Beverage를 서비스할 때에는 테이블을 펴고 안전하게 마실 수 있도록 안내하고, 화상에 주의하도록 서비스 전에 반드시 해당 기내 대화문을 활용하여 주의사항을 전달한 후 서비스한다.
- 국내선의 경우 서비스 스티커를 따로 부착하지 않기 때문에 승객의 상황을 잘 살피고 주무시지 않는 경우 음료 서비스가 Skip되지 않도록 유의한다.
- 어린이 승객에게는 주문받은 음료를 컵에 담고 컵 뚜껑을 닫은 후 빨대를 꽂아서 제공한다.
- 서비스 가용시간이 짧으므로 회수 절차를 별도로 수행하지 않는다. 서비스 역방향으로 갤리로 돌아가며 카트 손잡이에 매달아 놓은 회수용 봉투를 이용하여 사용한 컵 등을 수거한다.
- 음료를 쏟거나 승객 불만이 제기되는 등 문제가 발생하면 진심 어린 사과를 하고 즉각적인 조치를 취하며 객실 사무장에게 신속하게 보고한다.

  ☞ 국내선 구간에서는 문제가 발생했을 경우 처리할 시간이 충분하지 않으므로 신속한 보고가 매우 중요하다.
- 국내선에서 난기류 지역을 통과하여 비행기가 흔들릴 경우 기장이 좌석벨트 착용에 대한 안내방송을 한다. 그 후 사무장이 뜨거운 음료 서비스 중지에 대한 추가 안내방송을 할 수 있다.

- 커피 등 뜨거운 음료 서비스는 불가함을 안내하고 Coffee Pot 등은 카트 안쪽으로 안전하게 보관한다. 뜨거운 음료는 좌석벨트 사인이 꺼진 후 다시 서비스할 수 있으므로 주문한 승객의 좌석번호 등을 잘 기록해 두어야 한다.

난기류 통과 시 Coffee Pot를 안전하게 카트 안쪽으로 옮기는 모습

3) 국내선 Tray Basis 서비스

국내선 구간 중 CJU/KWJ, CJU/RSU, CJU/KUV, CJU/TAE, CJU/HIN 왕복 구간은 비행시간이 짧기 때문에 카트 대신 Tray Basis로 음료를 서비스하며, 이때에는 Apron 및 Vest를 착용하지 않아도 된다.

국내선 일반 노선 음료 서비스

국내선 Tray Basis 서비스 구간

서비스 준비 방법

- Large Tray에 종이컵을 승객이 직접 집어 올리기 편하도록 간격을 벌려 그림와 같이 5–4–4–3으로 배열하고 선호도가 높은 오렌지 주스, 토마토 주스, 생수 등을 종류별로 일렬로 따라 둔다.
- 기본적으로 위의 종류대로 준비하되 승객 요청에 따라 선호도가 높은 음료로 대체하여 준비할 수 있다.
- Cocktail Napkin도 함께 준비한다.
- 따뜻한 음료는 승객이 원하는 경우 개별 서비스할 수 있도록 갤리에 준비해 둔다.

음료를 Large Tray에 담아 서비스하는 모습

서비스 방법

- 준비된 음료를 직접 승객에게 보여 드리며 종류를 안내한다.
- 원하는 음료를 승객이 직접 집을 수 있도록 하며, Cocktail Napkin도 준비되어 있음을 알린다.
- 준비된 음료가 아닌 다른 음료를 원하는 경우 갤리에서 준비하여 개별적으로 서비스한다.
- 카트 서비스와 동일한 Flow로 서비스하고 갤리로 돌아가며 회수한다.
  ☞ 즉 전방과 후방에서 각각 동시에 시작하여 서로 만날 때까지 서비스하고 회수는 역방향으로 진행한다.

2. 국제선 일반석 음료 서비스

국제선에서는 비행시간에 따라 서비스되는 식사의 종류가 다르며, 식사의 종류에 따라 음료 서비스의 종류와 방법도 달라진다. 따라서 비행시간별 노선 구분과 그에 따른 식음료 서비스의 종류와 방법을 잘 숙지하여 고객 불만을 방지하도록 한다.

비행시간별 노선 구분

노선 구분	비행시간	기내식 제공	노선
단거리	3시간 미만	Hot Meal or Cold Meal	일본, 중국
중거리	3시간 이상 ~ 8시간 미만	Hot Meal(1회), 노선에 따라 Refreshment SVC	홍콩, 동남아
장거리	8시간 이상	Hot Meal(2회) + Snack SVC	미주, 구주, 중동, 오세아니아

시간대별 기내식 종류

시간대별 기내식 종류	기내식 서비스 시간
아침식사(Breakfast)	04:00~09:00
브런치(Brunch)	09:00~11:00
점심식사(Lunch)	11:00~14:00
가벼운 식사(Light Meal)	14:00~17:00
저녁식사(Dinner)	17:00~22:00
늦은 저녁식사(Supper)	22:00~24:00
간단한 간식(Refreshment)	24:00~04:00

1) 단거리 노선

단거리 노선은 비행시간에 따라 식사의 종류가 정해지고 이에 따라 제공되는 음료의 종류도 달라진다. 비행시간에 따른 식사의 종류에는 따뜻하게 데워서 준비하는 Hot Meal과 가열하지 않은 채로 제공하는 Cold Meal이 있다.

단거리 서비스의 경우 Meal Tray 회수 시 카트 상단에 리필 서비스를 위한 음료가 준비되기 때문에 먼저 회수용 회색 Plastic Bag을 이용하여 사용한 컵과 맥주 캔 등을 수거한다.

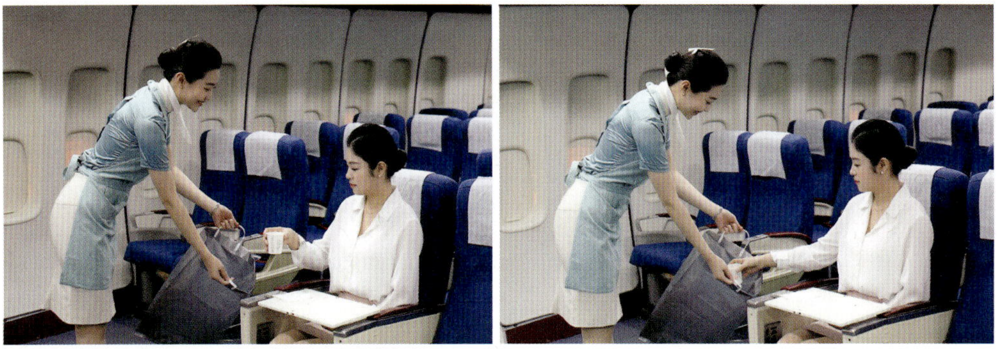

Plastic Bag을 이용한 회수

2시간 미만의 단거리 노선(Cold Meal 서비스)

- Cold Meal과 함께 Cold & Hot Beverage를 서비스한다.
- 따뜻한 음료는 Brewed Coffee와 노선에 따라 선호도가 높은 한 종류의 차를 Tea Pot에 미리 준비해 두었다가 제공한다.
  ☞ 일본 노선에서는 녹차, 중국 노선에서는 우롱차를 서비스한다.
- 식사 제공 후 음료를 주문받아 서비스한다.
  ☞ 알코올 음료는 맥주만 탑재됨을 기억해 둔다.
- 따뜻한 음료를 주문한 경우 카트 상단에 놓아 둔 Small Tray를 이용하여 승객 Meal Tray 위에 있는 커피 컵을 받아 제공한다.
- 기내식을 회수하며 따뜻한 음료 등을 리필 서비스한다.
- 탑재되지 않은 음료를 찾는 경우 이 노선에서는 해당 음료가 서비스되지 않음을 정중하게 안내한 후 대체 음료를 서비스한다.

2시간 이상의 단거리 노선(Hot Meal 서비스)

- 따뜻하게 데워진 식사와 함께 Cold Beverage를 서비스한다.
- 와인을 제외한 모든 종류의 음료가 탑재되어 서비스할 수 있다.
- 식사와 시원한 음료를 제공한 후에 Hot Beverage를 Small Tray를 이용하여 서비스한다.
- Meal Tray를 회수하며 음료 리필 서비스를 수행한다.
- 식사를 데우고 Meal Tray를 세팅하는 데 시간이 소요되기 때문에 서비스 가용시간이 부족할 수 있으나, 서두르지 않으며 식음료 서비스가 Skip되지 않도록 주의한다.

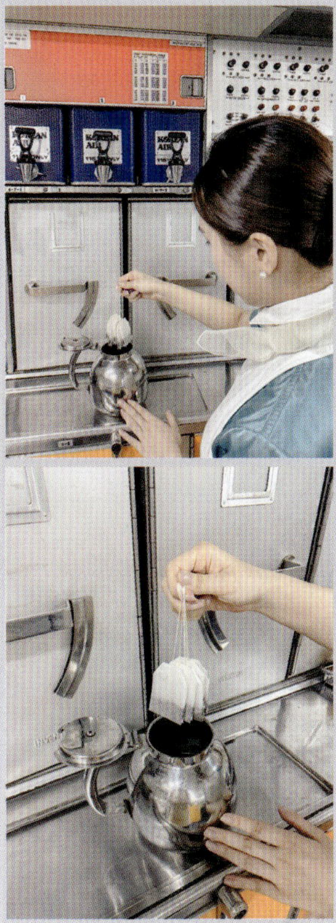

단거리 티 준비

2) 중장거리 노선

중장거리 노선에서는 와인을 포함하여 서비스되는 음료가 다양하기 때문에 음료 서비스에 대한 승객의 기대감이 더욱 클 수밖에 없다. 객실 승무원은 다양한 음료에 대해 상세하게 안내하여 승객이 식사와 잘 어울리는 적절한 음료를 선택하고 전체적인 기내식 서비스 만족도를 높일 수 있도록 더욱 전문적인 지식을 갖추어야 한다.

중장거리 노선에서는 해당 비행편의 출발 시각에 따라 식사 제공 시점이 달라진다. 특히 동남아 지역에서 심야 시간에 출발하는 편수의 경우에는 도착하기 전 식사 서비스가 이루어지므로 이륙 후에는 간단히 견과류와 음료를 서비스한다. 이러한 특별한 경우를 제외하고 일반적인 노선에서는 첫 번째 식사를 제공할 때 Meal Cart 상단에 음료를 함께 준비하여 서비스하고, 두 번째 식사를 제공하기 전에 Tray Basis로 음료를 준비하여 제공한다.

기내식 서비스 절차

<table>
<tr><th colspan="2">첫 번째 식사(1st Meal)</th><th>두 번째 식사(2nd Meal)</th></tr>
<tr><td colspan="2">갤리 브리핑</td><td>갤리 브리핑</td></tr>
<tr><td colspan="2">Refreshing Towel
☞ 해당 노선에서만 제공하며 일반 노선에서는
Meal Tray 위에 세팅되어 있다.</td><td>Hot Towel</td></tr>
<tr><td rowspan="2">[동남아 심야 출발 노선]
견과류 및 음료 서비스
(Tray Basis & Nuts Basket)</td><td rowspan="2">[일반 노선]
식사 서비스
와인 및 시원한 음료 제공
(Meal Tray with Wine &
Cold BEV)</td><td>식사 전 음료 서비스
(Tray Basis)</td></tr>
<tr><td rowspan="2">식사 서비스
(Meal Tray with Cold BEV)</td></tr>
<tr><td colspan="2">Wine Refill</td></tr>
<tr><td colspan="3">Hot Beverage</td></tr>
<tr><td colspan="3">Meal Tray 회수</td></tr>
<tr><td colspan="3">Clear Off</td></tr>
</table>

물수건(Towel) 서비스

일회용 물수건(Refreshing Towel) 서비스 방법

- 첫 번째 식사 서비스는 보통 이륙 후에 바로 제공되어 서비스 준비 시간이 충분하지 않다. 그래서 보통 첫 번째 식사 전 물수건으로는 일회용 물수건이 Meal Tray 위에 미리 세팅되어 탑재된다.
- 노선별로 일회용 물수건이 식사 Tray 위에 탑재되지 않는 경우에는 물수건을 Towel Basket에 가지런하게 담아 제공한다.

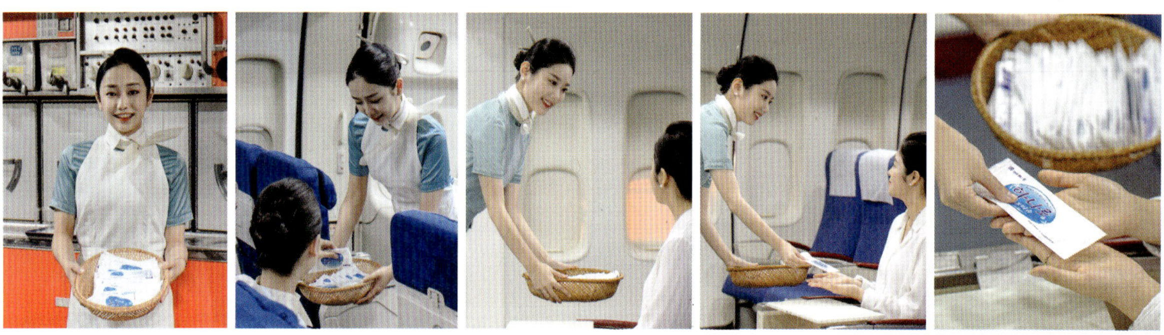

- 서비스할 때에는 승객이 물수건을 직접 집으시도록 하거나 창측 승객 등이 원할 경우 바스켓을 통로에 놓은 후 물수건을 하나씩 꺼내 제공할 수 있다.

따뜻한 물수건(Hot Towel) 서비스 방법

- 두 번째 식사 전에는 승객 휴게 시점에 서비스 준비가 가능하므로 물수건을 따뜻하게 데워서 준비한다.
- Towel Basket에 Towel을 가지런히 담고 제공하기 전에 습기와 온도를 확인한 후 향수 Eau De Toilette을 가볍게 분사한다.
- 승객에게 제공할 때에는 Towel Tongs를 이용하여 청결하게 건네며, Towel Tongs는 이동 시 Basket 아래쪽에 두고 서비스 시에는 말려진 Towel 모양이 흐트러지지 않도록 조심스럽게 하나씩 집어 서비스한다.
- 뜨거울 수 있으므로 승객에게 해당 사항을 안내한 후 제공한다.
- 회수할 때에는 승객이 직접 사용한 물수건을 Towel Basket 안에 담도록 유도하거나, Towel Tongs를 이용하여 회수하되 한꺼번에 너무 많은 양을 담지 말고 여러 번에 걸쳐 적정량을 회수한다.

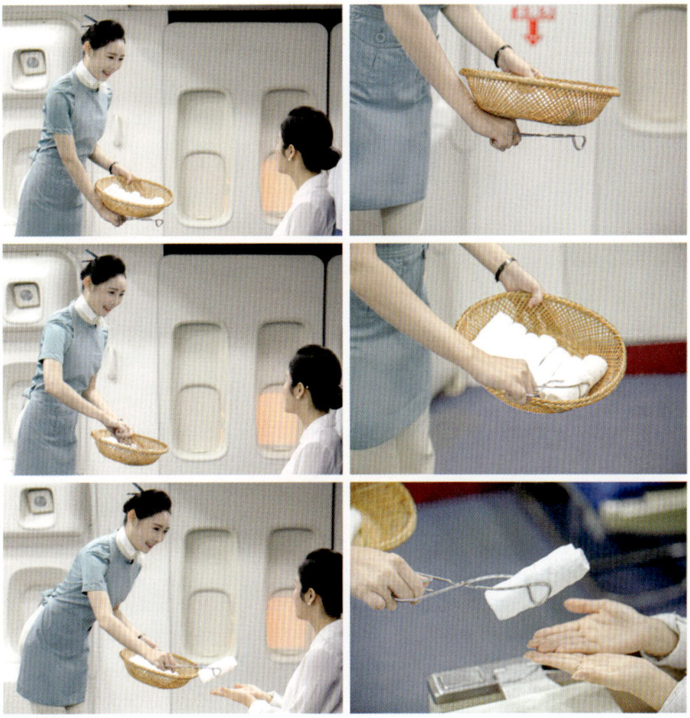

식사 전 음료(Aperitif) 서비스

견과류(Nuts Basket) 서비스

- 동남아 심야 출발 노선에서는 현지에서 늦은 시간에 출발하므로 하기하기 직전에 식사 서비스가 이루어진다. 그러므로 이륙 후에는 간단하게 먹을 수 있는 견과류와 음료를 서비스한다.
- 견과류를 Nuts Basket에 가지런히 담고 Cocktail Napkin도 함께 준비한다.
- 서비스할 때에는 승객이 직접 집을 수 있게 바스켓을 승객 쪽으로 가까이 가져간다.

음료 서비스(Tray Basis)

- 음료 서비스는 동남아 심야 출발 노선, 중거리(도착 전 식사 서비스), 두 번째 식사 전에 Tray Basis로 서비스된다.
- 국제선에서는 국내선과 달리 시원한 음료를 플라스틱 컵에 준비했었으나 최근 환경보호와 관련하여 플라스틱 사용을 줄이고자 하는 노력의 일환으로 현재는 종이컵 사용이 권고되고 있다.

  ☞ 국제선 Tray Basis 서비스 시에도 종이컵에 준비한다.

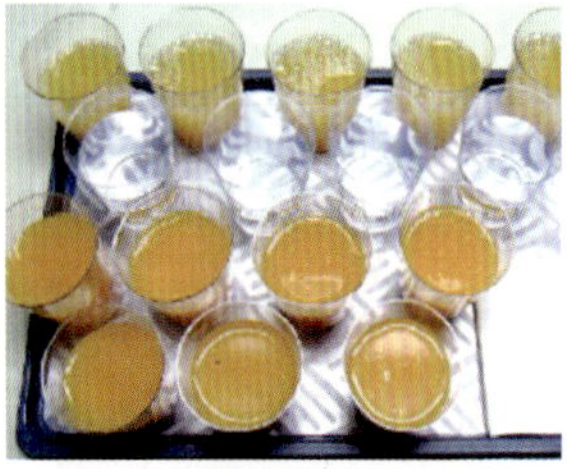

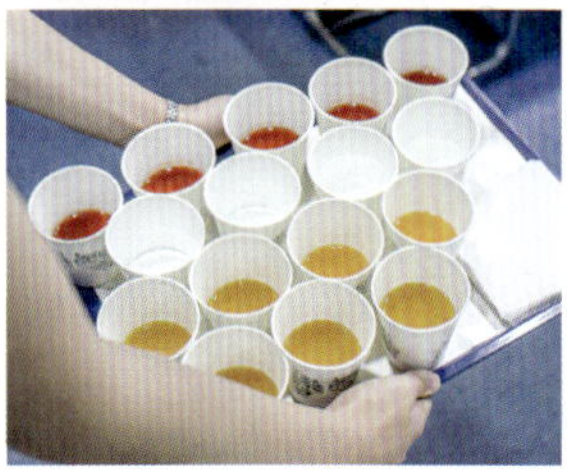

- Large Tray에 승객이 직접 집기 편하도록 컵 사이에 간격을 두고 5-4-4-3열로 컵을 배열한다. 보통 선호도가 높은 오렌지 주스를 두 열의 잔에 따르고 파인애플 주스와 생수를 각각 한 열씩 잔에 따라 준비한다.
- Cocktail Napkin도 함께 준비하며, Cocktail Napkin이 승객을 향하고 로고가 승객이 보았을 때 정방향이 되도록 하여 서비스한다.
- 다른 음료를 찾는 경우 갤리에서 준비하여 제공하도록 한다.

사진으로 정리하는 기내 음료 서비스 방법 (Tray Basis)

1. 승객에게 Tray에 준비된 음료를 소개한다.
2. 승객이 직접 원하시는 음료를 집으실 수 있도록 Tray를 팔걸이까지 안정감 있게 낮춘다.

3~4. 승객이 음료를 Tray Table에 놓으면, Cocktail Napkin도 준비되어 있음을 안내한다.

5. 자연스럽게 기내 대화문을 구사한 후 다음 승객에게로 이동한다.

기내식과 음료 서비스

일반 중장거리 노선의 첫 번째 식사 서비스를 할 때 각종 음료를 Meal Cart 상단에 준비하여 식사와 함께 바로 제공한다. 아침식사를 제외하고 매 식사에 와인이 서비스되며, 카트를 이용하여 Meal Tray, 와인 및 시원한 음료 서비스를 마친 후 와인 리필 서비스와 따뜻한 음료 서비스가 차례대로 이루어진다.

중장거리 노선의 첫 번째 식사 서비스 순서

- 기내식 제공 및 와인과 음료 서비스(Cold Beverage SVC)
- 와인 리필 서비스(Wine Refill SVC)
- 따뜻한 음료 서비스(Hot Beverage SVC)
- Meal Tray 회수
- 회수 및 Aisle Cleaning

중장거리 노선의 첫 번째 식사 서비스 카트 준비(Meal Tray & Beverage Cart)

장거리 노선의 첫 번째 식사 서비스 카트

- Meal Cart 상단에 투명 Drawer를 준비한 후 주스, 소프트 드링크, 생수, 맥주, 플라스틱 컵, 종이컵, 고추장, 서비스 스티커, Paper Towel 등을 준비

한다.

- 와인 서버(Wine Server)와 함께 레드 와인과 화이트 와인을 준비하고 와인 서비스 시 필요한 리넨도 카트 위에 올려 놓는다.
  ☞ 아침식사에서는 와인이 제공되지 않는다.
- 비빔밥 메뉴가 서비스되는 노선에서는 비빔밥 취식에 대한 설명이 나와 있는 안내지를 식사와 함께 서비스할 수 있도록 카트에 담는다.
- 한식 메뉴가 있는 경우 국을 위해 Tea Pot에 뜨거운 물을 받아 카트 상단에 올려 둔다.
  ☞ 신형 Pot는 보온 성능이 뛰어나 상온의 생수 1컵을 넣은 후 뜨거운 물을 받아 준비한다.

와인과 Cold Beverage 서비스

- 식사 메뉴를 소개하고 승객이 주문한 식사를 제공한 후 식사와 함께 마실 와인이나 음료에 대한 주문을 받는다.
- 와인 서비스 시 와인의 흘러내림을 방지하기 위해 와인 서버를 꽂아 서비스한다. 이때 한쪽 팔목에 와인 서비스용 리넨을 걸고 반대쪽 손으로 와인을 조심스럽게 따른다.
- 와인을 서비스할 때에는 주문한 와인의 라벨(Label)을 보여 드린 후 품종이나 생산지 등을 간단하게 소개하고 잔에 따르며 서비스를 마치기 전에 한 번 더 와인의 라벨을 보여 드린다.

와인의 라벨을 보여 드리는 모습

와인을 따르는 모습

- 와인 외에 다른 음료를 주문한 경우 음료 서비스 방법에 맞게 준비하여 제공하고 카트에 없는 음료를 주문한 경우 갤리에서 준비하여 서비스한다. 이때 서비스가 누락되거나 지체되지 않도록 유의한다.

와인 리필 서비스

- Meal Tray 제공이 끝난 후 와인 리필을 실시한다.
- 와인 잔에 와인이 1/3 남았을 때 리필 서비스를 하며, 이때에는 와인의 라벨을 보여 드리는 절차를 생략한다.
- 다른 와인을 마시기를 원하는 경우 와인 잔도 교체하여 새 와인 잔에 서비스해야 한다.

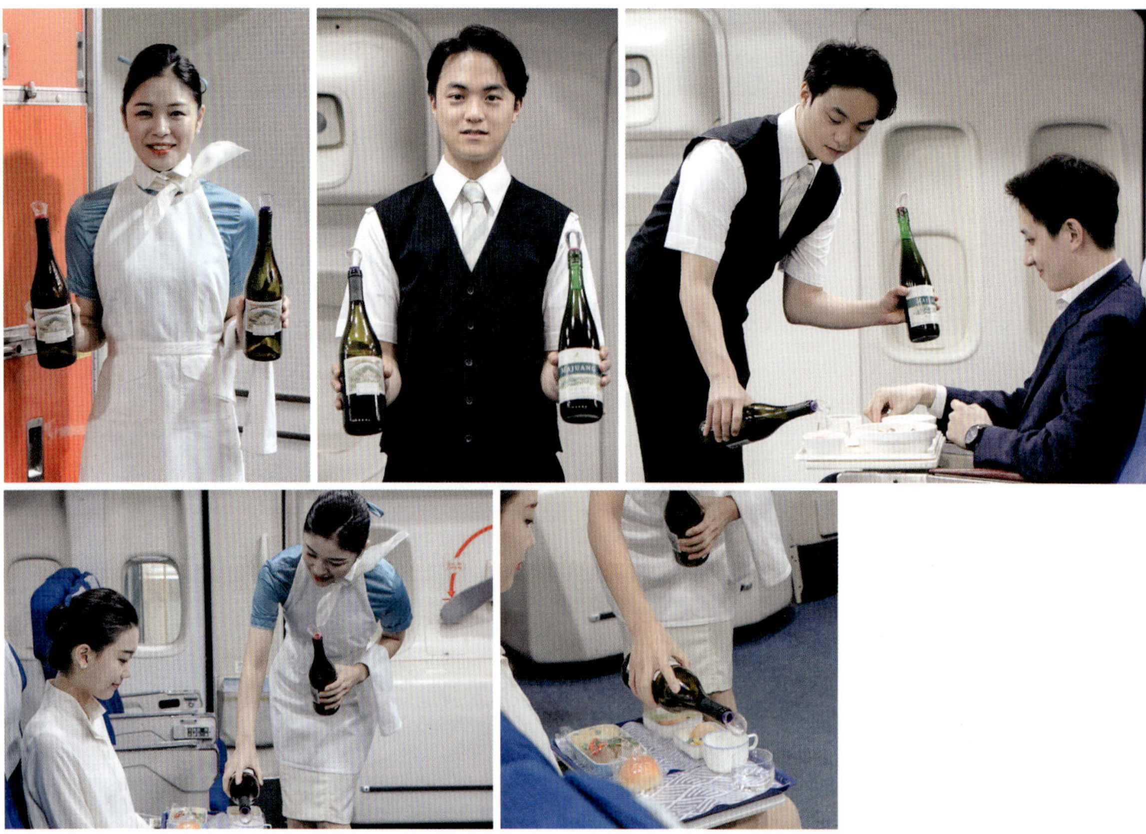

일반석 와인 리필 서비스 방법

Hot Beverage 서비스—커피

- 식사 서비스 때와 같은 방향으로 서비스를 진행한다. 커피 서비스의 경우 커피가 담긴 Pot와 Small Tray를 준비하고 Small Tray 위에는 설탕과 크림, 무설탕 감미료를 기물(Casserole)에 가지런히 담고 남은 공간에 Refreshing Towel이나 Cocktail Napkin을 깔아 준비한다.
- 커피를 마시기 원하는 경우 Small Tray 위에 승객의 커피잔을 받아서 통로에서 커피를 조심스럽게 따르고 승객이 다시 집어 갈 수 있도록 Tray를 팔걸이 높이까지 낮춰서 안정감 있게 제공한다.
- 커피를 서비스하기 전에 승객에게 음료가 뜨거우니 주의를 기울이도록 안내하여 화상 등을 방지한다.
- 설탕과 크림, 무설탕 감미료 등이 필요한지 여쭤 보고 필요시 함께 서비스한다.
- 이동할 때에는 뜨거운 커피가 들어 있는 Pot를 Small Tray 아래쪽에 놓아 화상 사고 발생 위험을 방지한다.

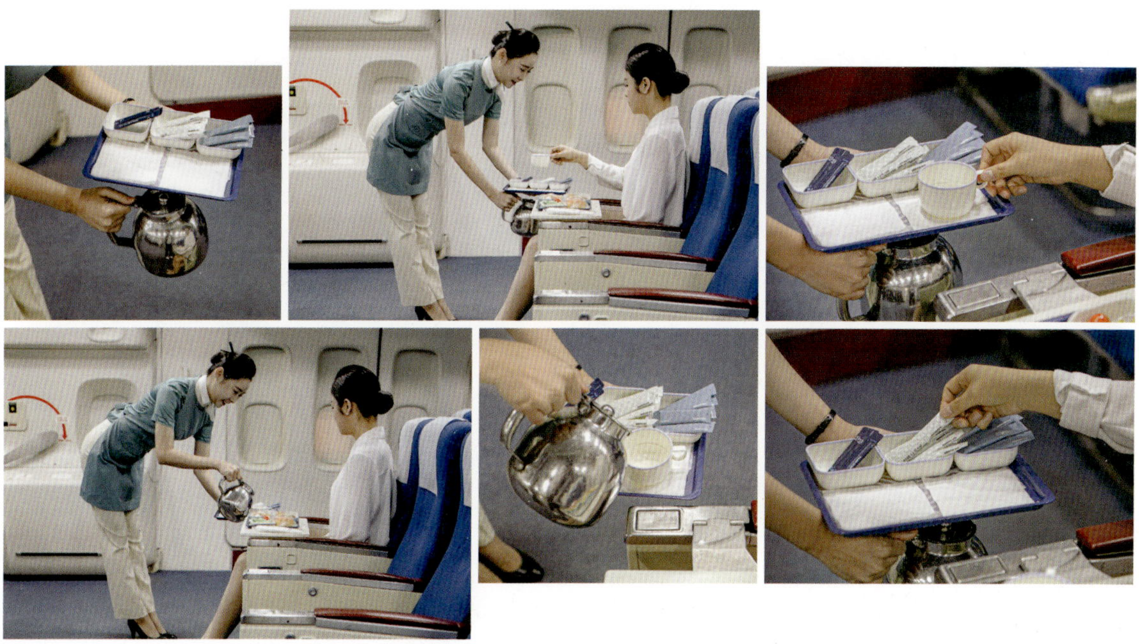

Hot Beverage 서비스 – 차

- 차를 서비스할 때에는 Small Tray 위에 티백(Tea Bag)을 종류별로 로고가 승객 쪽에서 정방향으로 보일 수 있도록 세팅하고 반대편에는 잔을 올려 놓을 수 있도록 Refreshing Towel이나 Cocktail Napkin 등을 깔아서 준비한다.
- 차를 서비스할 때에는 커피를 서비스할 때와 마찬가지로 승객의 컵을 Small Tray 위에 받아서 통로에서 뜨거운 물을 조심해서 따른 후 티백(Tea Bag)이나 레몬 등을 제공한다.
- 레몬은 Cocktail Pick을 꽂아서 승객이 직접 집기 편하도록 준비한다.
- 차를 서비스하기 전에 승객에게 음료가 뜨거우니 주의를 기울이도록 안내하여 화상 등을 방지한다.
- 이동할 때에는 뜨거운 물이 들어 있는 Pot를 Small Tray 아래쪽에 놓아 화상사고 발생 위험을 방지한다.

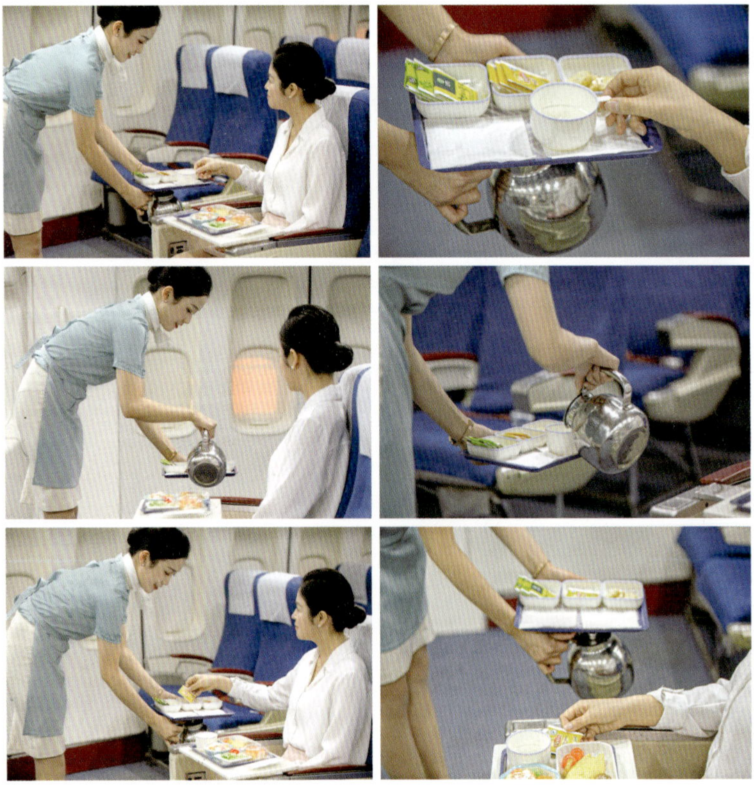

회수 서비스(Meal Tray Collecting & Clear Off)

- 회수 서비스는 총 2회 수행하며, Meal Cart를 이용하여 식사가 끝난 Tray와 사용한 컵을 1차로 회수한 다음, 빈 Drawer를 이용하여 기내 청결을 위한 정리(Aisle Cleaning)를 실시한다.
- Meal Cart 상단에 투명 Drawer 2개를 올리고 한쪽에 물과 오렌지 주스, Cocktail Napkin, 컵 등을 준비하여 원하는 승객에게 제공한다.
- Meal Tray를 회수하며 다 마신 음료 컵 등도 빈 Drawer를 이용하여 함께 정리한다.
- 식사와 음료에 대한 만족도를 확인하고 회수 여부를 물어본 뒤에 치운다.
- 커피나 차 등 따뜻한 음료를 계속하여 마시는 경우 Cocktail Napkin을 서비스하여 Meal Tray 대신 컵 하단에 놓을 수 있도록 한다.
- 회수 시 더러워진 승객의 Tray Table은 Paper Towel 등으로 닦아 청결하게 한다.
- 빈 Drawer를 이용하여 Meal Tray를 회수할 때 미처 정리하지 못한 사용한 컵 등을 수거하고 기내 청결을 위한 정리(Aisle Cleaning) 업무를 함께 수행한다.

회수 시 Drawer 사용

3. 상위클래스 음료 서비스

상위클래스에서는 항공사에서 추구하는 가장 고품격 서비스를 기반으로 최상급의 다양한 식음료 서비스가 이루어진다. 따라서 일반석 식음료 서비스와 비교하여 그 절차가 복잡하고 서비스되는 음료의 종류도 다채롭다. 이에 항공사에서는 일정 기간 경력이 있는 객실 승무원이 전문적인 훈련과 평가를 수료한 후에 상위클래스에서 근무할 수 있도록 하고 있다.

상위클래스에서는 기본적으로 서양식 위주로 식음료 서비스가 이루어진다. 따라서 서양식의 정식 정찬 코스 및 상차림을 이해한 후에 항공사별로 특화된 서비스 절차와 식음료 종류에 대한 지식을 습득하도록 한다.

현재 프레스티지석(Prestige Class)에 주력하여 상위클래스를 운영하는 항공사가 많으므로 이 책에서도 프레스티지석을 중심으로 상위클래스 음료 서비스에 대해 살펴보고자 한다.

정통 서양식의 정찬 코스(Dinner Course)

아페르티프(Aperitif) → 오르되브르(Hors D'oeuver) → 스프(Soup) → 앙트레(Entree) → 샐러드(Salad) → 치즈(Cheese) → 디저트(Dessert) → 따뜻한 음료와 식후주(Hot Beverage & Liqueur)

1) 프레스티지 클래스의 기내식 서비스

프레스티지 클래스는 비즈니스석(Business Class)이라고도 하며, 전문직에 종사하고 항공 여행을 자주 하는 승객이 주로 이용하는 클래스이다. 이 클래스의 기내식은 정식 서양식 코스로 서비스되는데, 코스의 일부 절차를 생략하거나 코스를 기내 서비스 조건에 맞게 변형하여 코스에 준하는 Semi-Course 형태로 제공하고 있다. 여기에서는 프레스티지 클래스 기내식 서비스 중 음료 서비스와 관련된 절차에 대해 알아보기로 한다.

프레스티지 클래스 기내식 서비스 순서

Menu Order Taking → Hot Towel → Table Opening & Tablecloth Spread → Pre-Drink → Basic Tray with Wine → Soup → Main Dish → Basic Tray Collecting → Cheese → Dessert & Hot Beverage → Final Collecting

2) Pre-Drink 서비스

- 중장거리 노선의 경우 특정 시간대를 제외하고 Serving Cart를 이용한 Cart Presentation으로 식사 전 음료 서비스를 수행한다.
- Serving Cart를 펴고 카트 매트를 보기 좋게 잘 펼쳐서 카트 상단, 중단, 하단에 놓아 준다. 상단에는 와인, 샴페인, 위스키 등을 비롯한 알코올 음료와 주스류, 소프트 드링크, 소모품(Cocktail Napkin, Coaster, 견과류)과 글라스(와인 및 텀블러 글라스), 와인 서비스용 리넨 등을 놓는다.
- 카트 중단에는 음료와 함께 간단하게 즐길 수 있는 Starter를 놓는다.
- 카트에 준비된 음료를 소개하며 식사 전 음료를 주문받고 제공해 드리며, 카트에 없는 음료를 주문하신 경우 갤리에서 준비해서 바로 서비스해 드린다.
- 와인이나 샴페인을 서비스하는 경우 와인 서비스용 리넨을 이용하고 서비스 절차에 맞게 제공한다.
- 시원한 음료를 서비스할 때에는 Tablecloth가 깔려 있지 않으면 Coaster를 받치고 그 위에 음료가 담긴 글라스를 놓는 방법으로 서비스한다.
- 음료를 서비스한 후에는 중단에 있는 Starter를 함께 제공하며, Cocktail Napkin도 함께 서비스한다.

상위클래스 샴페인 서비스 방법

- 주문한 샴페인 잔과 Coaster를 준비하고 와인 서비스용 리넨을 팔목에 걸친다.
- 항공사별로 다르나 일반적으로 클래스별로 엄선한 최상급 샴페인 1종을 서비스하는데 이때에는 시음 여부를 권하지 않는다.
- 먼저 Coaster와 잔을 테이블에 내려놓는다. 샴페인의 라벨을 보여 드린 후 거품이 발생하지 않도록 2~3회에 걸쳐 따른다.

  ☞ Tablecloth가 펼쳐져 있는 경우 Coaster는 받치지 않아도 된다.

- 서비스를 마치기 전에 한 번 더 라벨을 보여 드린다.

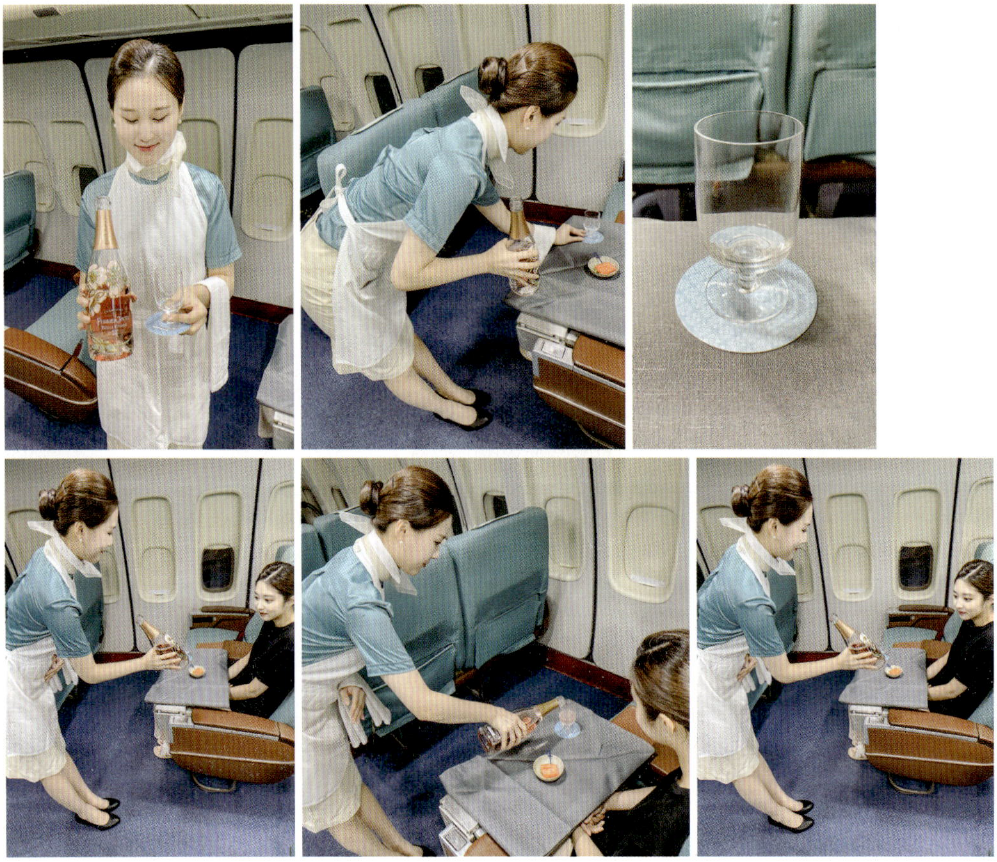

상위클래스 샴페인 서비스

3) 와인 서비스

- 프레스티지석의 경우 레드 와인과 화이트 와인을 각각 두 종류씩 서비스하며, Full Cart 상단에 준비하여 Basic Tray와 함께 서비스하고 리필할 때에는 Wine Basket을 이용하여 서비스한다.
- 와인을 드실지 의사를 여쭤 본 후 Basic Tray 위에 와인 잔을 세팅한다.
- 4가지 와인을 컬러와 생산지, 품종별로 소개하고 주문을 받아 제공한다.
- 주문한 와인의 라벨을 보여 드리고 시음 여부를 여쭙는다.
- 리넨을 준비하고 잔에 1oz 정도를 따르며, 승객이 시음하는 동안에도 와인의 라벨을 볼 수 있도록 한다.
- 시음한 와인에 만족을 표하는 경우 감사의 말씀을 전하고 잔의 7부까지 따른 후 마지막으로 라벨을 보여 드린다.
- 와인이 잔의 1/3가량 남았을 때 리필 서비스를 한다.

프레스티지석의 와인 서비스

4) Hot Beverage 서비스

- 따뜻한 음료는 Hot Beverage 카트나 상위클래스용 Serving Tray Medium을 이용하여 서비스한다.
- 커피컵은 따뜻하게 데워 준비하며, 컵받침(Saucer)도 함께 서비스한다.
- 커피를 마실 경우 설탕과 크림이 필요한지 의사를 물어보아 함께 제공한다. 상위클래스에서는 액상 크림을 티스푼과 함께 제공한다.
- 차를 서비스할 때 티백은 전용 기물(Butter Bowl)에 담아 제공한다.
- 홍차를 드시는 경우 우유나 레몬과 함께 드실지 여쭤 보며, 레몬은 Butter Bowl에, 우유는 Liqueur Glass에 준비한다.
- 커피컵이 승객의 Tray 위에 준비된 아침식사 중에는 Hot Beverage 서비스를 할 때 Serving Tray Medium에 필요한 서비스 물품을 담아 Coffee Pot, Tea Pot 등으로 제공한다.

Hot Beverage 서비스 준비 모습

상위클래스의 홍차 서비스

상위클래스의 녹차 서비스

상위클래스의 홍차 서비스(밀크티)

상위클래스의 홍차 서비스(레몬차)

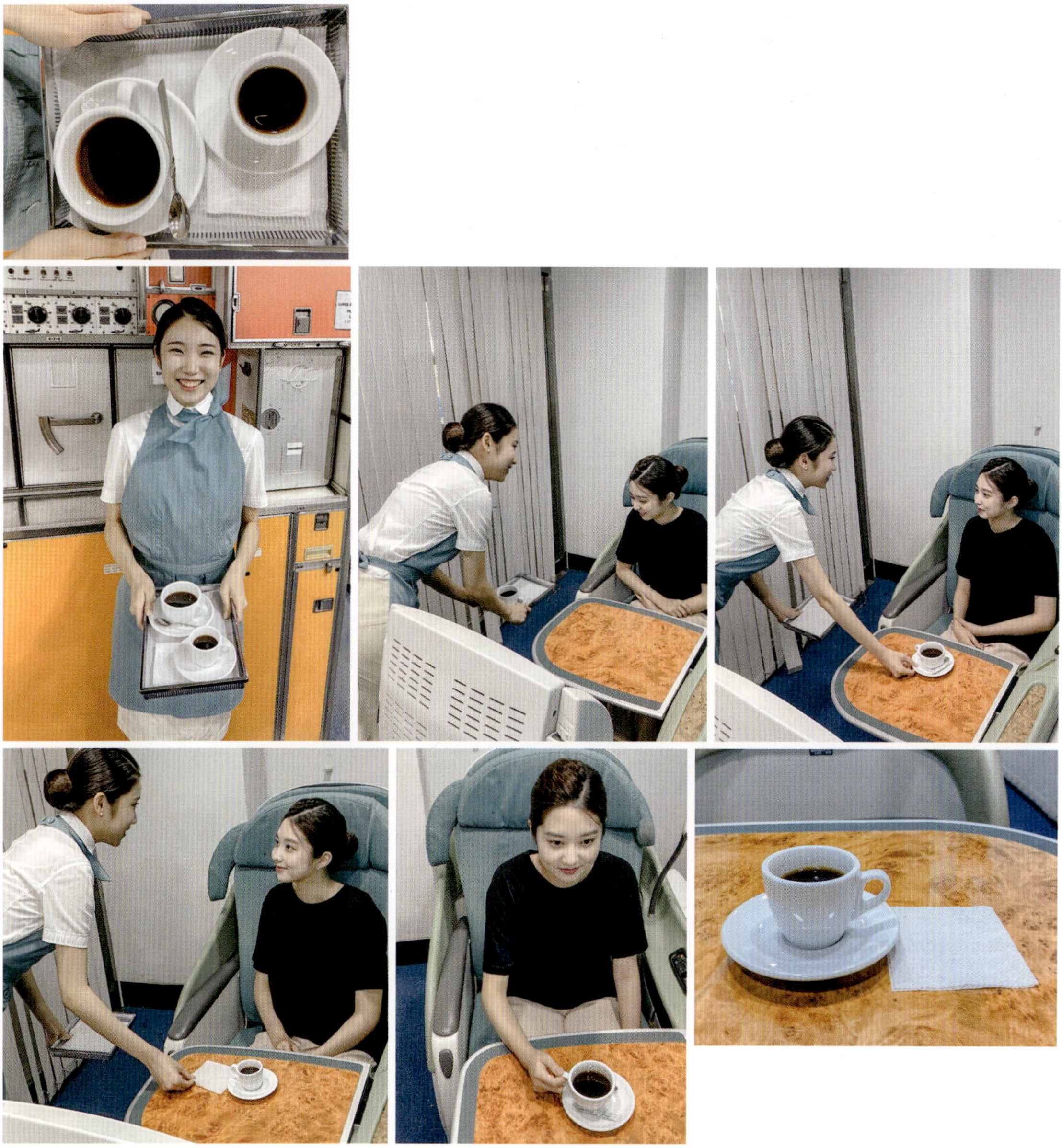

상위클래스 커피 개별 서비스 방법

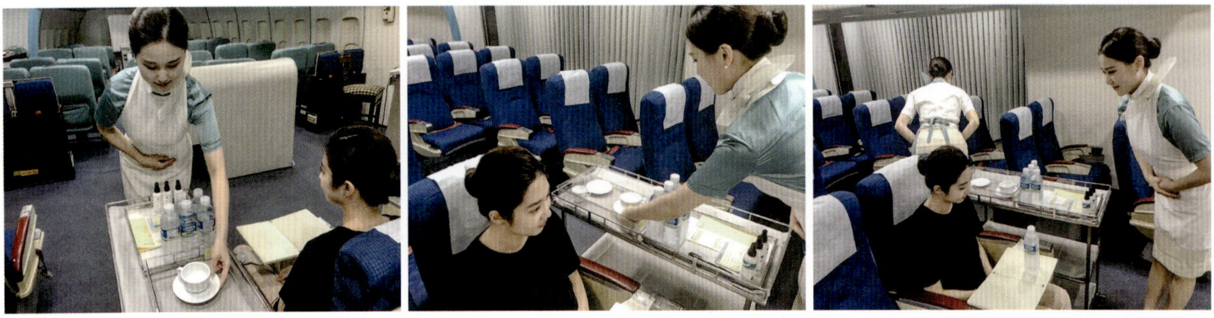

회수 및 330ml 생수 서비스(장거리 노선)

5) Final Collecting(미네랄 워터와 입국서류 서비스)

- Serving Cart 상단에 Serving Tray Large에 입국서류와 미스트, 330ml 미네랄 워터를 준비하고 빈 Drawer를 함께 올린다.
- 사용한 컵 등을 빈 Drawer에 회수하고 미네랄 워터와 입국카드 등을 제공한다.
- Final Collecting Cart의 경우에는 Glass 회수용 빈 Glassware Rack을 함께 준비하여 Glassware는 Glassware Rack에, Chinaware는 투명 Drawer에 구분하여 회수한다.
- 도착 전에 기내식 서비스가 수행되는 경우에는 이륙 후 음료 서비스 종료 후에 미네랄 워터(330ml)를 제공한다.

기내 음료 서비스 실습 Worksheet

o 실습 목표: 객실 서비스 규정에 따라 다양한 종류의 음료를 적합한 방법으로 서비스할 수 있다.

날짜	년 월 일	실습 과목명	
반/학번/이름	/ /	담당 교수	

1. 서비스 전 아래 항목을 점검해 보세요.

평가 항목		확인		Comments
용모, 복장 점검	**식음료 서비스에 적합한 용모와 복장을 갖추었는가?**	P	F	
	① 깔끔하게 정돈된 Hair-do			
	② Apron 착용 상태			
	③ 청결한 옷차림과 구두			
	④ 네일 관리 상태			
	⑤ 승무원에게 어울리는 화사한 메이크업			
	⑥ 밝은 표정과 Eye Contact 유지			

2. 각 음료 서비스의 준비 및 서비스 방법을 실습한 후 정리해 보세요.

비알코올 음료 서비스 (국내선 카트 서비스)		
종류	준비 방법	서비스 방법
Cold Beverage		
Hot Beverage		
회수 절차		
비알코올 음료 서비스 (국제선 Tray Basis)		
종류	준비 방법	서비스 방법
음료 Tray		
견과류 바스켓		
알코올 음료 서비스 (국제선 카트 서비스)		
종류	준비 방법	서비스 방법
맥주		
위스키		
와인		
기타 서비스 (국제선 구간)		
종류	준비 방법	서비스 방법
Hot Beverage		
휴게 시점 생수 서비스		

Beverage Story

음료와 관련된 특별한 이야기

Master Cabin Crew가 되는 방법: 계속해서 배우고 연구하고 실행하고...

'마스터 쉐프(Master Chef)'란 프로그램을 즐겨 보던 때가 있었다. 쉐프들이 그간의 지식과 노하우를 총동원하여 주어진 시간과 환경의 제약된 조건에서 미션을 수행하는데, 각 분야에서 Master로 정평 난 유명 쉐프들이 심사위원이자 멘토로 함께하는 경연 프로그램이었다.

마스터 쉐프 프로그램을 보면서 객실 승무원에게도 'Master'가 가능한 것일까 생각해 보게 되었다. 늘 정해진 비행시간과 비행기 안이라는 제약된 조건에서 안전하고 쾌적한 여행을 실현하고 있는 객실 승무원은 주어진 노선과 항공기, 담당 클래스와 특수 고객별로 매번 다른 미션을 수행한다. 따라서 목적지까지 고객의 안전과 즐거운 여행을 책임지고 무사히 도착했다면 객실 승무원은 이미 Master Cabin Crew인 것이라고 할 수 있겠다.

그러나 어느 분야에서든 Master란 현실에 안주하지 않고 더 나은 목표에 도전하여 자신의 경지를 높여 가는 사람을 말한다. 그렇다면 늘 안전하고 쾌적한 기내 서비스가 아니라 더 안전하고 더욱 쾌적한 기내 서비스를 제공하기 위해 끊임없이 노력하고 연구하며 이를 실행에 옮기고자 이 순간에도 최선을 다하는 승무원이야말로 진정한 Master Cabin Crew가 아닐까.

기내 음료 서비스도 마찬가지라고 생각한다. 음료 서비스의 Master가 되려면 다양한 종류의 음료를 단순히 제공하는 것에 만족하지 않고 더 우수한 서비스를 수행하기 위해 노력해야 한다. 음료별로 기본이 되는 이론적 지식을 습득하고 항공사에서 서비스하는 음료 브랜드를 폭넓게 이해하기 위해 비행 후 개인 시간을 할애하여 배우고 연구하는 일에 힘써야 한다.

특히 요즘은 일반인들도 다양한 매체를 활용하여 식음료의 고급 지식을 접하고 전문가의 노하우를 쉽게 얻을 수 있으며 이에 따라 항공 여행과 기내 서비스에 대한 기대가 상승하고 있는 추세이다. 따라서 우리가 만나게 될 고객도 음료에 대한 관심과 이해도가 매우 높을 것임을 쉽게 예견할 수 있다. 이에 더 좋은 음료 서비스로 고객을 만족시키기 위해서는 고객의 음료 취향을 잘 파악하고 섬세하게 서비스할 수 있는 역량을 갖추어야 함을 명심하기 바란다.

끝으로 가장 쉽게 배우고 배운 것을 가장 편리하게 활용할 수 있는 방법을 소개하며 긴 여정을 마치고자 한다. '음료에 대한 모든 것'을 알려 주는 좋은 멘토 같은 책, 상식사전부터 흡사 에세이 같은 친근한 이야기, 음료로 역사 시기를 구분한 세계사에 이르기까지 특색 있는 책을 선별하였다. 책제목/지은이/출판사를 적고 특징과 추천하는 이유를 적었으니 꼭 읽어 보고 Master의 첫발을 내딛길 바란다.

마시는 즐거움 | 마시즘 | 인물과 사상사

"배고픈 건 참아도 목마른 건 못 참아!" 네이버, 카카오 브런치, 화제의 콘텐츠 '마시즘'의 이야기를 책으로 엮은 것이다. 책을 펼치면 '음료의, 음료에 의한, 음료를 위한' 재미있는 이야기가 쏟아진다. 시중에 나와 있는 음료에 관한 책 중 가장 쉬운 책으로 여러 음료의 숨겨진 이야기들을 재미있게 풀어냈다.

하루키를 읽다가 술집으로 | 조승원 | 싱긋

사실 무라카미 하루키는 소설가로 정식 데뷔하기 전에 재즈 바를 운영한 바텐더였으며 이 책은 그가 사랑한 술에 관한 모든 것을 담아 낸 책이다. 시/에세이로 분류되는 이 책은 술을 맥주, 와인, 위스키, 칵테일로 나눠 하루키의 소설에 나오는 술과 연관된 작품 속 장면을 간결하게 되살려냈다. 또 각 장의 끝에 하루키 작품에 나오는 음악에 관한 설명도 곁들인 점이 특징적이다. 하루키의 팬이라면, 애주가라면 당장 읽어 봐야 할 책이다.

역사 한 잔 하실까요? | 톰 스탠디지 | 세종

'여섯 가지 음료로 읽는 세계사 이야기'라는 부제가 달린 이 책은 선사 시대부터 현재에 이르기까지 인류 역사와 함께해 온 음료가 당대를 휩쓸었던 시기별로 맥주, 와인, 증류주, 커피, 홍차, 코카콜라로 구분하여 다루고 있다. 세계의 역사를 여섯 가지 음료에 의해 지배되었던 시기로 나눈 작가의 발상이 참신하며, 나라의 흥망성쇠를 보듯 음료에 얽힌 음모와 음료가 탄생하여 사랑받기까지 역사적, 시대적 배경을 잘 설명하여 흥미진진하게 읽을 수 있는 책이다. 더불어 세계사도 한눈에 읽게 되는 일거양득의 즐거움이 있다.

맥주의 모든 것 | 조슈아 M. 번스타인 | 푸른숲

백과사전에 못지않은 두께를 자랑하며 맥주의 모든 것을 담고 있는 방대한 책이다. 부제 '맥주의 탄생부터 크래프트 맥주의 세계까지'가 알려 주듯, 맥주 칼럼니스트인 저자가 미국 크래프트 맥주계를 토대로 맥주를 선택하는 방법과 지식을 안내하는 가이드북이다. 단숨에 읽어 내려가 끝까지 읽을 수 있는 책은 아니지만 맥주 덕후라면 책장에 꽂아 두고 맥주를 즐기는 순간 그때그때 펼쳐서 맥주 한 모금과 함께 음미해 볼 만한 책이다.

〈어렵지 않아〉 시리즈 중 맥주는 어렵지 않아 | 기렉 오베르 | 그린쿡

〈와인은 어렵지 않아〉에 이어 〈커피〉, 〈위스키〉, 〈티〉, 그리고 2019년에는 〈맥주는 어렵지 않아〉가 출간되었다. 이 책은 '그림으로 배우는 맥주 입문서'라는 수식어가 붙을 정도로 만화와 같은 삽화를 그려 넣어 초보자도 금세 친숙해질 수 있게 만든 입문서이다. 특히 시리즈의 각 권은 음료의 주재료와 제조 방법, 구입할 때 눈여겨봐야 할 것 등 주제마다 그림을 곁들여 상세하게 설명하고 뒷부분에서는 음료를 제대로 즐기는 방법을 친절하게 설명하였다. 따라서 다양한 음료에 대한 기본 지식을 습득하고 각 사람의 취향에 맞는 음료를 고르는 데 실질적인 도움을 받을 수 있을 것이다.

와인 바이블 | 케빈 즈랠리 | 한스미디어

책의 제목에서 느껴지는 와인에 대한 자신감을 책 곳곳에서 볼 수 있다. 세계에서 가장 많이 팔린 와인 책으로 2020년 현재 350만 부 이상이 판매되었다고 하니 '바이블'이란 칭호가 붙을 만하다. 1985년에 최고의 와인 강사인 케빈 즈랠리가 와인 스쿨 수강생들을 위해 쓴 초본에서 시작된 이 책은 많은 사람들에게 전폭적인 사랑을 받으며 오랜 기간 전 세계 최고의 와인 책으로 명성을 유지해 왔다. 와인에 대한 기본적인 상식부터 음식과 조화를 이루는 와인을 고르는 법까지 폭넓게 다루고 있어 와인 서비스를 수행하는 전문가와 서비스를 받는 고객 모두에게 유용한 책이다.

와인 상식사전 | 이기태 | 길벗

와인을 사기 위해 마트나 근사한 식사를 하기 위해 레스토랑에 가기 전에 꼭 읽어야 할, '와인 바이블'에 버금가는 책이다. 이 책을 통해 와인에 담긴 숨은 이야기들을 알게 되면 와인의 맛을 새롭게 음미하게 된다. 이 책은 와인잔을 잡는 방법부터 와인의 종류와 맛의 느낌, 그리고 상황에 맞게 와인을 고르는 법까지 친절하게 알려 주며 더 깊은 와인의 세계로 안내해 주어 내게 꼭 맞는 와인을 선택할 수 있는 안목까지 길러 주는 훌륭한 멘토가 되어 줄 것이다.

하루의 끝, 위스키 | 정보연 | CABOOKS

도수가 높고 맥주나 와인만큼 자주 접하지 못해서 다른 음료보다 멀게 느껴지는 위스키를 자주 맛보고 싶게 만드는 책이다. 겨울, 봄, 여름, 가을의 사계절별로 또는 생일, 크리스마스 등 각종 기념일에 어울리는 위스키 이야기와 다양하게 즐길 수 있는 법을 담았다. 위스키에 대해 부담 없이 알아가고 싶다면 가까운 사람들과의 유쾌한 모임 같은 책 〈하루의 끝, 위스키〉를 추천한다.

티 소믈리에가 알려주는 차 상식사전 | 리사 리처드슨 | 길벗

'당신을 위로할 따뜻한 차 한 잔을 만나는 시간'이라는 부제에서 낭만과 여유가 물씬 풍기는 책이다. 수천 년 동안 인류 역사와 맥을 같이해 온 차의 역사와 문화, 차의 기초지식부터 차를 우리고 보관하는 법, 요리와 술, 미용과 치료에도 응용되는 실용 정보에 이르기까지, 깊이 있지만 귀에 솔깃한 이야기들이 가득하다. 〈차 상식사전〉은 다도의 세계에 발을 딛은 입문자와 애호가 모두에게 풍성한 정보와 즐거움을 선사할 것이다.

커피 마스터클래스 ı 신기욱 ı 북하우스엔

전 세계 모든 이들이 열광하는 음료인 커피에 대해 자세하고 쉽게 알려 주는 이론서이다. '당신이 커피에 대해 알고 싶은 모든 것'이라는 부제답게 한 알의 커피콩이 한 잔의 커피가 되어 우리 앞에 오기까지 커피 공정의 전 과정을 자세하고 친절하게 설명하였다. 또한 저자가 개인적으로 실패를 거듭하며 몸으로 터득한 지식과 로스팅 카페를 열고 많은 제자들을 양성하며 쌓은 노하우, 초보자를 위한 카페 창업 가이드까지 담았다. 파트 1. '커피 한 잔의 행복'으로 감미롭게 시작하여 까다로운 로스팅과 핸드 드립을 완전 정복하게 해 주는 이 책은 단연 커피책의 마스터클래스이다.

와인을 위한 낱말 에세이 ı 제라르 마종 ı 펜연필독약

와인에 대해 기본적으로 꼭 알아야 할 내용을 '낱말 에세이'라는 형태로 읽기 쉽게 적어 놓은 책이다. 작가 제라르 마종은 유명 레스토랑의 수석 소믈리에로 오랜 기간을 거쳐 와인에 대한 방대한 지식을 갖추었지만 현란한 수사로 고객을 긴장시키거나 불편하게 만들지 않는다는 원칙을 고수한다. 이런 작은 원칙 덕분에 '가장 신뢰할 만한 소믈리에'라는 이미지를 갖게 되었다. 미래에 기내 소믈리에가 될 학생들에게 와인을 쉽고 간결한 언어로 소개할 수 있는 특별한 노하우가 담긴 이 책을 추천한다.

부록 1

용어 해설

음료 관련 용어

Acidity 와인의 산도를 뜻한다. 와인의 맛을 구성하는 데 중추적인 역할을 하며, 특히 화이트 와인의 경우 산도를 통해 상쾌한 와인의 맛을 유지한다.

After Taste(Finish) '여운, 뒷맛'이라고 표현하며, 와인을 삼킨 뒤 입안에서 지속되는 향, 맛, 질감을 의미하는 말로 여운이 길수록 좋은 와인이다.

Aperitif '식사 전 음료'라는 뜻으로 식사 전 식욕을 돋우는 음료를 말하며, 기내 서비스에서는 식사 전 음료 서비스 절차의 의미로도 쓰인다.

Aroma 포도 품종 등에 따라 달라지며 와인의 원료로 사용된 포도 자체에서 느껴지는 향을 말한다.

Aging 와인이나 위스키 등의 알코올 음료가 가벼운 공기 접촉을 통해 또는 오크통 등에서 특별한 맛과 향을 내며 부드럽게 숙성되는 과정을 뜻한다.

Balance 와인 구성요소들의 균형감을 뜻한다. 와인을 구성하는 산도, 당분, 타닌, 알코올 도수가 조화를 이룰 때 균형이 좋은 와인이라고 할 수 있다.

Base 칵테일을 만드는 재료에서 기본이 되는 알코올 음료(Liquor)이다.

Breathing 공기와 접촉할 수 있도록 하여 숙성된 와인의 향미를 되살리는 과정을 말한다.

Barbera 바르베라는 이탈리아 피에몬테 지방의 적포도 품종 이름이다.

Barrel 와인이나 위스키 등 알코올 음료를 제조하거나 숙성시키는 데 사용하는 나무통으로 크기에 따라 종류가 나누어진다.

Blanc de Blanc 블랑(Blanc)은 '흰색, 흰색의'라는 뜻의 프랑스어로, 블랑 드 블랑은 청포도 품종으로 만든 샴페인을 말한다. 품질이 뛰어나고 섬세하며 맛이 좋다.

Blanc de Noir 누아(Noir)는 '검은색'이란 뜻의 프랑스어로, 블랑 드 누아(Blanc de Noir)는 적포도 품종(검은 포도)으로 만든 샴페인을 말한다. 주로 피노 누아와 피노 뫼니에 등의 품종이 사용된다.

Blending 특징을 지닌 알코올 음료를 혼합하여 새로운 특성이 있는 음료를 만드는 것을 의미한다.

Brut '만든 그대로'의 뜻을 지닌다. 당분 함량이 0.5%인 드라이 와인을 말하며, 샴페인의 경우 당분을 추가하지 않은 브뤼 상태일수록 좋은 등급의 샴페인으로 취급된다.

Body 와인이 입안에서 느껴지는 무게감이나 질감을 뜻하며, 주로 포도 품종의 당분 함량, 타닌, 산도 등에 의해 결정된다. Light Body–Medium Body–Full Body 순으로 갈수록 바디가 무겁다.

Bouquet	와인의 제조 및 숙성 과정에서 형성되는 향으로 이 향으로 숙성 정도를 미루어 짐작할 수 있다.
Bourbon Whisky	미국 켄터키(Kenturky) 주의 버번 지방에서 생산되는 위스키로 원료 중 옥수수 함량이 51% 이상이어야 한다.
Brandy	포도나 사과 등 과일의 발효액을 증류하여 오크통에서 숙성시켜 제조한 증류주를 뜻한다.
Bitters	쓴맛이 나는 혼성주를 일컫는 말로 캄파리(Campari)가 대표적이다.
Blended Whisky	스카치 위스키에 몰트(Malt) 위스키와 그레인(Grain) 위스키가 혼합된 술을 말한다. 아메리칸 위스키는 스트레이트(Straight)와 라이트(Light) 위스키가 혼합된 술이다.
Cabernet Sauvignon	카베르네 소비뇽은 적포도 품종의 황제라고 불리며, 세계적으로 가장 많이 사랑받는 품종이다. 단일 품종 레드 와인으로도 많이 생산되며, 메를로 등과 블렌딩하기도 한다.
Chardonnay	샤르도네는 청포도의 여왕으로 불리며 세계적으로 가장 사랑받는 화이트 와인 품종이다. 샴페인을 제조할 때에도 사용된다.
Champagne	프랑스 샹파뉴 지역에서 전통 방식으로 제조되는 발포성 와인으로, 일반적으로 샹파뉴의 영어식 발음인 샴페인으로 불린다.
Chaser	도수가 높은 알코올 음료를 마실 때 같이 마시는 음료를 일컫는다.
Cellar	와인을 저장하는 곳, 주로 지하 저장고를 이른다.
Château	샤토는 '성곽'이나 '대저택'을 의미하는 프랑스어로, 프랑스 보르도 와인과 관련해서는 자체 소유 포도밭과 와인 제조 시설이 있는 포도원 사유지를 뜻한다.
Cuvee	샴페인을 만들 때 2차 발효를 하기 전에 혼합해 놓은 와인으로 와인의 맛과 품질을 형성하는 데 중요한 역할을 한다.
Cru	프랑스에서 특정 포도밭이나 그곳에서 생산되는 와인을 뜻한다.
Cork	와인 병의 마개를 뜻한다. 참나무 계통의 나무로 85%가 공기로 이루어지며 포르투갈이 최대 생산국이다. 코르크가 불량하여 곰팡이 등에 오염되면 와인의 맛과 향에 영향을 줄 수 있으며 이를 Corky라고 한다.
Côté	'언덕'을 뜻하는 프랑스어로, 와인과 관련해서는 언덕에 위치한 포도밭을 의미한다.
Cordial	도수가 높고 단맛이 가미되어 식후주로 즐겨 마시는 알코올 음료이며, Liqueur를 영어권 국가에서 부르는 명칭이다.
Cognac	프랑스 코냑 지방에서 생산되는 브랜디 명칭이다.
Decanting	와인의 침전물을 없애기 위해 와인을 조심스럽게 따라 디캔터(Decanter)로 옮기는 과정을 말한다.
Domaine	도멘느는 포도밭을 가지고 직접 와인을 제조하는 와인 양조장을 의미하며, 프랑스 부르고뉴 지방에서 생산되는 와인의 라벨에만 표기된다.
Distillation	알코올 성분과 물의 끓는점의 차이를 이용하여 고농도의 알코올을 추출하는 과정인 증류를 뜻한다.
Dry	당도의 단계 중 당도가 낮아 달지 않은 와인의 맛을 표현하는 말이다.

Fermentation 효모와 당분의 화학 반응에 의해 알코올과 탄산가스가 생성되는 과정으로 발효라고 한다. (효모 + 당분 = 알코올 + CO_2)

Garnish 칵테일의 맛을 더하거나 돋보이게 하기 위해 칵테일 위에 얹거나 첨가하는 장식이다. 주로 레몬이나 체리를 사용한다.

Gewuurztraminer 게뷔르츠트라미너는 독일과 프랑스 알자스 지방을 비롯한 지역에서 재배되는 청포도 품종으로 과일향이 풍부하며 스파이시(Spicy)한 향신료 향을 풍기는 특징이 있다.

Gin 증류주에 주니퍼 베리(Juniper Berry)의 향미를 가미한 혼정주이다.

Magnum 와인의 표준 용량인 750ml의 두 배 용량을 가진 큰 와인 병을 이른다.

Malbec 말벡은 프랑스 보르도가 원산지로 최근 아르헨티나가 최상급 말벡 와인 생산지로 각광받고 있다.

Merlot 메를로는 프랑스 보르도와 미국 캘리포니아를 비롯하여 전 세계적으로 재배하고 있는 적포도 품종이다. 단일 품종 레드 와인으로 제조되기도 하며, 카베르네 소비뇽과 블렌딩하는 경우도 많다.

Mixer 칵테일 제조 시 베이스와 섞이는 음료를 일컫는다.

Negociant 프랑스 부르고뉴 지방의 '와인 중개인'이란 뜻이다. 부르고뉴 지방의 와인으로는 명성 있는 네고시앙의 와인을 선택하는 것이 중요하다.

Nouveau 누보는 와인을 급속으로 양조하여 포도를 수확한 해부터 마시는 와인이다. 탄산 침용 방식으로 양조하여 신선한 과일의 맛을 느낄 수 있으며 프랑스 보졸레 지역의 보졸레 누보가 가장 유명하다.

Oak 와인을 제조하거나 숙성하는 데 사용하는 참나무 일종으로 만든 통을 말한다. 내부가 어느 정도 불에 그을려 만들어지는지에 따라 와인에 특별한 향이 다르게 발현된다. (바닐라, 초콜릿 등)

Punt 와인 병 밑바닥에 움푹 들어간 곳을 말하며, 샴페인의 경우 압력을 분산하는 역할을 하기 때문에 중요하다.

Peat 이탄은 몰트 위스키(Malt Whisky) 주조 시 몰트의 건조에 쓰인다.

Pinot Noir 피노 누아는 프랑스 부르고뉴가 원산지인 적포도 품종이다. 기후에 예민하고 수확량도 적으나 타닌이 적고 특유의 붉은 과일향이 풍부하여 선호도가 높은 최고급 레드 와인의 제조에 사용된다. 샤르도네와 블렌딩하여 샴페인 제조에도 쓰인다.

Riesling 리슬링은 독일의 청포도 품종이다.

Rum 사탕수수를 원료로 하여 만든 증류주의 일종이다.

Vintage 와인의 재료가 된 포도를 수확한 연도를 말한다.

Sauvignon Blanc 소비뇽 블랑은 산도가 높은 청포도 품종으로, 세계적으로 생산지가 분포되어 있고 선호도가 높은 화이트 와인 품종의 하나다. 주로 세미옹과 블렌딩된다.

Seasoning 칵테일의 맛을 더하기 위한 소금, 후추, 타바스코(Tabasco) 소스 등 양념류를 일컫는다.

Semillon 세미용은 보르도 지역에서 주로 재배되는 청포도 품종으로 다른 청포도 품종과 블렌딩하여 화이트 와인을 만들거나 노블롯에 취약해 최고급 스위트 와인 제조에도 사용된다.

Sekt 독일에서 전통 방식으로 만들어진 발포성 와인을 뜻한다.

Sparkling Wine 발포성 와인을 뜻하며, 프랑스 샹파뉴 지역의 샴페인이 대표적이다.

Still Wine 비발포성 와인을 뜻하며, 일반적인 테이블 와인(Table Wine)이 이에 속한다.

Stir 칵테일 제조 방법 중 하나로 바 스푼이나 머들러 등으로 내용물을 잘 저어 주는 것을 뜻한다.

Syrah/Shiraz 유럽에서는 시라(Syrah), 호주에서는 쉬라즈(Shiraz)라고 불리는 타닌 성분이 풍부한 적포도 품종이다. 색이 진하고 후추 같은 특유의 향신료 향이 특징적이다. 프랑스 론 지역에서 최고급 레드 와인을 만드는 품종으로 사용된다.

Table Wine 식사 중에 함께 즐길 수 있는 식중주의 특성을 지닌 와인으로 알코올 도수가 높지 않은 (약 14% 미만) 일반 와인이 이에 속한다.

Tannin 포도에 함유된 성분으로 주로 껍질에 많이 들어 있으며 천연 방부제 역할을 하여 와인을 장기간 저장할 수 있게 한다. 오크 숙성 시 부드러워지며, 전체적인 와인의 맛을 결정하는 데 중요한 역할을 한다.

Vin 프랑스어로 와인을 뜻하는 말이다. 이탈리아와 스페인에서는 Vino, 독일에서는 Wein이라고 한다.

Vodka 감자와 기타 곡물을 사용하여 만든 증류주로 무색무취무미한 것이 특징이다.

Winery 와인 양조장을 뜻한다.

Zinfandel 진판델은 캘리포니아에서 널리 생산되고 있는 포도 품종이다.

음료 용량 및 알코올 도수 관련 용어

cl 센티리터는 리터의 1/100, 즉 1cl=10ml이다.

ml 밀리리터는 리터의 1/1,000, 즉 1ml=1cc이다.

oz 온스(ounce)는 무게를 측정하는 단위로 1oz=28.35g이다. 일반적으로 온더록스는 2oz, 스트레이트는 1oz 정도가 적당하다.

도(%) 술 100ml에 들어 있는 알코올의 ml를 농도로 표시한 것으로 %와 같은 뜻이다.

Proof 프루프는 영국과 미국에서 주로 사용하는 알코올 농도를 나타내는 단위(pf)이며 도의 약 2배이다.

부록 2

칵테일 레시피

위스키 베이스 칵테일

종류	잔	얼음	베이스	믹서	제조 방법
Scotch Soda	T	O	Scotch Whisky 1oz	Soda Water	Stir
Whisky Sour	W	X	Blended Whisky 1oz	Lemon/J 0.3 oz	Sugar 1 tea spoon을 넣고 잘 저은 후 얼음을 넣고 차게 하여 W/G에 Strain한다. * Garnish: Lemon/s & Cherry
Bourbon Coke	T	O	Bourbon Whiskey 1oz	Coke	Stir
CC & 7-UP	T	O	Canadian Club 1oz	7-UP	Stir
John Collins	T	O	Bourbon Whiskey 1oz	Lemon/J 0.3 oz	Sugar 1 tea spoon을 넣고 잘 저은 후 얼음이 든 새 Cup에 붓고 Soda Water를 채운다. * Garnish: Lemon/s & Cherry

보드카 베이스 칵테일

종류	잔	얼음	베이스	믹서	제조 방법
Vodka Tonic	T	O	Vodka 1oz	Tonic Water	Stir
Bloody Mary	T	O	Vodka 1oz	Tomato/J	Worcestershire Sauce와 Hot Sauce 2~3방울, Salt, Pepper를 첨가하여 Stir한다. * Garnish: Lemon/s
Screw Driver	T	O	Vodka 1oz	Orange/J	Stir * Garnish: Orange/s
Black Russian	T	O	Vodka 1oz	Kahlua 1/2	Stir
Cosmopolitan	M	X	Vodka 1oz	Cointreau 1/2 oz Lime/J 1/2 oz Cranberry/J 1/2 oz	Shake * Garnish: Lemon Peel

진 베이스 칵테일

<table>
<tr><th>종류</th><th>잔</th><th>얼음</th><th>베이스</th><th>믹서</th><th>제조 방법</th></tr>
<tr><td>Gin Tonic</td><td>T</td><td>O</td><td>Gin 1oz</td><td>Tonic Water</td><td>Stir
* Garnish: Lemon/s</td></tr>
<tr><td>Gin Fizz</td><td>T</td><td>O</td><td>Gin 1oz</td><td>Lemon/J 0.3 oz
Soda Water</td><td>Sugar 1 tea spoon을 넣고 잘 저은 후 얼음을 넣고 차게 하여 W/G에 Strain한 다음 Soda Water를 채운다.
* Garnish: Lemon/s</td></tr>
<tr><td>Orange Blossom</td><td>W</td><td>X</td><td>Gin 1.5oz</td><td>Orange/J 1.5 oz</td><td>Sugar 1/2 tea spoon을 넣고 잘 저은 후 얼음을 넣고 차게 하여 W/G에 Strain한다.</td></tr>
<tr><td>Tom Collins</td><td>T</td><td>O</td><td>Gin 1.5oz</td><td>Lemon/J 3.3 oz</td><td>Sugar 1 tea spoon을 넣고 잘 저은 후 얼음을 넣고 차게 하여 W/G에 Strain 한 다음 Soda Water를 채운다.
* Garnish: Lemon/s & Cherry</td></tr>
<tr><td rowspan="2">Martini</td><td>T</td><td>O</td><td rowspan="2">Gin 1.5oz</td><td rowspan="2">Dry Vermouth</td><td rowspan="2">Dry로 주문할 경우 Gin의 양을 늘리고 Straight로 주문할 때는 Strain하여 W/G에 준비한다.
* Garnish: Olive</td></tr>
<tr><td>W</td><td>X</td></tr>
</table>

샴페인 베이스 칵테일

종류	잔	얼음	베이스	믹서	제조 방법
Mimosa	C	X	Champagne 1oz	Orange/J Cointreau	Can Orange/J와 샴페인을 3:7 비율로 채운 후 Cointreau를 1 t/s 넣어 충분히 젓는다. * Garnish: Orange/s
Kir Royal	C	X	Champagne	Crème de Cassis	Crème de Cassis와 샴페인을 1:8 비율로 채운다.
Buck Fizz	C	X	Champagne 2oz	Orange/J 2 oz	Can Orange/J와 샴페인을 5:5 비율로 채운다. * Garnish: Orange/s
Arise My Love	C	X	Champagne	Crème de Menthe	Crème de Menthe와 샴페인을 1:8 비율로 채운다. * Garnish: Cherry

와인 베이스 칵테일

종류	잔	얼음	베이스	믹서	제조 방법
Kir	W	X	White Wine	Crème de Cassis	Crème de Cassis와 White Wine을 1:8 비율로 채운다.

칵테일 잔의 종류

C	샴페인 잔(Champagne Glass)
M	마티니 잔(Martini Glass = Cocktail Glass)
T	텀블러 잔(Tumbler Glass)
W	와인 잔(Wine Glass)

참고문헌

- 기렉 오베르(2019), 맥주는 어렵지 않아, 그린쿡
- 김혁(2012), 김혁의 스페인 와인 기행, 알덴테북스
- Dominic Roskrow(2019), 위스키 인포그래픽, 영진닷컴
- 리사 리처드슨(2016), 차 상식사전, 길벗
- 마시즘(2019), 마시는 즐거움, 인물과 사상사
- 맥스웰 콜로나-대시우드(2018), The Coffee Dictionary(커피사전): 커피에 대한 모든 것, 북커스
- 무라카미 하루키(2020), 만약 우리의 언어가 위스키라고 한다면, 문학사상
- 미카엘 귀도(2018), 위스키는 어렵지 않아, 그린쿡
- 미카엘 귀도(2019), 칵테일은 어렵지 않아, 그린쿡
- 신기욱(2013), 커피 마스터 클래스, 북하우스 엔
- 신상태, 박수진(2019), NCS 기반 항공서비스업무기본, 센게이지
- NCS(국가직무능력표준/커피관리)커피 바리스타 기본서(2020), 한국커피협회, 커피투데이
- 와인과 증류주-라벨 뒤의 정보를 찾아서(2014), WSET 와인과 증류주 교육기관(Wine & Spirit Education Trust)
- 와인의 이해: 와인 스타일 및 품질에 관한 설명(2016), WSET 와인과 증류주 교육기관(Wine & Spirit Education Trust)
- 이기태(2017), 와인 상식사전, 길벗
- 이영희, 신상태(2018), NCS 기반 항공기 식음료 서비스, 센게이지
- 이영희 외(2006), 항공기 식음료론, 연경문화사
- 이재술(2020), 와인 상식 사전, 백산출판사
- 정보연(2019), 하루의 끝 위스키, CABOOKS
- 제이미 구드(2019), 와인 테이스팅의 과학, 한스미디어
- 조승원(2018), 하루키를 읽다가 술집으로, 싱긋
- 조영신 외(2018), 최신 항공객실 업무론, 한올
- 조정용(2013), 올 댓 와인, 해냄출판사
- 최성수 외(2017), New 항공객실 업무론, 한올
- 최훈(2009), FRENCH WINES, 자원평가연구원
- Cafe & BARISTA(2016), ㈜한국바리스타산업진흥원, 백산출판사
- 케빈 즈랠리(2020), 와인 바이블 2020 Edition, 한스미디어
- David Wishart(2012), Whisky Cassified, Pavilion Books Ltd
- Guirec Aubert(2019), LA BIERE C'EST PAS SORCIER, GREENCOOK
- Kevin Zraly(2019), Windows on the World Complete Wine Course 2019, Sterling Pub. Co. Inc.

- Mickael Guidot(2019), LE WHISKY C'EST PAS SORCIER, GREENCOOK
- Mickael Guidot(2019), LES COCKTAILS C'EST PAS SORCIER, GREENCOOK
- Murray Jim(2019), WHISKEY BIBLE, Whitman Pub Lic
- 대한항공 홈페이지(https://koreanair.com)
- 싱가포르 항공 홈페이지(https://www.singaporeair.com)
- 아시아나항공 홈페이지(https://flyasiana.com)
- 에미레이트 항공 홈페이지(https://www.emirates.com)
- NCS 홈페이지(https://www.ncs.go.kr)
- 진에어 홈페이지(https://www.jinair.com)
- 카타르 항공 홈페이지(https://www.qatarairways.com)